PSICOLOGIA
DO DESENVOLVIMENTO

Conselho Acadêmico
Ataliba Teixeira de Castilho
Carlos Eduardo Lins da Silva
Carlos Fico
Jaime Cordeiro
José Luiz Fiorin
Tania Regina de Luca

Proibida a reprodução total ou parcial em qualquer mídia
sem a autorização escrita da editora.
Os infratores estão sujeitos às penas da lei.

A Editora não é responsável pelo conteúdo deste livro.
Os Autores conhecem os fatos narrados, pelos quais são responsáveis,
assim como se responsabilizam pelos juízos emitidos.

Consulte nosso catálogo completo e últimos lançamentos em **www.editoracontexto.com.br**.

Nelson Piletti
Solange Marques Rossato
Geovanio Rossato

PSICOLOGIA DO DESENVOLVIMENTO

Copyright © 2014 dos Autores

Todos os direitos desta edição reservados à
Editora Contexto (Editora Pinsky Ltda.)

Foto de capa
"Primos", Vanessa Cuzziol Pinsky

Montagem de capa e diagramação
Gustavo S. Vilas Boas

Preparação de textos
Lilian Aquino

Revisão
Ana Paula Luccisano

Dados Internacionais de Catalogação na Publicação (CIP)
(Câmara Brasileira do Livro, SP, Brasil)

Piletti, Nelson
Psicologia do desenvolvimento / Nelson Piletti, Solange
Marques Rossato, Geovanio Rossato. – 1. ed., 4ª reimpressão. –
São Paulo : Contexto, 2024.

ISBN 978-85-7244-858-1

1. Psicologia do desenvolvimento I. Rossato, Solange Marques.
II. Rossato, Geovanio. III. Título.

14-04348   CDD-155

Índices para catálogo sistemático:
1. Psicologia do desenvolvimento   155

2024

EDITORA CONTEXTO
Diretor editorial: *Jaime Pinsky*

Rua Dr. José Elias, 520 – Alto da Lapa
05083-030 – São Paulo – SP
PABX: (11) 3832 5838
contato@editoracontexto.com.br
www.editoracontexto.com.br

SUMÁRIO

INTRODUÇÃO 11

PARTE I
**PSICOLOGIA DO DESENVOLVIMENTO:
UMA CIÊNCIA DO TEMPO E DA ATUALIDADE** 15

UMA VIAGEM PELA HISTÓRIA 16
    O estudo do desenvolvimento humano à luz de algumas concepções 22
    O desenvolvimento humano: pressupostos básicos 28
        O desenvolvimento sob a ênfase hereditária (inatismo) 28
        O desenvolvimento sob a ênfase do ambiente (visão empirista) 32
        Interação ambiente-hereditariedade 34
        O desenvolvimento e a ênfase sócio-histórica cultural 35

ABORDAGENS TEÓRICAS:
POSSIBILIDADES DE COMPREENSÃO DO DESENVOLVIMENTO HUMANO 37
    Vigotski: o processo dialético e ativo de desenvolvimento humano 38
    Piaget: psicogênese do desenvolvimento humano 42
    Freud: psicanálise e o desenvolvimento humano 45

Desenvolvimento integral em busca da autonomia 50
    Aspectos do desenvolvimento humano 51
        Aspecto intelectual 51
        Aspecto afetivo-emocional 51
        Aspecto social 54
        Aspecto moral 54
    Normatização do desenvolvimento humano 55
        Desenvolvimento: um processo a ser vigiado? 58
        Deficiências e diferenças no desenvolvimento 59
            Deficiência numa visão prospectiva de desenvolvimento 61

PARTE II
NEUROCIÊNCIA E PSICOLOGIA DO DESENVOLVIMENTO 65

A Neurociência e o desenvolvimento humano 66
    A Neurociência e a busca de uma alma biológica 66
    A Neurociência moderna:
    entre uma sinfonia cerebral e o neurônio da vovó 69
    Organização e funcionamento do sistema nervoso 73
    Importância do sistema nervoso 75
    Das Neurociências à Neuropsicologia:
    a relação entre cérebro, comportamento e cognição 76
    O reconhecimento oficial da Neuropsicologia 80

Neuropsicologia do desenvolvimento 83
    As funções superiores da mente 85
        A linguagem 85
        A memória 86
        A atenção 88
        O intelecto 89
    As avaliações neuropsicológicas 92
    A Neuroplasticidade e a assinatura neural 96
    Neuroplasticidade e reabilitação neuropsicológica 98
    O membro fantasma e a mão de borracha 98

PARTE III
A INFÂNCIA EM PERSPECTIVA 103

INFÂNCIA: UMA CONSTRUÇÃO HISTÓRICA 104
    O lugar da infância na história 105
    Infância e Psicologia do Desenvolvimento 109
    Infâncias e desdobramentos: (im)possibilidades de desenvolvimento 112

DO NASCIMENTO AOS PRIMEIROS PASSOS 115
    Psicologia histórico-cultural:
        o sujeito num processo dialético e ativo de desenvolvimento 117
        Comunicação emocional dos bebês 120
    O desenvolvimento psicossexual na obra de Freud 121
        Psicanálise e desenvolvimento do bebê 124
            Fase oral 124
            Fase anal (até cerca de 3 anos) 126
    O desenvolvimento na perspectiva de Piaget 128
        Piaget e o desenvolvimento sensório-motor (0 a 2 anos) 130

A REVOLUÇÃO DA PALAVRA 132
    Psicologia histórico-cultural:
        a linguagem e a mediação com o mundo da cultura 134
    A atividade objetal-manipulatória 135
    O período "pré-escolar" – o faz de conta em cena 136
    Desenvolvimento cognitivo de Piaget:
        estágio pré-operacional (2 a 7 anos) 138
    Algumas considerações sobre a infância escolarizada 139
        Contando histórias: crianças em desenvolvimento 139
        O processo de desenvolvimento da criança na educação infantil 141

A CRIANÇA EM TEMPO DE ENSINO FUNDAMENTAL 143
    A Psicologia histórico-cultural e a atividade de estudo 144
    A constituição das operações concretas para Piaget 147
    Freud e o desenvolvimento psicossexual (3 a 11 anos) 148
        Fase fálica (3 a 5 anos) 148
        Fase da latência (5 a 11 anos) 150

PARTE IV
ADOLESCÊNCIA: UM MUNDO DE POSSIBILIDADES ... 153

CONTEXTUALIZANDO A ADOLESCÊNCIA ... 154
    A adolescência como período de desenvolvimento ... 160
    Adolescência e vulnerabilidades do desenvolvimento ... 165

TEORIAS DO DESENVOLVIMENTO DA ADOLESCÊNCIA ... 169
    Da puberdade à adolescência ... 169
    A teoria psicanalítica do desenvolvimento da adolescência ... 172
        Erikson e a adolescência ... 174
        Aberastury e Knobel e a adolescência "normal" ... 177
    A adolescência na perspectiva da Psicologia Comportamental ... 179
    Piaget e o desenvolvimento cognitivo do adolescente ... 180
    Psicologia histórico-cultural e adolescência ... 181

PARTE V
O MUNDO ADULTO E AS CONTRADIÇÕES DO DESENVOLVIMENTO ... 185

CONTEXTUALIZANDO O SER ADULTO ... 186
    Mas, afinal, o que é ser um adulto? Quando se é um adulto? ... 187
    Algumas concepções de adulto ao longo da história ... 190
    Ser adulto na contemporaneidade ... 193
        O adulto e o culto da adolescência ... 195
    Psicologia do Desenvolvimento do adulto ... 197

TEORIAS DO DESENVOLVIMENTO DO ADULTO ... 201
    Psicanálise: olhares sobre o adulto e a maturidade ... 201
        A maturidade em uma perspectiva psicodinâmica ... 204
        Erik Erikson e o desenvolvimento psicossocial do adulto ... 205
            Intimidade X isolamento (18 a 30 anos aproximadamente) ... 206
            Generatividade X estagnação (30 aos 60 anos) ... 207
    Psicologia histórico-cultural e desenvolvimento do adulto ... 207

PARTE VI
**DO PROCESSO DE ENVELHECIMENTO:
OS IDOSOS EM DESENVOLVIMENTO** 213

CONTEXTUALIZANDO A VELHICE 214
    Velhice: percepções e relações que a constituem 214
    O idoso em perspectiva de desenvolvimento 218
    Envelhecimento: concepções e relações sócio-históricas 221

PSICOLOGIA:
CONTRIBUIÇÕES PARA A COMPREENSÃO DO DESENVOLVIMENTO DA VELHICE 226
    A Psicologia na história do desenvolvimento da velhice 226
    Perspectiva psicanalítica de velhice 230
        Erikson: integridade do ego X desespero (acima de 60 anos) 231
    A velhice segundo a Psicologia Desenvolvimental do ciclo da vida 234
    Psicologia histórico-cultural: possibilidades de neoformações na velhice ... 237

BIBLIOGRAFIA 241

OS AUTORES 253

INTRODUÇÃO

O mais importante e bonito, do mundo, é isto: que as pessoas não estão sempre iguais, ainda não foram terminadas – mas que elas vão sempre mudando. Afinam ou desafinam.
(Guimarães Rosa)

A Psicologia do Desenvolvimento pode ser entendida como uma área de conhecimento que se interessa pelas mudanças constituídas ao longo da vida humana e que busca explicar os fatores que as produzem. Ou seja, procura compreender como, por que e para que as pessoas mudam.

Busca explicar, enfim, por que ao longo da vida chegamos a ser o que somos e a fazer o que fazemos; ao mesmo tempo que contínuas transformações fazem que deixemos de sê-lo e de fazê-lo, levando-nos a outros momentos da vida.

Desse modo, este livro parte do pressuposto de que o ser humano está em constante transformação e construção enquanto indivíduo particular ou como ser genérico. As mudanças produzidas são resultantes de uma série de fatores em cujas possibilidades de desenvolvimento estão presentes movimentos do próprio indivíduo em relação às condições biológicas, sociais, culturais, econômicas, que integralizam suas experiências como sujeito humano.

Assim, o ser humano está sempre, durante toda a sua vida, sendo constituído, desenvolvendo-se, num processo em que transforma a natureza por meio de suas atividades, suas condições de vida e, por conseguinte, cria e recria a si mesmo e sua espécie, mediado por múltiplas determinações.

Em relação às suas características tão prementes de movimento, encontramos evidências históricas, acirradas na sociedade pós-moderna, na qual os sujeitos são tomados como indivíduos "mutantes", fluidos. Estudá-los envolve voltar-se para as suas infinitas possibilidades de desenvolvimento, demandando da ciência a construção de seu objeto de estudo, num questionar da probabilidade de existirem certezas absolutas e universais.

Todavia, ao debruçar-nos sobre o ser humano e considerar sua "fluidez", devemos apreender que sua constituição se dá num processo contínuo, mas também contraditório e não linear, em que estão presentes estabilidades no seu modo de ser e, ao mesmo tempo, rupturas com outras formas de ser. Assim, faz-se homem, parecido e diferente de outros, sujeito de sua história de transformações e não simples resultado de seu meio, de sua sociedade, mas em contínua relação com o todo que articula as diversas dimensões que se relacionam com o desenvolvimento do ser humano.

Todas essas questões revelam que o desenvolvimento humano, no que tange à referência às suas etapas, períodos, não se trata de um fenômeno universal, natural, haja vista as múltiplas possibilidades de viver e existir criadas em razão de diversidades culturais, sociais, econômicas que interagem com as dimensões biológica e psíquica de homens concretos.

A proposta deste livro é enfrentar o desafio de veicular informações e conhecimentos científicos que possam contribuir para a formação de estudantes, profissionais e pesquisadores em cujas pautas de atuação esteja o desenvolvimento humano. Direciona-se, enfim, a todos os interessados em conhecer o desenvolvimento humano – as discussões que desencadeiam esse processo, as dinâmicas que o tecem –, a fim de estimular olhares e atuações com a perspectiva não centrada apenas no que falta ao sujeito, mas também no que está em vias de alargamento, contextualizando os diferentes potencializadores que podem impulsionar ou não tais perspectivas de desenvolvimento.

Para melhor atingirmos o nosso objetivo, dividimos o livro em 6 partes e 15 capítulos, procurando destacar tanto a história quanto o contexto, e os mais recentes estudos e descobertas científicas relativos à compreensão do desenvolvimento humano.

Na primeira parte – *Psicologia do Desenvolvimento: uma ciência do tempo e da atualidade* – começamos com o capítulo "Uma viagem pela história", abordando concepções e pressupostos básicos do desenvolvimento humano; apresentamos alguns, no segundo, "Abordagens teóricas: possibilidades de compreensão do desenvolvimento humano", priorizando Vigotski, Piaget e Freud, considerados clássicos em Psicologia do Desenvolvimento; e no capítulo seguinte, refletimos sobre o "Desenvolvimento integral em busca da autonomia", defendendo a ideia de que, embora multifacetado em diversos aspectos, devemos compreender o ser humano como indivíduo, único, incluindo suas deficiências e diferenças em relação ao outro, e construtor da própria autonomia.

A Parte II – *Neurociência e Psicologia do Desenvolvimento* – constitui um dos diferenciais deste livro, na medida em que procura dar conta dos avanços desse sempre mais difundido campo de estudos, com suas mais recentes contribuições à compreensão do comportamento e do desenvolvimento humano. No capítulo "A neurociência e o desenvolvimento humano", dedicamo-nos a explicitar o desenvolvimento histórico da Neurociência, com a importância e a ampliação dos estudos sobre o sistema nervoso, até chegar à constituição e à oficialização da Neuropsicologia. Já no capítulo "Neuropsicologia do desenvolvimento", nossa atenção se volta para as funções superiores da mente (linguagem, memória, atenção e intelecto) e para as avaliações neuropsicológicas, a neuroplasticidade e sua importância para a reabilitação neuropsicológica.

Embora, de modo geral, hoje, a maioria dos especialistas acredite que nenhuma fase da vida seja mais importante do que as outras, não resta dúvida de que a maior parte dos estudos, pesquisas e publicações sobre desenvolvimento humano continua sendo dedicada à infância. Mesmo porque essa é a primeira fase da vida humana, sem a qual as outras não existiriam (pelo menos em nossa cultura), razão pela qual também dedicamos a ela quatro capítulos, que compõem a terceira parte – *A infância em perspectiva* – o dobro dos dois destinados a cada uma das etapas posteriores. O capítulo "Infância: uma construção histórica" abrange o lugar da infância na história humana, os estudos da Psicologia do Desenvolvimento infantil e os obstáculos que a ele se interpõem; o capítulo "Do nascimento aos primeiros passos" concentra-se nos dois primeiros anos de vida da criança, nas perspectivas histórico-culturais de Vigotski, do desenvolvimento psicossexual de Freud e sensório-motor de Piaget, que também estarão presentes nas fases seguintes; dos 2 aos 7 anos verifica-se o que muitos consideram "A revolução da palavra" (capítulo seguinte), com ênfase na apropriação da linguagem e nas relações sociais, coincidindo com a educação infantil, na qual a verbalização de histórias é muito importante; o capítulo "A criança em tempo de ensino fundamental" abrange o período das operações concretas, aproximadamente dos 6-7 aos 11-12 anos, na visão de Piaget, em que a atividade de estudo passa a ser determinante na vida do indivíduo.

Adolescência: um mundo de possibilidades é o assunto da quarta parte, desenvolvido em dois capítulos: "Contextualizando a adolescência", que, além da perspectiva histórica e dos conceitos básicos relativos a esta etapa da vida, discorre sobre as vulnerabilidades do seu desenvolvimento; e "Teorias do desenvolvimento da adolescência", mais uma vez destacando-se a psicanalítica, a psicogenética e a Psicologia histórico-cultural.

Na quinta parte apresentamos *O mundo adulto e as contradições do desenvolvimento*, também começando com os conceitos básicos – o que é ser adulto? Quando se é adulto? – passando pelas concepções de adulto ao longo da história e chegando à Psicologia do Desenvolvimento do adulto, assuntos do capítulo "Contextualizando o ser adulto". Já no capítulo "Teorias do desenvolvimento do adulto", além da perspectiva histórico-cultural, discorremos sobre a abordagem psicanalítica, destacando Erik Erikson e o desenvolvimento psicossocial e suas fases de *intimidade* X *isolamento* (18 a 30 anos aproximadamente) e *generatividade* X *estagnação* (30 a 60 anos).

Finalmente, outro diferencial importante deste livro, já que a velhice esteve longe de receber por parte da Psicologia do Desenvolvimento a atenção que merece, tanto por sua importância em termos das contribuições que pode dar à sociedade, quanto pela constante ampliação do espectro demográfico ocupado pela população com mais de 60 anos. Razão pela qual dedicamos a ela a sexta parte – *Do processo de envelhecimento: os idosos em desenvolvimento* –, cujo título, por si mesmo, já indica a orientação que seguimos, ou seja, o idoso, ao contrário do que muitos podem pensar, também é um ser em desenvolvimento! E, como nas partes anteriores, começamos com as noções básicas e as concepções e relações sócio-históricas do envelhecimento, no capítulo "Contextualizando a velhice", e continuamos, no capítulo "Psicologia: contribuições para a compreensão do desenvolvimento da velhice", destacando, além da abordagem histórico-cultural e da perspectiva psicanalítica de Erikson (*integridade do ego* X *desespero*), a contribuição da Psicologia desenvolvimental do ciclo da vida.

Em suma, esperamos que este livro se constitua em um subsídio útil na longa e fascinante jornada de cada um em busca do conhecimento, da autonomia, conscientes de que o filho, o aluno, o indivíduo não existem em abstrato, com o seu desenvolvimento normal ou anormal definido segundo critérios preestabelecidos. O que existe é o ser histórico, concreto, de carne e osso, com as "suas circunstâncias", na feliz expressão de Ortega y Gasset, sujeito do próprio desenvolvimento e do seu processo educativo.

PARTE I
PSICOLOGIA DO DESENVOLVIMENTO: UMA CIÊNCIA DO TEMPO E DA ATUALIDADE

UMA VIAGEM PELA HISTÓRIA

> *A história da sociedade e o desenvolvimento do homem caminham juntos.*
> (Vigotski)

A Psicologia é um ramo das ciências humanas que tem como objeto de estudo o ser humano. Possui diversas áreas, cada qual com definições específicas, sendo o ser humano enfocado nas suas distintas expressões (comportamentos, sentimentos, ações, pensamento, linguagem etc.) em relação aos aspectos individual, social, ambiental, histórico, biológico.

No entanto, a compreensão do ser humano como ser concreto, autônomo, multideterminado, levando em consideração os seus mais diversos elementos constitutivos, para além dos que envolvem a preocupação com a "alma" (que já existia entre os gregos antes da era cristã), nem sempre esteve presente.

A busca pela compreensão do homem foi e é uma tarefa nem sempre fácil de realizar em sua totalidade e abarcou um processo histórico de questionamentos, descobertas, desenvolvimento de ideias, criação de tendências e de abordagens teóricas diferentes, imersos nas mais diversas culturas e ideologias.

Assim, na reconhecida história de criação da Psicologia como área da ciência, atrelada aos princípios e métodos científicos, destaca-se Wilhelm Wundt (1832-1920), que, em 1879, realizou em Leipzig, na Alemanha, estudos de laboratório com experimentos em Psicofisiologia. Esse evento foi possível por uma série de transformações históricas ocorridas na sociedade e nas relações que as determinam: as descobertas de novas terras, com a acumulação de riquezas, com a transição para o capitalismo – que se instituiu como uma nova forma de organização social e econômica (criou novas necessidades de consumo das mercadorias produzidas, questionou a hierarquia social fixa); a maior valorização e a defesa da emancipação do homem; as descobertas no campo da ciência e a possibilidade desta de solucionar problemas do cotidiano humano; a produção de novos conhecimentos (frutos da razão humana e independentes da fé) e o estabelecimento de métodos e regras para a sua elaboração, caminhando em paralelo com a necessidade por desvendar a natureza e suas leis; os avanços da ciência, tornando-se esta referência para a visão de mundo, de homem, do que se poderia compreender como "verdade".

Então, é no contexto histórico social do século XIX – quando o homem é compreendido como um *eu* provido de um domínio interior, que se constitui a partir do intercâmbio de suas experiências definidas por leis gerais do desenvolvimento humano – que a Psicologia emerge no cenário da modernidade, comprometida com os valores prescritos que, sob alento do Iluminismo, enfatizam o papel da razão e postulam a ideia de emancipação do homem. Os discursos predominantes forjam e apontam como inquestionável (naturalizada) a relação intrínseca entre razão, emancipação e progresso. Assim, a razão e a autorregulação são impetradas como condição para o desenvolvimento do homem como indivíduo civilizado.

Em suma, a Psicologia surge em busca de resposta a muitas questões, é fruto das dúvidas do homem moderno: quem realmente é, o que poderia ser, como resolver seus conflitos, qual é seu destino, o que é de fato a verdade, o que se deve estudar – sua subjetividade, o que está dentro, ou o que se definia como realidade, o objetivo, o que está fora?

Ao longo de sua constituição, a Psicologia contou ainda com influências de teorias como a do evolucionismo do naturalista britânico Charles Darwin; das descobertas e dos estudos da Fisiologia, da Neurologia, da Neurofisiologia, das novas teorias de comunicação; além da realização de estudos de cunho quantitativo e qualitativo na Psicologia e da propagação dos métodos clínico e experimental. E, na contemporaneidade, busca romper com a dicotomia sujeito/objeto.

A Psicologia passou por diversas transformações, em que ampliou, amplia e delimita suas áreas de conhecimento, a fim de investigar e explicar os processos que engendram o fazer-se humano, como seus processos afetivos, de aprendizagem, de desenvolvimento. Uma de suas áreas é a Psicologia do Desenvolvimento, ciência que se dedica a estudar o desenvolvimento humano nas diferentes etapas de vida, ou seja, durante todo o percurso do ser humano, tendo em vista uma perspectiva de continuidades e de rupturas, integrando diferentes aspectos, tais como afetivo-emocional, social, físico-motor e intelectual, em que as influências dos aspectos biológicos, sociais, culturais e físicos são consideradas.

Ao longo da história dos estudos acerca do desenvolvimento humano, é possível encontrar uma maior incidência dos que se debruçam sobre a criança e o adolescente, e ainda hoje muitos dos livros de Psicologia do Desenvolvimento focalizam essas etapas de vida dos indivíduos (Cole e Cole, 2004). O estudo do desenvolvimento infantil é considerado uma das mais antigas especialidades da Psicologia, em que se procurava descrever e explicar o indivíduo desde o seu nascimento até a adolescência. Esse interesse se inicia com a preocupação com os cuidados, os hábitos alimentares, o sono e a educação das crianças – e com o próprio conceito de infância como um período peculiar do desenvolvimento. Depois vemos os estudos da infância apresentarem uma conotação mais abstrata, como os que envolvem a linguagem, a ansiedade, a motivação, o afeto etc.

Muitos estudiosos de Psicologia do Desenvolvimento, em seus primórdios, concentraram-se em focalizar a infância e a adolescência, ainda que não deixem de trazer em seu escopo a ideia de que o desenvolvimento se processa ao longo da vida, "[...] não enquadram essa ideia convincentemente em suas teorias" (Biaggio, 2011: 22). Vemos na atualidade a forte tendência por traceiar o desenvolvimento ao longo de toda a vida, envolvendo, por exemplo, a velhice, numa ruptura com a visão tradicional. Com esse direcionamento, cai por terra a concepção de que o desenvolvimento deve se restringir apenas a determinadas faixas etárias tidas como "universais".

No entanto, quando se volta para o senso comum, para o conhecimento popular sobre o desenvolvimento humano, versam-se ideias que implicam estágios universais que se sucedem numa sequência estável, cumulativa, homogênea, irreversível, que progressiva e normativamente "evolui" numa ordem crescente de complexidade rumo à vida adulta. Isso implica que a infância (a menor e inacabada idade) seja delimitada como uma transição a ser suplantada com a aquisição e o acúmulo de experiências e de conhecimentos requeridos pelo adulto, já maduro, estável.

Essas questões não são e não foram assim elencadas apenas pelo senso comum, pois como explicam as doutoras e pesquisadoras sobre Psicologia do Rio Grande do Sul, Betina Hillesheim e Neuza M. de Fátima Guareschi (2007: 86), na história dos estudos sobre o desenvolvimento humano, é possível encontrar sua associação aos ideais de emancipação, em que é tomado como "[...] sequencial, cujas fases são ordenadas conforme princípios de complexidade e aperfeiçoamento crescentes, assim como na concepção do indivíduo autônomo, autossuficiente e universal".

Angela M. de Oliveira Almeida, professora na área de Psicologia Social do desenvolvimento humano, e Gleicimar Gonçalves Cunha, professora da Universidade Católica de Brasília, em seu estudo sobre a representação social de desenvolvimento humano (2003), mostram que são desqualificadas as conquistas dos sujeitos no decorrer de todo o seu ciclo vital (com exceção do adulto). Evidencia-se a falta de domínios e competências relativos à vida adulta. A infância e a adolescência corroboram as fases do "ainda não consegue" e, a velhice, a etapa do "já não consegue mais", sugerindo atrasos e perdas do desenvolvimento.

Outra característica da Psicologia do Desenvolvimento, em seu processo de construção científica, refere-se ao fato de estar aportada nos paradigmas científicos determinantes na primeira metade do século XX, em que o behaviorismo era dominante. Essa teoria depôs o desenvolvimento de seu contexto sócio-histórico, centrando-o nos aspectos relativos à natureza do sujeito. Após esse período, é possível verificar uma perspectiva mais subjetiva, em que se passa a levar em conta as emoções (Quadros, 2009). E mudanças visando resolver problemas práticos em prol da educação, do bem-estar, da saúde, do reconhecimento de direitos enquanto criança, adolescente...

A professora de psicologia Márcia Elia da Mota (2005), ao reportar o estudo das transformações históricas da Psicologia do Desenvolvimento humano, sintetiza-o de modo a agrupá-lo em fases. O período inicial é caracterizado como formativo (1882-1912), em que se tem a publicação, em 1882, do livro *The Mind of the Child*, de Preyers, marcando os estudos e estimulando pesquisas na área do desenvolvimento. Surgem ainda ao final do século XIX, na França e nos Estados Unidos, as primeiras publicações especializadas e organizações em prol do estudo do desenvolvimento. Os interesses de pesquisa nessa época envolviam principalmente a Psicobiologia, Psicologia da personalidade e desenvolvimento cognitivo.

Angela M. Brasil Biaggio e Janine Kieling Monteiro (1998), pesquisadoras do desenvolvimento humano, estudando a evolução histórica da Psicologia, acrescentam que, em torno de 1890/1900, os principais temas tratados nos estudos referenciavam o desenvolvimento emocional, as bases biológicas do comportamento, diferenças entre processos conscientes e inconscientes, o papel do *self* no desenvolvimento, desenvolvimento cognitivo. Por volta de 1920 a 1939, temos um período de investimento no estudo do desenvolvimento da criança, ainda que ocorra a publicação dos primeiros estudos sobre envelhecimento. Os principais interesses das pesquisas nesta época foram desenvolvimento intelectual, maturação e crescimento. Dá-se início a críticas aos métodos existentes de pesquisa (maioria descritivos e normativos) com interesse para com os estudos longitudinais na área do desenvolvimento (Mota, 2005).

As mudanças de foco podem ser situadas ao período de 1950/1960, em que a teoria da aprendizagem social e a do behaviorismo tiveram grande repercussão e domínio; estudos sobre a percepção, a sensação, a linguagem também foram realizados, captando-os já nos recém-nascidos. O foco mantém-se na criança, no que se refere aos aspectos correlacionais das variáveis que comprometem o desenvolvimento. Afetados pelas guerras, os investimentos em pesquisa tornam-se mais escassos.

A pesquisadora Márcia Elia da Mota (2005) complementa que, entre 1960-1989 aproximadamente, houve novamente uma emergência dos estudos no campo do desenvolvimento e da teoria piagetiana como lineamento teórico das pesquisas neste campo. Também um crescente interesse pela Psicobiologia, pelas bases biológicas do comportamento e pela busca de explicação das causas do desenvolvimento, com grande utilização do método experimental e do uso de técnicas correlacionais agregadas a estudos longitudinais. A revolução cognitiva atinge a Psicologia do Desenvolvimento, em que a forma como a mente opera torna-se central, pois seria ela que daria ao comportamento seu caráter humano, contrariando assim as ideias behavioristas radicais.

No período citado verifica-se também, de acordo com o doutor em psicologia Emérico Arnaldo Quadros (2009), a presença da visão humanista, que reconhece a interpretação subjetiva do homem, ou seja, a perspectiva pela qual vê o mundo; há ênfase no individual. Os psicólogos humanistas acreditam que devem ser investigados os problemas humanos significativos e, ainda, que o homem não deve ser compartimentalizado.

Da década de 1990 aos dias atuais, emergem novos paradigmas na Psicologia do Desenvolvimento, num caráter interdisciplinar. Há a repercussão de estudos que se dedicam a investigar o desenvolvimento emocional, as capacidades cognitivas da criança, o desenvolvimento moral, as bases biológicas do comportamento (com pesquisas em neurocognição) e a necessidade de destacar os diversos contextos (com ênfase no sócio-histórico-cultural) em que se desenvolvem os indivíduos, as relações sociais.

Com a pós-modernidade, segundo Quadros (2009), é possível verificar nas ciências em geral, e na Psicologia em específico, a busca pelo vir a ser, em um mundo de rápidas e constantes mudanças.

A Psicologia do Desenvolvimento humano movimentou-se e os tradicionais e criticados estudos restritos apenas à infância e à adolescência cedem espaço cada vez mais aos estudos que contemplam o ciclo da vida, nos seus diferentes momentos, etapas. Além disso, como sugere Mota (2005), as mudanças e a interdisciplinaridade de investigações abrem espaço para o que se denomina ciência do desenvolvimento humano, que conglomera conhecimentos da Psicologia e de outras áreas afins. São propostos métodos que envolvem estudos sistêmicos, longitudinais, transculturais, transgeracionais e multimetodológicos.

As pesquisadoras em Psicologia Denise M. dos Santos Paulinelli Raposo e Isolda de Araújo Günther (2008: 124) trazem uma discussão sobre o que seria compreendido como curso da vida, tomando-o a partir da compreensão de pontos de transição em que o sujeito social passa por mudanças. O ciclo da vida e o curso da vida indicam que "[...] as vidas humanas são influenciadas por múltiplas dimensões de tempo, i. e., pelos tempos biológico, social e histórico, relacionados respectivamente aos efeitos da maturação, de coorte ou geração e de período ou época".

A necessidade é de estudar e categorizar as idades do homem em desenvolvimento, enquanto construções culturais que mudam historicamente, que são constitutivas de realidades sociais específicas e realizam recortes no todo social. De maneira a fundar "direitos e deveres diferenciais no interior de uma população, definindo relações entre as gerações e distribuindo poder e privilégios" (Debert, 1994: 12). Como exemplo, Guita Grin Debert, professora da Unicamp com estudos na área de Antropologia Humana, cita a definição e a fixação da maioridade civil, da entrada na escola e no mercado de trabalho, que colaboram fundamentalmente com a organização do sistema escolar, da política, do mercado de trabalho. Com isso, "categorias e grupos de idade implicam, portanto, a imposição de uma visão de mundo social que contribui para manter ou transformar as posições de cada um em espaços sociais específicos" (Debert, 1994: 12).

O ESTUDO DO DESENVOLVIMENTO HUMANO À LUZ DE ALGUMAS CONCEPÇÕES

A Psicologia do Desenvolvimento procura responder a uma série de questões suscitadas sobre o desdobramento de nossas vidas. Questões que pelo viés do senso comum, ou seja, de nossas compreensões fundadas em nosso cotidiano, muitas vezes investido de superstições e de preconceitos, das tradições transmitidas de geração em geração, procuramos responder, de maneira a efetuar cuidados básicos, por exemplo, com bebês, promovendo sua sobrevivência e de algum modo colaborando em prol de seu desenvolvimento; à luz de uma grande diversidade do que se entende por desenvolvimento, do que o promove, em função da época, da cultura, das condições sociais e econômicas.

No cotidiano, notamos os processos de desenvolvimento em uma conotação natural. As mudanças observadas no desenvolvimento são as que ocorrem no crescimento, na estatura, na idade, enfim, em relação aos aspectos físicos, a exemplo dos que se verifica ao se comparar fotos que trazem imagens de diversos períodos da vida. Entretanto, nem sempre são observadas as transformações ocorridas no que tange à maneira de pensar, de agir, de perceber e se relacionar com as pessoas e com o mundo, que podem ocorrer de forma lenta, por saltos, com rupturas, continuamente. Transformações fundamentais para a constituição humana – e considerá-las pode levar a uma maior compreensão do homem.

As experiências e os conhecimentos que apreendemos em nosso cotidiano nem sempre são suficientes para dar conta de toda a complexidade que envolve o ser e o constituir-se humano. Necessita-se, pois, de uma reflexão mais sistematizada, num processo de estudo que pode considerar a sabedoria popular e, para além dela, os constructos teóricos elaborados a partir de estudos e pesquisas científicas.

Assim, a Psicologia, ao acolher o desenvolvimento humano como seu objeto de estudo, buscou e busca compreender como se dão os processos de mudanças ocorridas no homem, de maneira a conjecturar em que condições e momentos podem ocorrer e por que estão mais propensas a ocorrer em determinadas épocas de nossa vida. Essa ciência também é convidada a promover o debate sobre o que poderia repercutir numa maior ou menor confluência para o desenvolvimento humano, ou seja, os fatores que influenciam ou que determinam as mudanças no comportamento do indivíduo ao longo do tempo. Nesse aspecto, frequentemente são lançadas perguntas a essa ciência a fim de melhor compreender o ser humano e ao mesmo tempo poder realizar as ações necessárias às exigências postadas na sociedade, expressas pelos ideais de homem, de "normal", de média de desenvolvimento etc.

Essas questões acompanham o homem nos diferentes momentos de sua vida, em relação às mudanças que os engendram, envolvendo por quês, quando, como, em que condições as transformações ocorrem ou não. Além de acarretar em questões mais específicas, como quando uma criança começa a andar, falar, dividir os brinquedos, sobre por que uma criança de 7 anos é diferente de outra da mesma idade; ou mesmo quando os jovens começam a ter interesses por um trabalho, por uma profissão e quando podem decidir sobre isso; ou ainda, quais seriam os interesses de um adulto, de uma pessoa mais velha, o que pensa; que mudanças ocorrem com as mulheres na menopausa, dentre outras.

Respostas resultantes de estudos são fomentadas e podem colaborar para uma maior apreensão do homem, do que vivencia, do que percorrerá ao longo de sua vida, visando contribuir para a resolução de problemas cotidianos, para desnudar e decifrar a esfinge humana, as suas capacidades e limites. Para tanto, ele é visto de forma distinta pelas diversas abordagens teóricas que buscam explicar o desenvolvimento humano e os diferentes aspectos que o envolvem.

Assim, a Psicologia do Desenvolvimento reúne estudos que abarcam desde aspectos genéticos até os culturais e sociais, de modo a tecer as mudanças do indivíduo em decorrência das suas interações internas e externas. Os estudos são focados em fatores ambientais, hereditários/genéticos (teorias maturacionais), interacionistas (interação hereditariedade e ambiente), socioculturais, entre outros. Além disso, Dinah Martins de Souza Campos (1997), escritora da área de Psicologia da Aprendizagem e do Desenvolvimento, concebe que, a partir do século XX, verifica-se a crescente necessidade da realização de estudos interdisciplinares.

Em concomitância com a autora citada, na visão de Maria Auxiliadora Dessen e Áderson Luiz Costa Junior, professores do Programa de Processos de Desenvolvimento Humano e Saúde do Instituto de Psicologia da Universidade de Brasília (2005), pode-se falar em ciência do desenvolvimento numa perspectiva de estudos interdisciplinares, aplicados em compreender os fenômenos relacionados ao desenvolvimento do homem. Nessa vertente, por considerar a existência de inúmeros desdobramentos que necessitam de outras áreas para decifrá-los, a Psicologia faz interface com diversas áreas do conhecimento como: Neurociência, Biologia, Antropologia, Sociologia, Educação, Medicina, entre outras, a fim de melhor compreender os elementos que se relacionam ao desenvolvimento humano. Essa leitura demanda, portanto, abarcar os avanços científicos decorrentes de diferentes disciplinas dedicadas ao estudo desse processo, na busca pelo conhecimento que resulte em práticas e teorias que contribuam para o desenvolvimento do potencial humano. Para tanto, reconhecendo as relações com as demais disciplinas conexas em prol de seu objeto de estudo, "[...] considera-se a pessoa-contexto inserida no tempo-espaço, desde a concepção até a morte, englobando também as gerações anteriores e posteriores" (Dessen e Costa Junior, 2005: 23).

No entanto, na maioria das vezes, cada ciência ainda realiza seu estudo como se fosse unívoca nas possibilidades de conhecer o homem, de maneira a desconsiderar as contribuições das demais.

Na perspectiva de Dessen e Costa Junior (2005: 21), o desenvolvimento deveria ser tratado sob a luz do pluralismo, com o reconhecimento da coexistência de diversas e diferentes elucidações, dada a sua complexidade e os desafios de explicá-lo, "[...] suas dimensões não podem ser estudadas sob o ponto de vista de uma única disciplina". Os autores complementam que o desenvolvimento não se constitui num processo linear, mas dinâmico e complexo processo "[...] de interação entre os fatores biológicos e culturais". Quando se considera o desenvolvimento a partir de processos, deve-se levar em conta as possibilidades de interação do indivíduo com diferentes pessoas, com a cultura, das possíveis mudanças, rupturas, continuidades, numa visibilidade ao contexto multidimensional.

Uma questão que também envolve discussões e perspectivas diferentes refere-se ao ponto de partida dos estudos sobre o desenvolvimento. Nessa linha, Campos (1997) defende que ele começa no momento em que o óvulo materno é fecundado pelo espermatozoide.

Henri Wallon (1879-1962), filósofo, médico e psicólogo francês, apoiado em uma perspectiva psicogenética, acredita que para conhecer uma função psíquica deve-se ir até sua gênese, ou seja, até suas raízes orgânicas e então situá-las dentro de suas determinações socioculturais. Destaca ainda a importância, nos estudos do desenvolvimento, que, ao se buscar compreender o adulto, tenha-se como ponto de arranque o estudo da criança. Expressa ainda que a existência e o desenvolvimento do homem resultam das exigências do organismo, com interferência da maturação do sistema nervoso, com suas novas possibilidades fisiológicas, e do mundo externo, do social, com suas situações novas.

Em suma, a fim de explicar o homem, em seu processo de desenvolvimento, várias teorias foram sendo criadas, muitas vezes, fragmentando-o, considerando as partes que o compõem, sem contudo situá-las em sua totalidade.

Surge, assim, a necessidade de se delimitar o campo de atuação da Psicologia do Desenvolvimento humano e de integrar seus estudos a uma perspectiva interdisciplinar.

Angela M. Brasil Biaggio (2011), Ph.D. pela Universidade de Wisconsin-Madison e professora em universidades no Brasil e Estados Unidos, argumenta que a Psicologia do Desenvolvimento deve ocupar-se das mudanças que se sucedem não em razão do tempo, mas a cargo de processos intraorganísmicos e fatos ambientais, incididos dentro de uma faixa de tempo. Enfatiza que o que pode originar a mudança não é simplesmente a passagem do tempo, mas o que advém durante este período de tempo. A autora complementa ainda que o objeto de estudo dessa ciência incide sobre processos intraindividuais e ambientais que induzem a mudanças de comportamento. Para tanto, detém-se em estudar as variáveis internas e externas aos indivíduos que provocam essas mudanças.

Nesses estudos, sob o escopo das variáveis internas estão as discussões de teorias que dão grande importância à maturação orgânica, às bases genéticas, aos processos inatos que promovem o desenvolvimento humano. Já as variáveis externas reportam-se à influência do ambiente no desenvolvimento. Defensores dessa variável tratam da importância de compreender as distintas interações que sucedem em vários contextos em que se processa o desenvolvimento e que o afetam ao longo da vida. Hellen Bee (1997), psicóloga estadunidense, autora de vários livros sobre desenvolvimento humano, ao descrever a Psicologia do Desenvolvimento indica a existência de três concepções de desenvolvimento: a ambientalista, a interacionista e a inatista.

Na perspectiva de Mota (2005: 107), a melhor definição de Psicologia do Desenvolvimento seria:

> O estudo, através de metodologia específica e levando em consideração o contexto sócio-histórico, das múltiplas variáveis, sejam elas cognitivas, afetivas, biológicas ou sociais, internas ou externas ao indivíduo que afetam o desenvolvimento humano ao longo da vida.

Ana Mercês Bahia Bock, Odair Furtado e Maria de Lourdes Trassi Teixeira (2008: 116), professores da PUC-SP, ao explicar essa área da Psicologia, dedicam-se a esclarecer inicialmente o que seria o desenvolvimento humano, o qual se refere ao:

> [...] desenvolvimento mental e ao crescimento orgânico. O desenvolvimento mental é uma construção contínua, que se caracteriza pelo aparecimento gradativo de estruturas mentais. Elas são formas de organização da atividade mental que se vão aperfeiçoando e solidificando até o momento em que todas, estando plenamente desenvolvidas, caracterizarão um estado de equilíbrio superior quanto aos aspectos da inteligência, da vida afetiva e das relações sociais.

Os autores explicam ainda que determinadas estruturas mentais continuam presentes ao longo da vida, como desencadeadoras da ação, por necessidades intelectuais, afetivas ou fisiológicas. A motivação pode ser apontada como exemplo dessas estruturas, que, ao permanecer, garante o seguimento do desenvolvimento.

O desenvolvimento humano é compreendido ainda como resultante das interações bidirecionais, que vão se tornando progressivamente mais complexas, entre um sujeito biopsicologicamente ativo e todo o *sistema ecológico humano* (Bronfenbrenner, 1966). Esse sistema como um todo envolve contextos imediatos, ou seja, o ambiente em que a pessoa em desenvolvimento estabelece relações significativas, abrangendo os *microssistemas* (como a família), os *mesossistemas* – envolvem as relações estabelecidas entre os microssistemas (este processo de socialização promove o desenvolvimento) – e os de conotação mais ampla que abarcam os *exossistemas* (os ambientes em que a pessoa não se encontra presente, no entanto, as relações existentes neles afetam seu desenvolvimento, como, por exemplo, o ambiente de trabalho dos pais de uma criança) e *macrossistemas* – expressos nos valores e crenças, nos estilos de vida (cultura e sociedade). Há ainda o *cronossistema*, que se refere à noção de tempo. Estudar o desenvolvimento num modelo bioecológico exige a referência a um maior número de informações relacionadas aos sistemas dos quais as pessoas participam e a ênfase na inter-relação entre organismo e ambiente. Esse modelo, em linhas gerais, prioriza estudos longitudinais e a utilização de instrumentos que deem condições de descrever e compreender os sistemas da maneira mais contextualizada possível. O autor cria seu modelo de desenvolvimento por volta de 1970, com o qual vem postulando um conjunto de processos nos quais se dá a interação entre as particularidades das pessoas e o ambiente, de maneira a causar constância e também mudanças nas pessoas ao longo de sua vida. Nas palavras da estudiosa da Psicologia evolucionista da Universidade Federal da Bahia, Eulina Rocha Lordelo (2002), o psicólogo do desenvolvimento humano na América do norte, conhecido pela teoria dos sistemas ecológicos, Urie Bronfenbrenner, ao definir o ambiente como um sistema estruturado em instâncias, em que as influências se articulam, realiza uma de suas mais importantes contribuições.

Dessen e Costa Junior (2005: 22) defendem que a Psicologia do Desenvolvimento deve considerar: a dinâmica do ciclo da vida em sua totalidade no que se refere às diferentes gerações; o ser humano nas suas redes de interação social; a correlação entre os fatores genéticos e os adquiridos; o contexto histórico-cultural e a dialética presente nos sistemas biopsicossociais; "as influências bidirecionais presentes entre todos os sistemas envolvidos no processo de desenvolvimento humano". Como veremos ainda neste capítulo, o entendimento do processo de desenvolvimento necessita de uma contextualização das condições pelas quais ele ocorre, envolvendo aspectos biológicos e o contexto histórico, cultural, político, econômico, social.

Entendemos que a Psicologia do Desenvolvimento se depara com a sua ampliação e com novos desafios, na medida em que profissionais de diferentes áreas procurem nela subsídios teóricos e metodológicos para sua prática profissional. Nesse aspecto, podemos dizer que há a busca e a preocupação não apenas com desenvolvimento intelectual ou físico, mas com a totalidade do indivíduo, visando à promoção de sua saúde e, assim, podendo estar em questão também a integração das dimensões do desenvolvimento humano.

Ao difundir estudos dentro dessa área, há pesquisadores e teóricos que se preocupam com as possibilidades de aplicação dessa ciência, numa contribuição à solução dos problemas sociais, ou seja, daqueles que vivem de algum modo à margem de condições salubres de desenvolvimento.

Outra questão importante é que, ao longo dos estudos e leituras realizadas com referência ao desenvolvimento, encontramos diversas denominações para indicar o desenvolvimento humano ao longo da vida, tais como: ciclos, estágios, fases, idades, percursos, períodos, etapas de desenvolvimento, entre outras. Tais especificações muitas vezes são relativas às preferencialmente utilizadas pelos estudiosos quando da elaboração de sua abordagem teórica. Entendemos que a escolha dos termos deve vir acompanhada da contextualização histórica dos processos pelos quais se concretizam as transformações do desenvolvimento.

O DESENVOLVIMENTO HUMANO: PRESSUPOSTOS BÁSICOS

Ao se buscar melhor compreender determinados episódios e fatos relativos à vida e ao modo como ela transcorre, suscitam-se questões como a de que se nascer em determinada época, sociedade, cultura, condição biológica, econômica, interfere na jornada da vida, em como ocorrerá e nos desdobramentos que desses fatores podem derivar.

Nessa linha, nos deteremos em alguns dos fatores e abordagens trazidos pela Psicologia aplicada ao desenvolvimento, como elementos indicativos de concepções de desenvolvimento à luz do que o move.

Por muito tempo, foi polêmica a perspectiva dualista *ambiente* x *hereditariedade*, em que muitos teóricos defendiam seu afã, não considerando as possibilidades de impacto no desenvolvimento de outro fator, para além do que defendiam. Dessas discussões surgem outras tendências teóricas, que procuram suavizar, combinar ou ainda defender arduamente seu posicionamento teórico.

Como apontam os professores da Ryerson University, no Canadá, William E. Glassman e Marilyn Hadad (2006), uma questão controversa na constituição de muitas das teorias do desenvolvimento refere-se às origens das mudanças desencadeadas ao longo da vida, podendo ser atribuídas ao inato, por conta da influência da hereditariedade, ou, ainda, em contraponto, fundar-se em explicações que considerem as influências ambientais. Linda L. Davidoff (2001: 51), autora da obra *Introdução à Psicologia*, complementa que esta controvérsia, pela frequência com que já ocorreu, é intitulada "*controvérsia natureza-criação*" (grifos no original).

O desenvolvimento sob a ênfase hereditária (inatismo)

Dentro da história da ciência, a concepção inatista, que prevê que o crescimento físico e maturacional determina o processo de desenvolvimento humano, já foi hegemônica. Verificamos ainda que seu estudo mostrou-se importante em determinado momento histórico, influenciando inclusive a constituição de outras teorias sobre o desenvolvimento, mas na atualidade poucos defendem abertamente a perspectiva teórica segundo a qual o desenvolvimento da criança, por exemplo, seria tomado como algo natural, conduzido pelo maturacional, o qual dispensaria a intervenção do adulto. Ou, ainda, sob o olhar do biológico, essa criança disporia desde o nascimento das características necessárias ao seu desenvolvimento, as quais iriam germinar com o tempo.

Sob esse prisma, uma criança aprenderia ou não na medida em que apresentasse as condições ou aptidões necessárias para tal, em conformidade com as características hereditárias. Para a pedagoga e autora de *Pontos de Psicologia do Desenvolvimento* Célia Silva Guimarães Barros (2002: 27), a hereditariedade pode ser compreendida pela "transmissão biológica das características dos pais aos filhos". Nesse caso, o que uma pessoa herda de seus pais continuaria a predispô-la por toda a vida. Na perspectiva de Davidoff (2001: 51), a hereditariedade partilhada pelas pessoas possibilita uma série de atividades humanas diferentes: "A herança de imensos córtices cerebrais permite-nos processar vasta quantidade de informações. [...] a hereditariedade modela o que é exclusivo a cada pessoa."

As explicações de Charles Darwin sobre a seleção natural, no século XIX, pressupõem que as características que permitiriam aos indivíduos melhor sobreviver seriam passadas de geração para geração; num processo evolutivo essas características seriam herdadas. "Apesar de não explicar com precisão como a hereditariedade operava, a teoria de Darwin lançou a base para o estudo das influências da hereditariedade sobre o comportamento" (Glassman e Hadad, 2006: 66). Os autores complementam que o fator hereditariedade não se apõe tão somente à transmissão de características de pais para filhos, envolve também o processo de evolução anunciado por Darwin. Assim, as relações estabelecidas a partir da teoria deste estudioso e de dados básicos da genética conduziram "ao desenvolvimento de uma nova subárea na psicologia e na biologia, chamada de *psicologia evolucionista*" (Glassman e Hadad, 2006: 113, grifos no original). Para essa Psicologia, a evolução levou-nos a ser o que somos. "O valor da psicologia evolucionista pode estar mais na maneira como ela dá novas formas a outros tipos de pesquisa, sugerindo novas questões [...], do que nas explicações específicas que ela proporciona" (Glassman e Hadad, 2006: 115). Dante Moreira Leite (2010), pesquisador em Psicologia Social, afirma que os psicólogos da criança começaram a trabalhar a partir de um modelo de teoria evolucionista.

As elucidações por essa vertente enfatizam a transmissão das características do indivíduo de uma geração para outra, determinando deste modo como ele seria: seus sucessos, seus fracassos, suas capacidades intelectuais, suas características físicas. Como já dizia o ditado "filho de peixe peixinho é". Com isso, o futuro estaria desenhado já com o nascimento pelos muitos traços que herdamos. O filósofo Platão defendia que o conhecimento era inato e não adquirido pela experiência.

Nesse grupo de concepções e teorias focaliza-se a possibilidade de entender o homem como determinado biologicamente, ficando o ambiente reduzido a pouca ou nenhuma influência. São trazidos à baila e destacados como predominantes na constituição humana a sua natureza, os fatores herdados. Ao pensarmos na educação escolar, por exemplo, nesta perspectiva, ela teria um alcance de influência limitado no desenvolvimento humano, por suas predeterminações já instauradas no indivíduo.

Avanços científicos do final do século XIX e início do século XX deflagraram reações à defesa ambientalista como única possibilidade de desenvolvimento. Passa-se a questionar o fato de a criança ter vindo ao mundo como uma folha em branco (tese defendida por John Locke no final do século XVII) e a interessar-se em seus genes. Psicólogos norte-americanos exploram as possibilidades da inteligência inata, para tanto realizam avanços nos testes para avaliar a capacidade mental de crianças, elaborados pelos psicólogos franceses Alfred Binet e Théodore Simon em 1905. Assim, esses psicólogos aplicavam os testes de maneira a provar diferenças de capacidade herdada entre as raças, com inferiorização, por exemplo, dos negros. Depois vieram os estudos reforçando a ideia de inteligência herdada dos pais, tendo os meninos de classes alta desempenho muito melhor nos testes. Os resultados indicavam que os grupos dotados como inferiores não poderiam desenvolver além de sua natureza, e a educação deveria estimular estes dons superiores de caráter e de capacidade (Heywood, 2004).

A primazia do biológico também era encontrada na defesa dos aspectos da maturação, que consiste no desenvolvimento geneticamente programado das características humanas.

Na busca por explicar o desenvolvimento, por exemplo, o pediatra e psicólogo desenvolvimentista norte-americano Arnold Gesell (1880-1961) nos Estados Unidos, por volta da década de 1920-30, indica a precedência dos fatores de maturação sobre os fatores de aprendizagem, de desenvolvimento. Assim, amparado por métodos descritivos, realiza observações diretas das mudanças de comportamento concreto da criança e estabelece que estas eram possíveis com o aumento da idade, pois o que explica a existência de um padrão no desenvolvimento das crianças, relativo a cada idade, seria o processo de maturação biológica de capacidades e habilidades, que segue um cronograma herdado, numa sequência predefinida (Krebs, 1995).

Para Gesell, o ciclo de vida tem início com a fertilização da célula-ovo, já no útero começa o desenvolvimento e, com o nascimento, o processo se dá numa linha de sentido da cabeça aos pés, numa sequência de etapas. Em suma, o recém-nascido amadurece num primeiro momento os músculos e nervos da face, como a visão, a audição, o olfato; a partir dos três meses, tem início o desenvolvimento dos músculos do pescoço, da cabeça, o controle dos movimentos de braços, o que promove os sucessos na busca por agarrar os objetos, e assim sucessivamente vai controlando as mãos, o tronco, as pernas, os pés etc. O autor afirma, por exemplo, que a criança, numa linha de crescimento previsível, está apta a caminhar aos 12 meses, em acordo com os processos maturacionais específicos a essa idade.

O papel do meio, para a abordagem deste teórico, está em dificultar ou em facilitar os processos de maturação. A primazia, portanto, não está na cultura, no social, pois o que o determina é o biológico. O desenvolvimento motor, sua preocupação maior, foi visto como um processo natural e progressivo, na medida em que ocorre sem a necessidade de uma atenção específica e mais contundente do ambiente. Assim, se uma criança estiver em condições adequadas de desenvolvimento, suas características serão relativamente estáveis, terá a sequência e o ritmo de desenvolvimento ancorados pelo processo endógeno (interno) e regulatório, ou seja, pela maturação.

A disseminação dessa abordagem teórica contribuiu para criar expectativas determinadas no desenvolvimento infantil, a partir de sequências de mudanças no comportamento. Relegou a um segundo plano o papel das experiências, com o indicativo de que apenas com a ocorrência daquelas mudanças seria possível ensinar tarefas e atividades específicas. O estudo de Gesell foi muito utilizado na formação acadêmica dos cursos de Psicologia, muitas vezes como um manual, em que os alunos eram convidados a evidenciar por meio de observações de crianças os padrões de comportamento descritos pelo teórico em relação à determinada idade.

Se pensarmos numa concepção fundamentada por uma perspectiva de desenvolvimento, ela repercutirá, por exemplo, na educação escolar, em que só se poderia realizar determinado trabalho, ensinar dados conhecimentos assim que a criança atingisse certo nível de maturação de definidas funções. Ou seja, as possibilidades de aprendizagem seguiriam as de desenvolvimento.

Outros estudos indicam que a Psicologia também envereda por compreender os mecanismos através dos quais a genética atua sobre o comportamento, assimilando assim os fatores biológicos do desenvolvimento humano, no modo como os genes atuam. Dessen e Costa Junior (2005) exprimem que a genética do comportamento tem contribuído para essa ciência com pesquisas adequadas para estudar as decorrências do meio ambiente, controlando para tanto as influências da hereditariedade.

Janet Belsky, doutora estadunidense em Psicologia clínica (2010), pontua que a genética comportamental se dedica a estudar pares de pessoas em diferentes contextos ambientais, como, por exemplo, os gêmeos idênticos, ao comparar suas semelhanças, em relação a determinado traço de interesse (como o desempenho intelectual) e ainda em relação a não gêmeos em diferentes idades. São comuns também os estudos de adoção, com o intuito de verificar a contribuição genética para um determinado traço, em que se comparam as pessoas adotivas com os seus pais biológicos e com os que os adotaram.

Por outro lado, há teóricos do desenvolvimento humano que ensejam a necessidade de considerar as interações do indivíduo com o ambiente em consideração ao "[...] fato de que os indivíduos não são corpos guiados por seus genes, em um ambiente vazio" (Lordelo, 2002: 14).

O desenvolvimento sob a ênfase do ambiente (visão empirista)

O ambiente – palavra de origem latina – é definido pelo dicionário como "aquilo que cerca ou envolve os seres vivos ou as coisas, por todos os lados; é o conjunto de condições materiais e morais que envolve alguém" (Ferreira, 1999: 117). Em oposição à valorização do organismo, o ambiente passa a ser o foco para as explicações concernentes ao desenvolvimento humano.

Dentro da perspectiva ambientalista, o ambiente tem papel essencial em nossa forma de ser humano. Assim, nosso desenvolvimento tem influências e é determinado pelas condições que nos cercam, pelo que está à nossa volta, pela experiência no meio social e físico, como a escola em que estudamos, a família e aqueles com os quais convivemos.

De acordo com os pesquisadores da Universidade de Brasília, Polonia et al. (2007: 20), há também nesta perspectiva de análise a referência à abordagem empirista, em que há o primado do objeto, sendo a experiência e o ambiente muito importantes para os processos de aprendizado. As experiências vivenciadas no ambiente é que vão definir os aspectos do desenvolvimento. Os ambientes em todas as suas instâncias alteram as direções e condições de desenvolvimento. Os autores também chamam a atenção para o fenômeno da bidirecionalidade, em que o homem é ativo, de maneira a sofrer influências do meio e, ao mesmo tempo, influenciá-lo.

A perspectiva empirista foi enfatizada pelo filósofo John Locke, ao argumentar, em 1690, que os bebês nasceriam basicamente iguais e desenvolveriam as suas características, suas particularidades, por meio das experiências ambientais (Glassman e Hadad, 2006).

De acordo com Barros (2002), John Watson, um psicólogo americano behaviorista de grande influência, é um exemplo de teórico que faz a defesa do fundamental papel que o ambiente tem sobre a determinação da personalidade do indivíduo, ficando a hereditariedade sem nenhuma função no seu desenvolvimento. Realizou estudos com crianças e divulgou que elas poderiam ser moldadas a seu gosto. Assim, um bebê definido como normal poderia ser condicionado, por exemplo, a ter medo de qualquer estímulo do ambiente, poderia ser treinado para se tornar qualquer tipo de especialista escolhido por ele, como um médico, artista, ou ainda um ladrão. O corpo para os behavioristas seria definido como uma caixa-preta, e o conhecimento deste não teria relevância para explicar as relações entre os estímulos ambientais e o modo de agir. Os behavioristas ou comportamentalistas optavam, portanto, por observar o papel que o ambiente (estímulo) desempenha no comportamento observável (respostas). Mas estudar esse papel exige a capacidade em definir rigorosamente as características ambientais envolvidas em uma situação.

Glassman e Hadad (2006) esclarecem que o behaviorismo pode aludir a várias teorias, apresentando cada uma características singulares, todavia, com alguns elementos comuns na abordagem. O behaviorismo tem como pioneiros e colaboradores Thorndike (1874-1949), Watson (1878-1958), Pavlov (1849-1936) e Skinner (1904-1990). Até meados da década de 1950, particularmente na América do Norte, essa linha teórica tornou-se a força dominante na Psicologia. Os comportamentos para esta abordagem teórica são aprendidos.

A chamada *teoria da aprendizagem social*, de acordo com Biaggio (2011), evidencia que o desenvolvimento dos comportamentos habituais do ser humano, que constituem o que se define por personalidade, é explicado a partir dos princípios básicos do condicionamento clássico, do operante e da imitação. Os adeptos dessa teoria geralmente são chamados a retificar comportamentos inadequados ou desadaptados. Assim, as pessoas aprenderão novos comportamentos adequados e desaprenderão comportamentos inadequados.

O behaviorismo foi, ao longo de sua história de constituição, sendo criticado por entender o comportamento e o desenvolvimento humano nas conexões estímulo e resposta e por evitar conceitos mentalistas, a existência de fatores não observáveis que poderiam afetar o comportamento. Em contraponto aos teóricos dessa abordagem, surgem os cognitivistas.

Para além do ambiente mais próximo de convivência do ser humano e de influência no seu modo de ser, em seu desenvolvimento, podemos trazer a cultura, a sociedade, podemos falar em ambiente social, em que os ideais presentes influem nas ações, no pensamento, na compreensão do homem sobre o mundo, sobre si, engendrando oportunidades de ser, fazer-se humano.

Dessen e Costa Junior (2005) convertem para a necessidade – quando se tem como foco o curso da vida – de analisar a força das interações e das mudanças sociais no desenvolvimento durante a vida do homem, ou seja, dos contextos histórico e cultural. Defendem uma visão sistêmica, considerando o micro e o macroambiente.

Interação ambiente-hereditariedade

Glassman e Hadad (2006) afirmam que muitas das discussões sobre o desenvolvimento humano se orientam por uma visão interacionista do ambiente e da hereditariedade. Assume-se inclusive que essa interação pode ocorrer desde o momento da concepção. Tal tendência, todavia, de acordo com os autores, não impede a proeminência de um ou outro aspecto.

Adeptos dessa possível interação ambiente e hereditariedade confirmam que os indivíduos são constantemente constituídos tanto por um quanto pela outra. "A natureza e a extensão de uma influência sempre dependem da contribuição da outra" (Davidoff, 2001: 51).

O desenvolvimento e a ênfase sócio-histórica cultural

Ainda que a tradição da pesquisa em Psicologia se filie mais a uma vertente naturalista, construída sob as bases das ciências biológicas, temos, a partir do início do século XX, discussões que envolvem as forças da cultura no desenvolvimento humano. Para que este ocorra, não são considerados apenas o indivíduo e suas condições biológicas, mas também a rede de relações e as condições objetivas, os contextos culturais em que se constitui. Como discutem a pós-doutora em desenvolvimento humano e professora do Departamento de Estudos da Infância da UERJ, Vera Vasconcellos, e a doutora em educação Maria Vittoria Civiletti (1998: 49), há no início do século XX um acirramento das discussões acerca dos impactos da cultura no desenvolvimento humano. "Algumas abordagens psicogenéticas, que problematizam a visão biologizante, questionam o conceito de desenvolvimento ao conceberem a história e a cultura como constitutivas do funcionamento mental". Nessa via, o psiquismo é tomado como resultado das interações entre os sujeitos humanos e os contextos culturais.

Nessa perspectiva, a busca por apreender o desenvolvimento revela a necessidade de compreender que o homem e a sociedade são dimensões de uma mesma realidade; ao estudá-lo, portanto, não podemos desatá-lo da complexa rede de relações estabelecidas entre os dois. Com isso, enfatiza-se que a condição essencial do homem é que ele é um ser social, político e histórico e que constrói e é construído, cria e é recriado mediado pelas relações sociais estabelecidas historicamente. Nessa condição de sujeito ativo, existe um ser individual que se inscreve num ser genérico.

Ao constituir-se, constitui também a sociedade da qual faz parte, através das objetivações humanas, do trabalho, em suma, das suas ações, que transformam a natureza na busca por garantir as necessidades humanas de sobrevivência. Nesse prisma, vai também construindo seu mundo psicológico, amparado nas possibilidades e limites, ligados à sociedade na qual ele se insere, modifica-a e transforma-se.

Bock (2000: 14) alerta que, ao deslocarmos o homem da realidade social que o constitui e lhe dá sentido, realizamos um trabalho ideológico "[...] tornando aquilo que é social e histórico em algo natural e universal, no qual não se pode mexer e não se pode mudar". Com isso, corremos o risco de "criar" normalidades, desvios, enquadramentos, rótulos, (im)possibilidades de desenvolvimento.

Então, não somos naturalmente inteligentes, fortes, altos, ou andamos, falamos simplesmente quando adquirimos determinadas idades; desenvolvemos essas características a partir das condições biológicas e principalmente ao sermos lançados na complexa rede de relações perpetuadas ao longo da história, inscritas na cultura, nas possibilidades econômicas de alimentar-se, de frequentar boas escolas etc. Assim, ao pensarmos em um sujeito, seja ele Osvaldo, Emanuela, ou tantos outros, não nos damos conta de dizer sobre eles ou representá-los independentemente de suas condições objetivas, sociais, culturais, das relações que tecem com e na sociedade.

No estudo realizado por Sanya Franco Ruela, mestre em Psicologia social, e Maria Lucia Seidl de Moura, pós-doutora e professora da UERJ (2007), revela-se que as características culturais do ambiente imprimem suas marcas e impactos nas práticas de seus cuidadores (parentalidade) e no desenvolvimento infantil. As autoras defendem, pois, que o desenvolvimento deve ser situado em contextos, e uma compreensão neste prisma parece ser fundamental quando se almeja ser um psicólogo do desenvolvimento ou quando se aspira a trabalhar com famílias, seja qual for a profissão.

Além das perspectivas anunciadas, Biaggio (2011) elenca a visão dialética, a qual prioriza as origens sociais, culturais da aprendizagem, em detrimento de predisposições inatas, biológicas. Tal visão aprende o desenvolvimento de maneira a romper com o estreito caminho do natural, do biológico, do aparente. As mudanças ocorridas no sujeito se dão num processo dialético, inevitável por suas relações sociais.

ABORDAGENS TEÓRICAS: POSSIBILIDADES DE COMPREENSÃO DO DESENVOLVIMENTO HUMANO

> *Mudanças e desenvolvimento são produzidos quando uma pessoa arrisca e se atreve a participar na experimentação de sua própria vida.*
> (Herbert Otto)

A Psicologia, ao debruçar-se sobre o desenvolvimento humano, lança mão de diversas teorias, com metodologias, princípios teóricos diferentes, que centram esforços em compreender e explicar como ocorre esse processo, de tal modo que busca decifrar o homem em seus distintos aspectos, nas trajetórias que percorre, englobando todo o percurso da vida, desde o seu nascimento. Tais teorias estão apoiadas por concepções de homem, de mundo, de desenvolvimento, que não se eximem da história, do tempo que as constituem, seja por fortalecê-las ideologicamente, seja para questioná-las e propor uma nova visão. Teorias que se propuseram a compreender o ser humano, concentrando-se nos aspectos mentais, cognitivos, afetivos, psicossexuais, com relevância na interação ambiente-sujeito, ainda que de maneira distinta.

Ao estudar o desenvolvimento humano, como aponta Dessen e Costa Junior (2005), muitos teóricos o fazem a partir do estabelecimento de etapas, numa sequência de eventos configurados em estágios (desde o nascimento até a morte), os quais se encontram relacionados com o processo produtivo da sociedade, com a exigência de tarefas específicas. Para os autores, poderíamos compreender a trajetória de desenvolvimento do indivíduo em função de como se organizam as interações entre determinado sujeito e seu contexto, entre um e outro estágio de vida e o modo como são trançados os elos do funcionamento intelectual. E complementaríamos que a essas questões adicionam-se a história de constituição do homem, as possibilidades de apropriação dos objetos em que se inscreve a cultura humana e as mediações necessárias para que isso ocorra.

VIGOTSKI: O PROCESSO DIALÉTICO E ATIVO DE DESENVOLVIMENTO HUMANO

O russo Lev Semionovitch Vigotski[1] (1896-1934) é considerado o principal representante da chamada Psicologia histórico-cultural. Estudioso que, na empreitada por constituir uma "nova" Psicologia, busca integralizar uma "nova" concepção de homem (questiona as concepções e determinismos biológicos e ambientalistas), que se constitui dialeticamente em suas relações com o outro, mediadas pela cultura construída historicamente. Em seus estudos, empenhou-se em compreender a relação entre pensamento e linguagem, o processo de desenvolvimento da criança e o papel da educação formal em sua promoção. Para tanto, contou com a colaboração de importantes teóricos, tais como os pesquisadores russos Alexis Leontiev (1903-1979) e Alexander Romanovich Luria (1902-1977).

Vigotski, em seus mais de 10 anos de estudos e produção teórica, acumulou mais de 180 trabalhos na área de Psicologia. Procurou elaborar um saber psicológico em comunhão com as transformações históricas para ir além das explicações reducionistas, das aparências e fazer do homem o sujeito dessas transformações. Defendia, para tanto, uma Psicologia fundamentada e amparada no materialismo histórico e dialético (desenvolvido por Marx e Engels): a teoria histórico-cultural proposta a fim de elucidar os processos psicológicos em sua totalidade, numa compreensão dialética do comportamento que se dá a partir do biológico, o qual é vinculado ao fato de que o homem é um ser social e histórico que realiza ações sobre a natureza (processo de trabalho) com o intuito de constituir-se na sua forma de ser e de agir e suprir as necessidades colocadas pelo meio em que vive.

Para a Psicologia histórico-cultural, as possibilidades de desenvolvimento devem ser consideradas em sua complexidade. Assim, de acordo com Vygotsky e Luria (1996), o recém-nascido atravessa formas e estágios de desenvolvimento específicos, de maneira a caminhar em direção ao homem cultural (ontogênese). Além disso, carrega consigo uma evolução complexa, que combina ainda mais duas trajetórias: a da evolução biológica, constituída desde os animais (o macaco) até o ser humano; e a da evolução histórico-cultural, que compreende a transformação gradativa do homem primitivo no homem cultural moderno (filogênese). O desenvolvimento humano tem nas relações sociais sua mola propulsora, desde o nascimento e em toda a sua trajetória de evolução até tornar-se o homem cultural. Ao entendermos a aprendizagem como fonte de desenvolvimento, reforçamos a concepção de que a criança aprende desde que nasce.

Vygotski (2000) explica que o desenvolvimento cultural não segue numa curva linear, embora por muito tempo se tenha pensado que o processo de desenvolvimento da criança se desse por uma simples assimilação mecânica. Ao contrário disso, o que temos é um processo vivo de desenvolvimento, de luta, que cursa em constante contradição entre as formas primitivas e culturais. O desenvolvimento cultural não é, portanto, continuação e consequência direta de seu desenvolvimento natural, de modo que temos avanços que se dão em saltos, e, ao invés de cooperação, temos uma luta no desenvolvimento da criança. O mundo da cultura se abre paulatinamente para a criança, em que ela vai se apropriando do que foi sendo constituído ao longo das gerações.

No processo de desenvolvimento, no nascimento, o ser humano possui o aparato formado na história evolutiva da espécie humana, todavia, é na relação dialética com o mundo material, com a cultura que terá proporcionadas ou não as condições necessárias ao seu desenvolvimento. Constatamos, então, que, à medida que o homem intensifica suas relações com o mundo, apropria-se da experiência humana, transforma e desenvolve permanentemente suas funções psíquicas superiores, como a aquisição da linguagem, o surgimento da memória, da criatividade e da imaginação, o desenvolvimento das emoções, a formação de novos tipos de comportamentos sociais (ações conscientemente controladas, os processos voluntários), internalizando as formas culturais de comportamento.

No entanto, nesse processo as funções psíquicas não se desenvolvem de modo uniforme, linear e sim com atividades-funções que são consideradas dominantes em cada idade. Assim, "a função básica de cada idade encontra-se em condições sumamente propícias para seu desenvolvimento"

(Pasqualini, 2009: 34). Inicialmente, temos o desenvolvimento de funções mais básicas e que impulsionam outras a desenvolverem-se, que acabam por negar ou destruir a própria base de desenvolvimento, impulsionando o fim de uma "idade" vigente em direção a uma etapa seguinte.

O psicólogo soviético Daniil Borisovich Elkonin (1987) esclarece que, em cada estágio de desenvolvimento, temos uma atividade principal, que passa a desempenhar a função de dominante forma de relacionamento da criança com o mundo ao seu redor, e ainda a formação de novas necessidades na criança. Permitindo à criança novos níveis de compreensão da realidade e de relação com ela, de transformação de sua personalidade; esse processo de desenvolvimento geral do infante tem dependência das apropriações realizadas na experiência social. Destaca-se que o fato de termos atividades principais, dominantes em determinado período, não neutraliza a possibilidade de coexistência de outras que já foram centrais, que, no entanto, vão perdendo sua força.

As psicólogas, professoras e doutoras em Educação Lígia Márcia Martins e Nádia Mara Eidt (2010: 678), ao se referirem à atividade principal, frisam que ela não deve ser compreendida como a que toma mais tempo na vida da criança durante um estágio de seu desenvolvimento e sim aquela:

> a) no interior da qual surgem e se diferenciam outros tipos de atividade; b) na qual os processos psíquicos particulares tomam forma ou são reorganizados; c) da qual dependem, de forma mais íntima, as principais mudanças psicológicas na personalidade infantil.

É importante conhecermos as funções básicas pelas quais a criança aprende e se relaciona com o mundo (em situações que são mediadas por parceiros mais experientes), a situação social de desenvolvimento, as atividades principais, de maneira a colaborar para a promoção do ensino intencionalmente organizado em prol do seu desenvolvimento. Haja vista que a compreensão das forças motrizes do desenvolvimento psíquico pode ser mais bem organizada com o estudo dos períodos referentes a ele.

O adulto, ao conhecer dentro das idades as atividades que se destacam como principais, poderá, nesse processo, incidir com um ensino ou com atividades específicas adequadas às possibilidades de aprendizagem que estão em vias de ocorrer, ou seja, com isso atuar sobre o que Vygotski (1996) define como zona de desenvolvimento proximal (ZDP).

Nesse caminho de desenvolvimento, têm grande peso os processos de aprendizagem que vão sendo constituídos em todos os círculos culturais em que o indivíduo está inserido.

Ainda no que se refere aos processos de desenvolvimento, Vygotski (1996) defende a importância de estudar intelecto e afetividade como unidade no processo do desenvolvimento psicológico, pois estão vinculados e colaboram reciprocamente.

Em suma, na perspectiva da Psicologia histórico-cultural, o desenvolvimento está em relação com os processos de aprendizagem, com os processos e possibilidades de mediação engendradas na apropriação da cultura. Ao olhar para o desenvolvimento do homem cultural Elkonin (1987), apoiado nos estudos de Vigotski, postula as principais atividades, nas diferentes idades, pelas quais os sujeitos se relacionam com o mundo. Assim, são citadas como *primeira infância* – a comunicação emocional do bebê – no primeiro ano de vida; atividade objetal manipulatória; *infância* – jogo de papéis na idade "pré-escolar"; atividade de estudo – no período escolar; comunicação íntima pessoal que caracteriza a *adolescência* e em seguida a atividade profissional/estudo. Já no adulto, de acordo com Martins e Eidt (2010: 678), a atividade principal é o trabalho. "O trabalho é atividade vital humana e o desenvolvimento humano é sempre e necessariamente orientado pela atividade principal."

Veremos a postulação de Vigotski e outros autores que discutem essa teoria, no que se refere à caracterização das atividades principais, referências nas suas respectivas idades, os comumente chamados estágios de desenvolvimento, nos conseguintes capítulos. Resta lembrar que Vigotski não concebe fases/estágios de desenvolvimento do mesmo modo que Freud e Piaget; o autor destaca a existência de características pertinentes às diferentes idades.

Vygotski (1996) também postula a existência alternada de períodos estáveis (com mudanças qualitativas, pequenas, que vão se acumulando até ocorrer uma nova formação) e críticos (mudanças e rupturas internas bruscas, rápidas, determinadas pelas condições materiais de seu contexto externo, que produzem reestruturação das necessidades e motivos da criança, que são os motores de seu comportamento e de sua relação com o meio). Vygotski (1996) indica para o desenvolvimento uma alternância entre os períodos estáveis e críticos, sendo eles:

crise pós-natal – primeiro ano de vida; crise do primeiro ano; primeira infância; crise dos 3 anos; idade pré-escolar (3 aos 7 anos); crise dos 7 anos; idade escolar (dos 8 aos 12 anos); crise dos 13 anos; puberdade e crise dos 17 anos.

Juliana Campregher Pasqualini, doutora em Educação e professora de Psicologia da Unesp (Bauru) (2009), esclarece que as teorias de Vigotski sobre a periodização do desenvolvimento psíquico não se caracterizam como acabadas, devido à sua morte precoce.

Piaget: psicogênese do desenvolvimento humano

Jean Piaget (1896-1980) nasceu em Neuchâtel, na Suíça. Apresentou interesse pelos estudos da natureza e pelas ciências; foi biólogo de formação, doutor em ciências, mas dedicou-se a estudar, na Psicologia, as questões epistemológicas. Em seus estudos, defendeu uma linha teórica representada pelo interacionismo, privilegiando as experiências do indivíduo e os seus processos de pensamento. Assim, para Piaget, o conhecimento seria o resultado de construções sucessivas com elaborações constantes de estruturas novas, e, desse modo, não proviria unicamente da experiência com os objetos ou mesmo de uma condição inata pré-formada no indivíduo.

Piaget interessava-se em estudar a Epistemologia (estudo do conhecimento) e acreditava que a Psicologia poderia concretizar-se como a ponte necessária entre a Biologia e a Epistemologia. O seu trabalho tem influências de concepções provenientes da Biologia, da Lógica e da Epistemologia (Biaggio, 2011). Assim, podemos pensar num modelo biológico de desenvolvimento, na busca pela gênese do desenvolvimento intelectual.

Piaget dedicou-se, no período de 1920 a 1950, ao estudo experimental com crianças, na busca por compreender a evolução da inteligência humana. O teórico não apresenta, pelo menos inicialmente, seu foco de interesse na aprendizagem da criança e, sim, em como se organiza o conhecimento do mundo real e para isso a estuda. Para tanto, Piaget opta pela interrogação clínica e pelo método experimental, faz inúmeras observações e testagens através de minuciosa observação de crianças, incluindo nesse rol seus próprios filhos.

O educador suíço compreende o desenvolvimento cognitivo como algo que contém uma dinamicidade, posto que a inteligência existe na ação, modificando-se numa sucessão de estágios que compreendem: uma gênese, uma estrutura e a mudança das mesmas.

Em relação à gênese, ela parte de uma estrutura e chega à outra que é preparada por estruturas mais elementares ou parciais que apresentam características diferentes da estrutura total e que se sintetizarão numa estrutura final. Assim, as primeiras estruturas surgem com o nascimento, no nível sensório-motor, em que há a predominância do biológico. Toda estrutura tem uma gênese por ser construída pouco a pouco. Há a transmissão hereditária de estruturas físicas, como o sistema nervoso central, as reações comportamentais automáticas, reflexas. Em suma, gênese e estrutura são indissociáveis em sua constituição, e as alterações que ocorrem em uma estrutura levam a mudanças nos estágios do desenvolvimento cognitivo: "[...] podemos verificar a formação de estruturas e sua completação, na qual diferentes estruturas podem suceder umas às outras ou integrar-se segundo combinações múltiplas" (Leite, 2010: 252). No caso da inteligência, Piaget dedica-se a revelar o aspecto evolutivo dela, no sentido de como a criança gradualmente alcança estruturas cognitivas cada vez mais eficientes, processo no qual constrói sua realidade, adquirindo o conhecimento de modo ativo (Biaggio, 2011).

Ainda em se tratando de estruturas e de evolução intelectual e cognitiva, no que tange ao desenvolvimento mental, devem ser considerados, como ponderam Piaget e Inhelder (2006), a existência de três fatores que formam esse processo: o *maturacional* – do sistema nervoso e dos sistemas endócrinos, que possibilita a maturação orgânica quanto à ordem de sucessão dos estágios de desenvolvimento mental; *a experiência ativa dos sujeitos sobre os objetos;* e o *fator interacional ou transmissões sociais,* que envolve a experiência com as pessoas através da educação e da linguagem. Lembramos que a consideração dos fatores em sua relevância não pode ser tomada isoladamente, mas no conjunto deles.

Ao tentar realizar o estudo do desenvolvimento qualitativo das estruturas psicológicas, Piaget o faz apresentando a evolução do pensamento da criança delineada na forma de estágios-estádios, numa sucessão crescente e constante de aquisições (o fator não é a cronologia, mas a ordem de sucessão). Assim, como salienta o professor e pesquisador Dante Morais Leite (2010, grifos no original):

[...] determinada característica não aparecerá *antes* em determinado grupo de sujeitos e *depois* em outro. Além disso, as estruturas integrantes em determinada idade passam a ser componente integrante das estruturas da idade seguinte e são também preparatórias para o estágio seguinte.

Os estágios do pensamento do indivíduo definidos por Piaget são: sensório-motor, pré-operacional, operações concretas e operações formais. Piaget sugere, de acordo com Davidoff (2001: 438), que o desenvolvimento do pensamento de todas as crianças ocorre numa mesma sequência fixa, em que cada estágio sucede-se com base nas realizações anteriores, enfatizando a hereditariedade: "Ele afirmava que os ambientes social e físico afetam apenas o momento de ocorrência de marcos específicos." O desenvolvimento ocorre em função da maturação biológica, das diversas experiências de vida e dos ensinamentos formais, como os aprendidos nas escolas, sendo estes três fatores harmonizados pelo processo psicológico de equilibração (La Taille, 2006).

O sujeito em desenvolvimento se estrutura por meio de mecanismos próprios, que não dependem diretamente de fatores sociais, haja vista que são determinados pela busca de equilíbrio, que dependerá de uma maturação biológica para que ocorra. Busca essa provocada por um desequilíbrio nas estruturas cognitivas, uma perturbação decorrente da interação do indivíduo com o objeto a ser conhecido, que demanda um processo de organização e reorganização das estruturas cognitivas sobre os objetos da realidade e de sua adaptação às necessidades do próprio indivíduo. Com isso, há indicação de que o sujeito adquire determinados conhecimentos à medida que houver maturação biológica para tal.

Todo o trabalho de apresentação de Piaget dos estágios de desenvolvimento, explicitando a evolução do pensamento da criança, enverga a tentativa do teórico em estudar o desenvolvimento qualitativo das estruturas psicológicas para a concretização do pensamento. Biaggio (2011) comenta que Piaget abdica do enfoque psicométrico muito forte na época, acerca da mensuração das diferenças individuais, e concentra-se no método clínico, procurando entender, por exemplo, as respostas erradas que a criança dava a certo enunciado, correlacionando-as com determinadas idades.

Na compreensão do doutor e professor do programa de pós-graduação em Psicologia escolar da USP, Lino de Macedo (2004), Piaget se reporta a um sujeito epistêmico que é determinado pela classe social, pelo gênero, pelas relações com seus pares ou adultos, pela condição física e neurológica, pelo conhecimento lógico-matemático (que é fundamental em qualquer cultura e sociedade). Além disso, o autor acredita que Piaget analisa o desenvolvimento em uma perspectiva "[...] comprometida com o sujeito que se desenvolve, e não com aquilo que lhe atribui o adulto a partir de sua própria perspectiva" (Macedo, 2004: 153).

FREUD: PSICANÁLISE E O DESENVOLVIMENTO HUMANO

Sigmund Freud (1856-1939), fundador da Psicanálise, nasceu em Freiberg, República Tcheca, mas viveu praticamente toda a vida em Viena, Áustria. Com o ingresso no curso de Medicina em 1873, dedica-se a pesquisas experimentais em laboratório, com base na fisiologia (uma forte tendência da época). Também se especializou em distúrbios neurológicos, nas doenças do sistema nervoso. Interessou-se pelos estudos de Psiquiatria (área da Medicina que trata dos doentes mentais), influenciado e orientado pelo francês Martin Charcot (1825-1893). Passa a estudar, mais especificamente, a histeria (transtorno com sintomas físicos, mas sem que se constate uma causa física), demonstrando predileção por explicar as patologias e debruçando-se sobre os fenômenos psíquicos. Freud buscou explicar a personalidade normal e anormal, formulando a teoria da Psicanálise.

Para formular suas teorias, desvenda hipóteses, observando e investigando os processos psíquicos de seus pacientes, familiares, e realizando a autoanálise, numa retomada de suas lembranças infantis, concentrando tais estudos na clínica médica. Inicialmente, nos seus estudos envolvendo a histeria, emprega a *hipnose* (em transe, o paciente recorda um evento traumático, numa descarga emocional), com o objetivo de explicar e eliminar os seus sintomas. Mais tarde (a partir de 1896), passa a utilizar uma técnica criada por ele, a *associação livre*, em que convida seu paciente (deitado num divã) a falar livremente os pensamentos que lhe vêm à mente; encorajava ainda, nos seus tratamentos, o relato dos sonhos e procedia à análise deles. Em suma, utiliza, como dados e como material analítico, as expressões verbais dos seus pacientes com seus pensamentos e sentimentos (Biaggio, 2011).

Freud destacou-se em seus estudos por dedicar-se ao inconsciente, ainda novidade em pesquisas e discussões da sua época. Construiu a sua teoria da personalidade defendendo que o comportamento é motivado por processos mentais (internos) – dos quais frequentemente os indivíduos não estão conscientes – que refletem a vida atual e as suas experiências passadas, influindo nas suas condutas, portanto, na sua personalidade, numa espécie de determinismo psíquico. Freud constata que a motivação humana tem uma base biológica, que ele definiu como pulsões inatas, pulsões sexuais. Concentra-se, pois, em processos que não podem ser diretamente observados (a dinâmica da mente), inferindo o não observável daquilo que podia ser visto.

Na busca por compreender o sofrimento psíquico de pacientes com histeria, Freud (1996) construiu diversos conceitos ligados à constituição do psiquismo humano, compreendendo-o como composto por nossas ideias, percepções, emoções, sentimentos, lembranças e atos volitivos. Na chamada primeira teoria do aparelho psíquico ou primeira tópica freudiana, ao psiquismo são atribuídas três qualidades aos processos psíquicos:

- *consciente:* refere-se às informações que obtemos e mantemos em nossa lembrança, ou seja, os sentimentos e os pensamentos dos quais temos consciência, o conhecimento imediato, e que fazem parte do nosso cotidiano. Esta parte, superficial da personalidade total, é acessível apenas o "necessário" para lidar com a vida diária;
- *pré-consciente:* refere-se a grande parte do conteúdo da mente que está abaixo do nível de consciência; não está na consciência naquele momento exato, mas pode ser acessado a qualquer momento, sempre que necessário;
- *inconsciente:* é preenchido pelas ideias, sentimentos, experiências que não podem ser acessados diretamente para a consciência, pois foram bloqueados (reprimidos), mas podem influenciar nossos comportamentos; o inconsciente não segue uma lógica linear, mas atemporal. Ainda que o conteúdo inconsciente não

possa adentrar a consciência, por sua intolerância, ele poderá emergir, por exemplo, por meio de sonhos, de uma forma menos ameaçadora, simbólica, manifestando fantasias que não seriam possíveis ou aceitáveis na vida real, evitando assim acarretar angústia ao indivíduo.

Freud (1996) entende ainda que o estado de consciência é transitório, no sentido de que uma ideia, um sentimento pode ser consciente neste momento e não ser mais daqui a pouco tempo, podendo tornar-se consciente novamente. Assim, há um fluxo constante entre as três instâncias. Os fatos que tenham algum significado de ameaça ao equilíbrio e bem-estar são direcionados ao pré-consciente e ao inconsciente, embora soframos seus efeitos e tenhamos nossa vida psíquica em grande parte determinada por eles. O homem vivencia, portanto, constantes conflitos internos que lhes são estranhos, dificultando seu autoconhecimento por completo.

Freud inicialmente se concentra num modelo patológico de desenvolvimento. Glassman e Hadad (2006) afirmam que, com a publicação dos *Três ensaios sobre a teoria da sexualidade* (1905), nota-se uma discussão muito mais ampla, voltada para um modelo mais geral de personalidade, o que é ainda mais ampliado com a obra *O ego e o id* (1923). Com isso, traz novos elementos aos seus estudos, e concebe a segunda teoria do aparelho psíquico, segundo a qual a personalidade é composta por uma estrutura que contém três partes, a saber: id, ego e superego.

De acordo com Freud (1976), o *id* é inconsciente e regido pelo princípio do prazer (tendência a buscar prazer de modo imediato, eliminando o desprazer, as tensões intrapsíquicas, direcionado a evitar a dor), fonte de todas as pulsões básicas, busca pela satisfação imediata de nossas necessidades (alívio e diminuição da tensão) e de nossos desejos (como o de viver), sem considerar a realidade. É considerada a parte mais primitiva e de mais difícil acesso da personalidade.

O *superego* opõe-se ao id na tentativa de inibir seu impulso à gratificação imediata, interferindo sobre este. Seu desenvolvimento ocorre na medida em que são constituídas as normas, tradições e interposições de conduta dos pais sobre as crianças, do meio que circunda o indivíduo, da sociedade; ou seja, é conduzido pelas restrições morais. Id e superego estão em constantes conflitos, por sua divergência na condução dos comportamentos. O mediador desses conflitos é o *ego*, que busca integrar a personalidade, para tanto se fundamenta no princípio da realidade, ou seja, avalia a realidade, a demanda do mundo externo.

Ao tratar do desenvolvimento humano, Freud tornou-se polêmico por apresentar uma teoria que faz referência à sexualidade infantil, ou seja, apontar que criança é também dotada de desejos e conflitos.

Na teoria psicanalítica, o entendimento sobre sexualidade não se circunscreve apenas às atividades e ao prazer que resultam do funcionamento do aparelho genital, mas envolve toda uma série de excitações e de atividades manifestas desde a infância, "que proporcionam um prazer irredutível à satisfação de uma necessidade fisiológica fundamental (respiração, fome, função de excreção etc.), e que se encontram a título de componentes na chamada forma normal de amor sexual" (Laplanche e Pontalis, 1976: 619).

Vítor Franco, professor da Universidade de Évora, e Carlos Albuquerque, professor da Escola Superior de Saúde e investigador do Instituto Politécnico de Viseu, de Portugal (2010: 174), afirmam que a abordagem psicanalítica proporcionou um aumento considerável de investigações e estudos interessados pelo desenvolvimento em geral e, especificamente, pelo desenvolvimento infantil. Além de contribuir para maior entendimento dos processos psicoafetivos e de pensamento:

> Hoje qualquer abordagem do desenvolvimento psicológico é indissociável dos nomes de Freud, Anna Freud, Melanie Klein, Renée Spitz, Donald Winnicott e tantos outros que, a partir de uma perspectiva psicodinâmica, contribuíram para uma compreensão do mundo infantil e dos processos de desenvolvimento.

Em sua teoria, Freud, ao abordar o desenvolvimento humano, aprecia o critério afetivo, com o qual considerava o comportamento do indivíduo perante seus objetos de prazer. Compreendia o desenvolvimento em fases consecutivas, as quais seriam marcadas, especialmente, pela mudança do que é desejado em cada uma e pela maneira como esses desejos são atingidos. Atribuía a cada uma delas um nome ligado à parte do corpo que parecia dominar o hedonismo naquela época.

No entanto, Maria Cristina Kupfer (2002: 63), professora do Instituto de Psicologia da Universidade de São Paulo (USP), entende que a teoria de Freud é em geral identificada como uma teoria que se dedica a uma descrição do desenvolvimento afetivo-emocional, ainda que isso estivesse distante do pensamento de Freud. Para a autora, Freud não almejava descrever algo específico ao desenvolvimento emocional de uma criança. Todavia, sua teoria é difundida e identificada dessa forma, à luz de diversas interpretações. A intenção de Freud era a de que sua teoria estabelecesse, "[...] entre outras coisas, um modelo da construção dos processos através dos quais um indivíduo se torna um ser sexuado". Biaggio (2011) complementa ao dizer que há também o desenvolvimento do ego, que representa a maturação cognitiva.

A psicóloga e pesquisadora Renata da Silva (2011a: 73), ao refletir sobre a teoria freudiana, entende que todo o desenvolvimento psíquico apresenta como fio condutor básico o instinto sexual e os desejos edipianos. A autora assinala que, na acepção do teórico, a cultura "apenas os reprime e os torna inconscientes". Todavia, temos outros psicanalistas, posteriores a Freud, que apresentam uma conotação ampliada, para além de um entendimento da psique voltada para a função sexual e o complexo de Édipo. Silva (2011) aponta como exemplo o psicanalista inglês Donald Woods Winnicott (1896-1971), que, de forma mais enfática que Freud, levou em conta em suas discussões as determinações culturais para a formação do psiquismo.

Nota

[1] Nas leituras realizadas foi possível perceber que *Vigotski* é grafado de diferentes formas. Então adotaremos essa grafia, salvo em caso de referência e citação.

DESENVOLVIMENTO INTEGRAL EM BUSCA DA AUTONOMIA

*Aquilo que as pessoas podem ser, elas têm de ser.
Elas têm de ser fiéis à sua própria natureza.*
(Abraham Maslow)

Ana Flavia do Amaral Madureira, professora de Psicologia, e Angela Uchôa de Abreu e Branco, professora da Universidade de Brasília (2001), enfatizam a necessidade de atentarmos para o caráter eminentemente dinâmico do desenvolvimento humano, em detrimento de uma perspectiva positivista que, em suas categorias analíticas, dá prerrogativa à descrição de atributos estáticos. É necessário considerar a relação dinâmica de determinados fenômenos relevantes no campo da Psicologia do Desenvolvimento, entre eles, a relação entre cognição e afeto, entre linguagem e pensamento, entre indivíduo e sociedade.

Na perspectiva de Leite (2010), há a tendência na Psicologia contemporânea de concentrar-se em determinado aspecto do comportamento, desconsiderando outros. Bock, Furtado e Teixeira (2008) entendem que o desenvolvimento deve ser considerado em sua globalidade, no entanto, os estudos tendem a tratá-lo segundo quatro aspectos básicos: físico-motor, social, intelectual e afetivo-emocional. Os autores indicam ainda que esses aspectos são indissociáveis, embora os teóricos possam estudar o desenvolvimento global com ênfase em um deles. A seguir, trataremos brevemente dos aspectos social, intelectual e afetivo-emocional, e, lembrando que existem outros, incluiremos o moral.

Aspectos do desenvolvimento humano

Aspecto intelectual

Na história da busca para decifrar os processos que permitem o conhecimento, a verdade, temos inicialmente a forte presença da Filosofia e, mais tarde, a Psicologia também procura compreender como se dá esse processo, mais especificamente o desenvolvimento intelectual. O estudo do desenvolvimento intelectual, principalmente da criança, é considerado o mais documentado e o que obteve mais êxito na Psicologia (Leite, 2010), sendo compreendido por Bock, Furtado e Teixeira (2008) como a capacidade de pensamento e de raciocínio.

Piaget, um dos exemplos mais notórios entre os que se dedicaram ao desenvolvimento intelectual, preocupou-se em estudar o aspecto evolutivo da inteligência, de maneira a buscar compreender como a criança gradualmente apreende estruturas cognitivas cada vez mais eficientes. Procurou compreender como os indivíduos conhecem o mundo exterior e com ele se relacionam. Buscou demonstrar que, do nascimento à aquisição da linguagem, a criança passa por um grande desenvolvimento mental.[1]

Aspecto afetivo-emocional

Este aspecto refere-se "ao modo particular de o indivíduo integrar sua experiência. É o sentir" (Bock, Furtado e Teixeira, 2008: 119).

Hilusca Leite, Renata da Silva e Silvana Calvo Tuleski, pesquisadoras da área de Psicologia histórico-cultural (2013), destacam que as ciências humanas e naturais se dedicaram a estudar as emoções, apontando nomes que se ocuparam do seu estudo, tais como os filósofos Descartes (1596-1650) e Espinoza (1632-1677), que empreenderam teorias sobre as paixões; o fisiologista dinamarquês Carl Georg Lange (1834-1900) e o psicólogo norte-americano William James (1842-1910), que enfatizaram os mecanismos fisiológicos como fatores constituintes das emoções; o naturalista Charles Darwin (1809-1882), que, em seu estudo sobre a origem das espécies, disserta sobre as emoções, em sua obra de 1872, intitulada *A expressão das emoções nos homens e nos animais,* a partir de uma conotação inata, hereditária, com a defesa de que muitas das expressões das emoções podem ser desencadeadas em forma de ações instintivas ou habituais, as quais se referem tanto aos comportamentos emocionais dos homens, como dos animais.

Darwin concebia as emoções como algo geneticamente programado nos animais como meio de sobrevivência (Davidoff, 2001). O teórico influenciou muitos estudos de maneira a manter o foco em modelos neurobiológicos, com ênfase nas expressões elementares da emoção. Assim, na história acerca do estudo das emoções, estas foram muitas vezes estudadas como um fenômeno à parte e descolado do todo do indivíduo, separando, por exemplo, o intelectual e o emocional.

As autoras seguem em suas explanações e trazem o tema relacionado à Psicologia, destacando teóricos como Freud que, em reflexões, como em *Luto e melancolia,* aborda as emoções, e Skinner (1904-1990), com seus escritos sobre o amor em *Eros, filia e ágape.*

Na perspectiva de Freud, os afetos e emoções advêm de processos inconscientes, os quais se estabelecem por conta das tentativas do superego de dominar os impulsos do id e atender às exigências postas na sociedade. A partir desse conflito de interesses, são desencadeadas tensões e sentimentos insatisfatórios, decorrentes da agressividade e da resistência do indivíduo (Silva, 2011a).

Temos ainda outro psicanalista, John Bowlby (1907-1990), que se deteve a investigar o apego, apontando-o como algo que está biologicamente em nosso código genético, a fim de que possamos sobreviver, desenvolvendo-se com grande intensidade durante os primeiros anos de vida, e ter à disposição uma figura de apego neste período é crucial para um desenvolvimento "normal". Em seus estudos sobre o apego na infância, o psicanalista atribui-lhe fases de desenvolvimento.[2]

Henri P. H. Wallon (1879-1962), filósofo, médico e psicólogo francês, estudou a dimensão afetiva, sendo esta uma linguagem antes da linguagem, haja vista que o ser humano se comunica com o outro desde sempre, sendo geneticamente social. O teórico defende a afetividade como básica (na fase de desenvolvimento mais arcaica, ao se desligar do orgânico, o indivíduo tornou-se um ser afetivo e com isso seguiu para um ser racional). No entanto, para ele, inteligência e afetividade caminham juntas, de forma integrada, podendo haver momentos com predominância do afetivo e outros com a do cognitivo. Para o autor, as emoções são a expressão da afetividade.

Vigotski, por sua vez, discute a emoção como uma função superior, intrinsecamente ligada à atividade humana, que tem uma base fisiológica, mas que se desenvolve a partir das relações sociais, do contexto histórico-social dos sujeitos. Vigotski já anunciava a importância de considerar que diferentes culturas constituem modos distintos de funcionamento psicológico e, além disso, o enorme papel que tem a afetividade no desenvolvimento do homem.

Destaca ainda que não há rupturas entre a emoção e a razão, por constituírem-se em uma unidade, em processos intrínsecos um ao outro. Assim, o pensamento se estrutura a propósito de uma base afetivo-volitiva (Vygotski, 2001). Tal apreciação torna difícil considerar o desenvolvimento humano sem a emoção, haja vista que ela está presente nas ações dos sujeitos durante toda a vida, desde o seu nascimento.

Silva (2011a: 130), após analisar teses e dissertações que envolvem o estudo das emoções, traz à baila que "a emoção, os sentimentos e os afetos que envolvem o ser humano são temas de estudo em muitas áreas do conhecimento [...]", sendo tratados das mais diversas formas. Em relação à Psicologia, é possível verificar a prevalência de maneiras diversificadas de compreensão das emoções e de seus desdobramentos. "Todavia, a forma predominante refere-se à utilização de técnicas de mensuração, tanto nas pesquisas concernentes aos aspectos positivos, como aos negativos ou psicopatológicos."

Na perspectiva de Fernando José Leite Ribeiro, Vera Silvia Raad Bussab e Emma Otta, doutores em Psicologia e professores de Universidade de São Paulo (2004: 267), as emoções e os afetos estão presentes logo depois do nascimento, haja vista que neonatos sentem e expressam suas emoções, como pode ser observado em pesquisas, através do contato do olhar, pela tranquilização no colo dos pais, pelas expressões faciais. "Tanto assim, que os sinais de prazer ou desprazer têm servido de verdadeiros guias para a compreensão da psicologia infantil [...]." Davidoff (2001) aponta que as emoções apresentam informações vitais, como, por exemplo, o faz o bebê ao chorar, expressando seu incômodo proporcionado pela fome, ou mesmo quando já compreende as expressões de emoções do outro, revelando agrado, desagrado, tranquilidade em relação a determinadas ações.

Aspecto social

O aspecto social é relativo aos modos como o sujeito reage em situações que envolvem outras pessoas, numa escola, num grupo de amigos ou em outro grupo social, em casa etc. Podem ser estudadas as variações de comportamento de uma mesma pessoa em diferentes ambientes sociais. Esses modos de agir do sujeito estão em concomitância com a cultura, com a realidade socioeconômica, com a classe social.

Aspecto moral

De acordo com Barros (2002), muitos estudiosos se preocuparam com o estudo do desenvolvimento moral, dentre eles estão Freud (coloca no centro do debate a dimensão afetiva – sentimentos morais, vergonha, culpa e pulsões), Piaget e Kohlberg, que elegem a razão como fator central. Para este último, o desenvolvimento moral ocorre numa sequência de estágios, sendo estes equivalentes para todas as pessoas, indiferentemente do local ou da cultura em que vivem. Além desses estudiosos, Orlando Martins Lourenço, professor da Faculdade de Psicologia e de Ciências da Educação da Universidade de Lisboa (2006), traz a teoria da aprendizagem social que tende a destacar a componente comportamental da moral. Para essa teoria, a criança torna-se moral no seu contato com os outros, quando aprende que alguns comportamentos tendem a serem aprovados e reforçados, enquanto outros são punidos e reprovados.

Piaget estudou o sujeito moral que, por conta de suas interações, como apresenta o psicólogo Yves de La Taille (2006), passa de uma fase de anomia (pré-moral), a uma fase de heteronomia (obediência incondicional a figuras de autoridade, ao grupo ou à sociedade), chegando à autonomia (o sentimento de dever moral é assimilado a uma necessidade lógica do sujeito, racional; a justiça, a equidade), em que indícios de suas características podem ser encontrados nos adolescentes e que acredita que esta seria uma possibilidade para os seres humanos.

O doutor, professor e pesquisador norte-americano da teoria da moral Lawrence Kohlberg dedicou-se a entender o pensamento moral, por considerar que este é a base do comportamento moral; procurou completar a teoria moral de Piaget. Dedicou-se a explicar o caminho estabelecido por Piaget do desenvolvimento moral (da heteronomia à autonomia), de maneira a apresentar uma conceituação mais precisa e discriminada dos estágios de moralidade.

La Taille (2006: 21) se reporta a Kohlberg para explicar que o desenvolvimento moral "[...] segue em direção ao ideal de justiça, e que na fase superior de evolução a moral é necessariamente pensada em termos universais, pois o sujeito vê antes a si próprio como membro da humanidade, e não apenas de determinada sociedade". A justiça seria a virtude moral por excelência. Assim, a moralidade residiria mais no sentido de justiça (igualdade, equidade, contratos sociais e reciprocidade nas relações humanas) do que no respeito ou violação de certas normas sociais ou morais.

Davidoff (2001), apoiada em Kohlberg, diz que um mesmo ato pode ser moral ou imoral, em função do raciocínio que o fundamenta. Ao seguir e respeitar uma lei de trânsito, podemos fazê-lo por receio de levar uma multa, ou ainda pelo nosso censo de certo ou errado em relação a isso.

Os estágios de desenvolvimento moral compreendidos por Kohlberg estão discriminados em três níveis: o *pré-convencional* (estágios 1 e 2), que é característico da maioria das crianças com menos de 9 anos, de alguns adolescentes e de criminosos, no qual não conseguiriam entender e respeitar as normas, e quando o fazem é em razão da possibilidade de punições e o ato moral pode ser visto como instrumento para satisfação do prazer pessoal; o *convencional* (estágios 3 e 4) refere-se à maioria dos adolescentes e adultos que agem na tentativa de agradar aos outros ou cumprir obrigações sociais; e o *pós-convencional* (estágios 5 e 6), que uma minoria de adultos alcança (cerca de 5%) e em sua maioria após os 20, 25 anos. Os sujeitos aceitam os princípios morais gerais que sustentam as regras que seguem (Biaggio, 2006).

NORMATIZAÇÃO DO DESENVOLVIMENTO HUMANO

A ciência do desenvolvimento humano – envolvendo pesquisas, estudos, materiais, livros e informações produzidos e divulgados – traz conclusões muitas vezes tomadas como verdades absolutas por especialistas (pedagogos, médicos, psicólogos etc.) e pelo senso comum. Assim, são definidas normas, comportamentos e expectativas em relação a cada etapa da vida, nem sempre contextualizados pela cultura, pelas questões sociais, pelo fator econômico, pelas políticas. Certas práticas são institucionalizadas, distribuindo os indivíduos em curvas ditas normais ou nos chamados padrões nacionais de desenvolvimento.

A cientificização do desenvolvimento humano, validada ao longo de sua história de constituição, reflete "regulamentos" e "prescrições" para cada uma das etapas que compõem o percurso da vida, associada à expectativa do acúmulo de habilidades e capacidades e na vivência delas. Defrontamo-nos com a possibilidade do caráter normatizador da Psicologia do Desenvolvimento e daqueles que fazem uso dela, ao se fazer valer pela definição categórica e universal de diferentes estágios, nomeando as idades da vida e padronizando as características esperadas para elas. Desse modo, tais características podem contribuir para o processo de enquadramento dos sujeitos, de modo a deliberar o seu lugar social, as instituições que devem frequentar, incidindo em classificações e preceitos de ajustamentos aos que de algum modo "escapam" aos padrões universais de desenvolvimento.

A partir da discussão colocada, a Psicologia do Desenvolvimento é criticada e, então, solicitada a rever suas práticas, sendo questionada a respeito de sua função, a quem serve e como de fato pode colaborar para o desenvolvimento humano (Bock, 2000).

Questionamentos que estão envoltos por práticas nas quais, de algum modo, a Psicologia contribui para validar o "desenvolvimento normal". Em muitas situações, as pessoas são pegas se perguntando ou são questionadas se seus filhos/alunos têm o peso, o tamanho, o repertório verbal, o aprendizado escolar, o desenvolvimento psicomotor "esperado" para determinadas idades. Tais medidas que, em muitos casos, deliberadamente se busca alcançar são ditadas pelas curvas de desenvolvimento, a partir de médias definidas e nem sempre contextualizadas, mas cobradas por profissionais, para além de necessidades salubres de desenvolvimento, muitas vezes, mais para atender a padrões de "sucesso" de desenvolvimento determinados na sociedade.

> As diferentes fases da vida tornam-se verdadeiras instituições sociais quando sistematizadas pelas teorias desenvolvimentais, elaboradas no âmbito da psicologia, as quais apresentam os marcos de desenvolvimento de forma sequenciada, ordenada e gradual rumo a uma competência maior e à maturidade (Almeida e Cunha, 2003: 149).

De acordo com Ruela e Moura (2007), muitos estudos têm sido realizados na Psicologia do Desenvolvimento em diferentes culturas. Todavia, a maioria das pesquisas enfoca grupos urbanos de sociedades industriais ou pós-industriais e são realizadas com grupos de pessoas com bom nível de escolaridade e raramente envolvem os ambientes não ocidentais e os rurais, sobre os quais ainda há no Brasil uma carência de estudos.

Essa tendência pode resultar na problemática construção de uma ciência do desenvolvimento limitada e enviesada, à luz de um padrão de normalidade para o desenvolvimento infantil, por exemplo, tracejando normas para a educação dos filhos, para como os pais devem pensar e agir. As pesquisas referenciadas podem não traduzir a complexidade e variedade das populações humanas e, ao generalizar seus resultados a realidades específicas, pode-se incorrer em programas de intervenção desvinculados da realidade a que se "aplicam". Preocupações nesse sentido devem ser asseveradas, investindo em estudos que foquem os diferentes contextos de socialização, que favoreçam possibilidades de desenvolvimento.

Segundo avaliação da doutora em Psicologia Escolar e do Desenvolvimento Humano e professora titular da Universidade de São Paulo, Maria Helena Souza Patto (1990), a Psicologia dominante desde o século XVIII até por volta da metade do século XX não se preocupava em explicar as diferenças individuais, buscava apenas compreender como se davam os processos mentais. Nesse período, a definição de quem era anormal era de competência dos médicos, o que influiu na história de construção de uma Psicologia centrada no clínico-médico. Foi por volta de 1930 que a Psicologia se voltou à realização do diagnóstico e tratamento dos considerados desvios psíquicos, de maneira, por exemplo, a justificar o fracasso escolar ou criar programas de prevenção, fundamentados no diagnóstico precoce de distúrbios no desenvolvimento psicológico infantil.

Em relação a isso, a doutora em Educação e professora da Universidade Federal do Espírito Santo, Lilian Rose Margotto (2004), em investigação das justificativas para a utilização dos testes de aptidão entre 1928 e 1930, defendida num periódico educacional produzido pelo governo de São Paulo, apura que a educação deveria ocorrer em função da classe social, bem como deveriam ser mensurados e classificados os alunos como condição para o bom funcionamento da sociedade. Assim, com respaldo do inquestionável conhecimento científico e numa leitura da sociedade sob a luz de um referencial biológico, imputava-se a cada um, por conta de suas diferenças imutáveis, seu lugar na educação e no conjunto da sociedade.

Desse modo, a Psicologia, imbuída da ideologia liberal, deixava de usar as especificidades do processo de desenvolvimento infantil em prol da melhora do ensino, para deter-se em "[...] procedimentos psicométricos frequentemente viesados e estigmatizadores que deslocaram a atenção dos determinantes propriamente escolares do fracasso escolar para o aprendiz e suas supostas deficiências" (Patto, 1990: 63). Essa prática diferenciava os mais aptos e capazes, que provavelmente não eram os mais pobres, respondendo às desigualdades sociais existentes, e o indivíduo, uma construção da sociedade burguesa, tornava-se a referência central de desenvolvimento (Bock, 2000).

Quanto a essa forma de exercitar a Psicologia, de compreender os processos de desenvolvimento, de aprendizagem, colaborando para a constituição de estereótipos, Bock (2000) explica que muitos psicólogos são formados dentro dos ideais neoliberais e na perspectiva positivista do conhecimento e, ao tratar do desenvolvimento infantil, por exemplo, têm construído teorias descoladas da realidade social, mas que instruem práticas nas quais muitos profissionais podem tornar-se vigias do desenvolvimento "desejado", dominante na sociedade, que é adotado como natural.

Assim, devemos refletir sobre se a postulação de "estágios de desenvolvimento naturalizados e universalizados", e a sua aplicação incondicional poderiam ou não estar na base da institucionalização de ideias e de princípios como o da anormalidade, marginalidade, dos estereótipos agressivos, da exclusão, das expectativas de categorias de desenvolvimento, de deficiência?

Desenvolvimento: um processo a ser vigiado?

Quando se pensa em desenvolvimento durante toda a vida, é comum a preocupação e até mesmo a busca por conhecer antecipadamente o que nos aguarda ou aos nossos filhos, netos, pais, em definidas etapas da vida. Recorre-se a teorias, a recentes descobertas científicas, manuais, produtos, tecnologias, alimentos, medicamentos, especialistas, instituições que de algum modo possam tornar a "vida melhor", de modo a prolongá-la, a promover um desenvolvimento maior ou de acordo com o estipulado por determinada normatividade.

Nisso, vemos desde uma apreensão salutar na busca por conhecer o desenvolvimento humano e colaborar para sua efetivação, até condutas pressurosas de vigilância em prol da antecipação ou ainda do retardamento de determinadas características e processos, de acordo com as "necessidades-modelos" e exigências postas pela cultura. Com isso, podem ser produzidos equívocos, inquietações excessivas, em que o mercado de consumo cresce e alimenta tais necessidades. Podemos citar, por exemplo, a preocupação em postergar a velhice, o prolongamento da juventude, e também a antecipação da escolarização da infância, a fim de iniciar cada vez mais cedo seu "preparo" e adequação para o processo escolar, para o trabalho futuro. São abreviadas infâncias, a fim de apressar o desenvolvimento da personalidade e da inteligência, de chegar mais rápido ao futuro homem.

Todavia, as preocupações postas podem converter-se em um problema, na medida em que se torna uma obsessão seguir categoricamente os parâmetros de desenvolvimento inscritos em determinada "fase", ou mesmo vivenciar o ciclo de vida na busca por adiantar-se, por ser o que está por vir, o que deveria ser, numa corrida desenfreada contra o tempo incorrendo numa negação do que se é, das características apresentadas. Entretanto, nos diferentes períodos do percurso da vida, há uma forma de se relacionar com o mundo, e é essa a forma por meio da qual mais se aprende e mais se deveria viver.

Entendemos que a busca por compreender o ser humano, em suas trajetórias, deve considerar que ele é um ser em movimento, e abarca o permanente construir de si mesmo, pautado pelas condições biológicas e pelas condições materiais, culturais, sociais, econômicas em que está subscrito.

Deficiências e diferenças no desenvolvimento

Ao tratarmos do desenvolvimento, em linhas gerais, os parâmetros teóricos situam-se à luz do chamado desenvolvimento normal. Como já discutimos antes, tais padrões e medidas são questionáveis na medida em que refletem uma tentativa de universalização do desenvolvimento, destoados das idiossincrasias envolvidas, mascarando as condições materiais de existência, as desigualdades culturais e socioeconômicas. São muitas as pessoas que não dispõem, desde o nascimento, de ricas oportunidades de acesso à cultura da humanidade, seja pelas dificuldades econômicas, seja por limitações impostas pelos próprios valores culturais; seja por sua etnia, raça, pelo gênero (em muitos países as meninas não têm direito à vida, quanto menos condições iguais de desenvolvimento), por apresentar algum tipo de deficiência, de doença. E, a partir de tais circunstâncias, podem não usufruir de todas as oportunidades ou mesmo ter atendidas as suas necessidades de desenvolvimento.

Comumente as pessoas de algum modo distintas (física, psíquica, socialmente etc.), ou que aprendem e se desenvolvem de maneiras diferentes, ao longo de sua vida sofrem preconceitos e discriminação que convergem para a sua exclusão da convivência social, escolar, para a limitação de oportunidades de ser na escola, de ser com o outro, de ser no mundo, aumentando sua vulnerabilidade e concretizando sua suposta limitação.

Ao considerar as diversas possibilidades ou não de desenvolvimento, conjugadas às condições materiais de existência, podem aparecer as deficiências, ou seja, muitas pessoas podem apresentar com o nascimento ou adquirir ao longo de sua vida algum tipo de deficiência ou ainda apresentar diferenças em seu desenvolvimento. É preciso pensar sobre a realidade das pessoas com deficiência, cujo número hoje no Brasil representa cerca de 24 milhões de sujeitos, que nem sempre têm reconhecido o seu direito de desenvolvimento, haja vista as representações referidas às limitações dessas pessoas.

Em relação a uma criança que tenha o mesmo tipo de deficiência, mas tenha sua vivência, seus aprendizados e desenvolvimentos alicerçados por uma família de classe social abastada, outra que pertença a uma família indígena, uma família pobre, uma família negra, uma família que viva na zona rural, que viva num grande centro, que viva numa zona de guerra, ou dentro de outros contextos, haveria diferença em seu desenvolvimento; ela seria por conta desses contextos mais ou menos desenvolvida? Deficiências são constituídas em contextos socioculturais-econômicos de vulnerabilidade, a partir de estereótipos e não apenas de aspectos biológicos, orgânicos, e muitas vezes são limitadamente analisadas. Visões exclusivamente biologizantes e naturalizantes retiram das crianças, dos adultos, dos idosos, tenham eles ou não necessidades diferenciadas ou deficiência, possibilidades de se verem como pessoas capazes de aprender e de se desenvolver, bem como da sociedade de reconhecê-los de tal maneira.

Deficiência numa visão prospectiva de desenvolvimento

Vigotski dedicou-se a compreender o desenvolvimento, as transformações das funções psicológicas, tais como a memória, a atenção, a abstração, a linguagem e o pensamento, desde os seus estágios mais primitivos até aqueles considerados por ele como mais evoluídos culturalmente, isto é, mediados por signos (escrita, linguagem, desenhos, sistema numérico), pela utilização de instrumentos psicológicos adquiridos culturalmente.

A Psicologia histórico-cultural de Vigotski entende que o desenvolvimento das funções psicológicas a caminho de sua capacidade de autonomia e planejamento também pode ser encontrado nas pessoas com deficiência, que são, em princípio, homens e crianças também capazes de se desenvolver, de interagir e apropriar-se da história e da cultura, através de sua atividade no entorno social em situações mediadas por pessoas mais experientes.

Nesta linha, Vigotski valoriza e prioriza o acesso à cultura como determinante para o desenvolvimento da criança. Assim, ao relacionar-se e trabalhar com a deficiência, é essencial contar com medidas culturais auxiliares, de maneira a proporcionar mediações que possibilitem a apreensão de novos conhecimentos e o desenvolvimento.

> [...] A cultura e o meio ambiente refazem uma pessoa não apenas por lhe oferecer determinado conhecimento, mas pela transformação da própria estrutura de seus processos psicológicos, pelo desenvolvimento nela de determinadas técnicas para usar suas próprias capacidades [...] (Vygotsky e Luria, 1996: 237).

Na visão de Vigotski (1997),[3] não é a deficiência em si, no que tange ao seu aspecto biológico, que atua por si mesma, mas o conjunto de relações que o indivíduo estabelece com o outro e com a sociedade em razão de tal deficiência. Há, pois, um decréscimo na vida social da pessoa com deficiência, na sua participação e nos papéis sociais que lhe são atribuídos, pelas oportunidades produzidas marcadamente pelas suas supostas e deterministas limitações. Por conseguinte, "o que decide o destino da pessoa, em última instância, não é o defeito em si mesmo, se não as suas consequências sociais, sua realização psicossocial" (Vigotski, 1997: 19).

O autor defende que a formação e desenvolvimento das funções psicológicas superiores não ocorrem prontamente ou por um amadurecimento próprio. Para desenvolver a fala e o pensamento lógico, por exemplo, é preciso que as crianças – sejam elas deficientes ou não – constituam relações sociais com pessoas, que estabeleçam a fala e tenham o domínio do pensamento lógico. As interações significativas são importantes para todas as pessoas e, no caso das pessoas com deficiência, são primordiais. A reclusão ou, até mesmo, a precarização de oportunidades só inviabilizam o seu processo de humanização, de aprendizagem, de desenvolvimento.

A partir das concepções de Vigotski e das suas fundamentações sobre o desenvolvimento de toda e qualquer criança, percebe-se que é possível lançar-se na educação, no ensino das pessoas com deficiência intelectual considerando que, associadas à deficiência, existem as possibilidades compensatórias para superar as limitações e que são essas possibilidades que devem ser exploradas no processo educativo, no processo de desenvolvimento.

Vygotsky e Luria (1996) explicam o funcionamento dos processos de compensação e da supercompensação de uma deficiência (definida como defeito na época de Vigotski), apontando que ela:

> [...] torna-se o centro da preocupação do indivíduo e sobre ele se constrói uma certa "superestrutura psicológica", que busca compensar a insuficiência natural com persistência, exercício e, sobretudo, com certo uso cultural de sua função defeituosa (caso seja fraca) ou de outras funções substitutivas (caso totalmente ausente). Um defeito natural organiza a mente, dispõe-na de tal modo que é possível o máximo de compensação. E, o que é mais importante, cria uma enorme persistência em exercitar e desenvolver tudo quanto possa compensar o defeito em questão (Vygotsky e Luria, 1996: 222).

Os autores elucidam que a deficiência, o defeito, deprime o estado psicológico do indivíduo de modo a torná-lo fraco e vulnerável, porém, esse mesmo estado de vulnerabilidade pode servir de estímulo a seu desenvolvimento, levando-o a uma força capaz de superar sua fraqueza. Vygotski (1997) esclarece que todo defeito cria estímulo para a compensação. Desse modo, os estudos da criança com deficiência devem considerar os processos compensatórios (substitutivos), ou seja, as reações do organismo, da personalidade da pessoa à deficiência.

De acordo com a doutora em Educação Escolar e professora de Psicologia da Universidade Estadual de Maringá, Sônia Shima Mari Barroco (2007: 226), o limite ou a deficiência "não só provocaria no indivíduo a necessidade de estabelecer formas alternativas para estar e viver no mundo, como o estimularia a ir além do comportamento mediano", pois a pessoa não sente diretamente a sua deficiência e, sim, as dificuldades dela decorrentes.

Os profissionais, psicólogos e educadores, devem atentar para as consequências sociais da deficiência, os conflitos gerados, pois como já disse Vigotski, junto com a deficiência estão dadas as forças, as disposições, as aspirações para superá-la.

Verifica-se assim uma função desempenhando um papel diferente e novo, a fim de compensar a insuficiência existente, e cada instrumento dominado para uso próprio da pessoa com deficiência altera sua estrutura psicológica, enriquecendo seu intelecto, promovendo sua inclusão nos diferentes meios sociais e oportunizando-lhe maiores possibilidades de desenvolvimento. O desenvolvimento desse processo pode ocorrer com o conflito entre os limites impostos pela deficiência e as necessidades advindas do meio social. Então, é indispensável oportunizar a plena participação da pessoa com deficiência, de maneira que a limitação deixe de ser um obstáculo ao processo de aprendizagem e de desenvolvimento e passe a ser sua força impulsionadora.

A deficiência deve ser compreendida como algo dinâmico, passível de transformação, em função do grande número de dispositivos que podem agir a fim de enfraquecer o seu efeito ou mesmo compensá-lo. Vygotski (1997) defende que uma criança que tem seu desenvolvimento complicado pela sua deficiência não é simplesmente uma criança menos desenvolvida do que aquelas definidas como normais, é apenas desenvolvida de outro modo, de um modo peculiar.

Nesse sentido, é fundamental organizar propositadamente as condições adequadas de desenvolvimento da pessoa com deficiência, haja vista que suas possibilidades de desenvolvimento não são qualidades psíquicas prontas, mas requerem para a sua formação as correspondentes oportunidades de interação social, de apropriação dos objetos da cultura, de educação intencionalmente organizada, de maneira a lançá-la em novos desafios, em experiências inéditas para a formação de novos processos psíquicos, sem subestimar a capacidade da criança de aprender e desenvolver-se.

Com isso, defendemos, em concordância com Vygotski (1997), a importância de uma educação escolar com qualidade para as pessoas com deficiência, na medida em que esta promove o ensino dos conhecimentos científicos, fundamentais no processo de aprendizagem e de desenvolvimento das funções psíquicas superiores dessas pessoas. Para tanto, deve-se valorizar e priorizar a mediação dos educadores, reforçando a tese de que a aprendizagem provoca o desenvolvimento.

O psicólogo russo Leontiev (1978) salienta que o lugar ocupado pela criança nas relações sociais de que participa tem força motivadora em seu desenvolvimento, esclarecendo que esse lugar é condicionado *a priori* pela concepção do adulto, do outro, sobre a criança, sobre a pessoa com deficiência. A possibilidade de participação efetiva nas relações com seus pares, na família, na sociedade, está relacionada com as oportunidades conferidas, com as vivências proporcionadas e, consequentemente, com a sociedade econômico-cultural em que se vive.

Uma das proeminentes contribuições para uma percepção negativa a respeito das pessoas com deficiência encontra-se calcada nas avaliações relativas a elas que levam muitas vezes a diagnósticos, prognósticos e consequentes trabalhos pautados numa versão limitada e desfavorável dessas pessoas, como crianças, como adolescentes, como homens (a)culturais.

NOTAS

[1] A compreensão de Piaget sobre o funcionamento da inteligência está distribuída na parte inicial deste livro, bem como na que trata do desenvolvimento infantil e adolescência.
[2] Mais informações sobre sua perspectiva de desenvolvimento do apego podem ser obtidas em sua obra: John Bowlby, *Formação e rompimento dos laços afetivos*, São Paulo, Martins Fontes, 1982.
[3] As citações referentes à obra de Vigotski de 1997, denominada *Obras escolhidas V: fundamentos de defectologia*, foram traduzidas pelos autores, haja vista que se encontra em espanhol.

PARTE II
NEUROCIÊNCIA E PSICOLOGIA DO DESENVOLVIMENTO

A NEUROCIÊNCIA
E O DESENVOLVIMENTO HUMANO

A evolução não projetou o cérebro humano para entender a si mesmo com precisão, mas para nos ajudar a sobreviver. Observamos a nós mesmos e ao mundo e entendemos as coisas apenas o bastante para seguir em frente.
(Leonard Mlodinow)

Dentre os campos científicos que contribuíram para a consolidação da Psicologia do Desenvolvimento, destacam-se os estudos do sistema nervoso que levaram à constituição da Neurociência moderna.

Por isso, nesta parte trataremos sobre o surgimento da Neurociência moderna; da organização e importância do sistema nervoso, bem como mostraremos como o surgimento da Neurociência ofereceu à Psicologia do Desenvolvimento uma importante ferramenta de pesquisa permitindo a consolidação da Neuropsicologia e da Neuropsicologia do Desenvolvimento enquanto especialidades científicas voltadas a compreender o desenvolvimento humano.

A Neurociência e a busca de uma alma biológica

A Neurociência trata de uma área multi ou interdisciplinar de pesquisa que "nasceu da busca das bases cerebrais da mente humana – seja ela manifesta apenas mediante a encarnação cerebral de um espírito imaterial, como nas primeiras teorias, ou puro resultado do funcionamento do cérebro, segundo teorias mais recentes" (Herculano-Houzel, 2008: 2).

Sua história é milenar pelo fato de o "estudo do encéfalo" ser "tão antigo quanto a própria ciência" (Bear, Connors e Paradiso, 2010: 13-4). Mas a Neurociência moderna eclode, efetivamente, no século XIX, a partir da chamada teoria neuronal, a qual "deu origem à verdadeira revolução que lançou a neurociência na agenda mundial" (Nicolelis, 2011: 79).

De acordo com a Neurociência moderna, o sistema nervoso é formado por bilhões de células individuais (com propriedades específicas e formato próprio), especializadas em receber e transmitir sinais ou informações, interagindo umas com as outras. Tais células se ramificam por todo o corpo e parecem "aranhas de múltiplas formas conectadas por infinitos tentáculos" (Varella, s/d). Conectam-se (sem se tocar fisicamente) por pequenos e velozes impulsos eletroquímicos em um ponto chamado de sinapse.

Essa descoberta rendeu ao histologista espanhol Santiago Ramón y Cajal (1852-1934) o Prêmio Nobel de Fisiologia ou Medicina, em 1906, ocorrido quando "ele notou que o cérebro era povoado por células dotadas de um corpo central de onde partiam ramificações que estabeleciam incontáveis conexões umas com as outras" (Varella, s/d). Descrevendo-as como "misteriosas borboletas da alma, cujo bater de asas poderá algum dia – quem sabe? – esclarecer os segredos da vida mental" (Cajal, apud Varella, s/d).

Essas células foram denominadas, em 1891, de *neuron* pelo anatomista alemão Wilhelm von Waldeyer-Hartz (Nicolelis, 2011: 82). Nascia, então, a Neurociência moderna, dedicada a descobrir como os neurônios, biologicamente, produzem comportamentos tão especializados a ponto de definirem a natureza humana.

Portanto, a Neurociência se consolida como legítima representante de um campo científico moderno ao reconhecer que a mente é um produto do cérebro. Superava-se, assim, o chamado problema mente-cérebro; até então as principais teorias separavam mente e cérebro e consideravam que as funções mentais emanavam de espíritos que atuavam através do sistema nervoso central (Herculano-Houzel, 2008: 3).

Desde então, os artífices da Neurociência imbuídos de um paradigma biológico e munidos de novas tecnologias, técnicas e metodologias rumam afoitos em direção a um antigo sonho: desvendar o funcionamento da alma humana. Para os pesquisadores, professores e neurocientistas dos Estados Unidos, Mark Bear, Barry Connors e Michael Paradiso (2010:

9-10), durante os 100 anos que se seguiram, os estudos propiciaram "a sólida fundamentação sobre a qual repousam as Neurociências atuais".

Lastro que cria uma ortodoxia neurobiológica sobre a mente humana, a qual leva o biólogo inglês Francis Crick a desenvolver uma teoria da consciência que explica a vida mental a partir do exclusivo funcionamento neurobiológico do sistema nervoso (Paulo, 2012: 25-6), chegando a formular, em 1994, a chamada Hipótese Espantosa, exposta em sua obra *A hipótese espantosa: a busca científica da alma*.

Segundo Crick (1998: 19):

> A Hipótese Espantosa é a de que "você", as suas alegrias e as suas tristezas, as suas memórias e as suas ambições, o seu sentido de identidade pessoal e livre-arbítrio, não sejam de facto mais do que o comportamento de um vasto conjunto de células nervosas e das suas moléculas associadas.

Portanto, a Neurociência moderna vem se consolidando como área de pesquisa de importância ímpar, galgando espaço científico, social, político e econômico ao se dedicar a entender o órgão mais complexo do corpo, responsável, segundo os neurocientistas, por imprimir em uma espécie de mamíferos a qualidade de humano, tornando-se, portanto, sua essência ou sua alma biológica.

Por essa razão, para o neurocientista brasileiro Miguel Nicolelis (2011: 18-9), o sistema nervoso,

> Ao recrutar maciças ondas milivoltaicas de descargas elétricas, essas redes neuronais microscópicas são na verdade as únicas responsáveis pela geração de cada ato de pensamento, criação, destruição, descoberta, ocultação, comunicação, conquista, sedução, rendição, amor, ódio, felicidade, tristeza, solidariedade, egoísmo, introspecção e exultação jamais perpetrados por todo e qualquer um de nós, nossos ancestrais e progênie, ao longo de toda a existência humana.

A partir desse entendimento os pesquisadores, no afã por entender o funcionamento do cérebro e encontrar o "Santo Graal" da natureza humana, consistente em saber "como diferentes regiões cerebrais medeiam diferentes funções cerebrais ou comportamentos" (Nicolelis, 2011: 18), dividiram a Neurociência moderna em duas grandes escolas: os *localizacionistas* e os *holistas, globalistas* ou *distribucionistas*, tal como veremos a seguir.

A Neurociência moderna:
entre uma sinfonia cerebral e o neurônio da vovó

A escola *localizacionista* é a corrente dominante da Neurociência moderna. Para ela, os neurônios não são apenas a unidade anatômica fundamental do cérebro, mas também sua unidade fisiológica ou funcional.

Por essa razão acreditam que o cérebro, ao produzir comportamentos especializados, o faz a partir de neurônios individuais ou isolados, especificamente preparados para a tarefa, a partir de uma relação entre estrutura e função. Ou seja, postulam "que as funções cerebrais específicas são geradas por regiões do sistema nervoso central altamente especializadas e segregadas" (Nicolelis, 2011: 19).

Assim, os localizacionistas se debruçam a mapear o cérebro (sobretudo o córtex cerebral), através de um paradigma experimental reducionista que enfoca o funcionamento de um ou alguns neurônios de cada vez na tentativa de descobrir qual é a função de cada um. Por isso, dividem o córtex cerebral em regiões motoras, auditivas, visuais, gustativas, olfativas etc. Tais regiões, geralmente, são subdivididas em áreas superespecializadas. Assim, os neurônios, dependendo, sobretudo, do lugar em que se encontram localizados no cérebro são batizados como neurônios auditivos, neurônios gustativos etc.

Ao longo do tempo, a tendência por fatiar o cérebro em pedaços se expandiu com as novas tecnologias (Horgan, 2002: 31-3). Nesse sentido, de acordo com os neurocientistas e professores da Universidade de Columbia (EUA), Eric Kandel (ganhador do Prêmio Nobel de Fisiologia ou Medicina em 2000), James Schwartz e Thomas Jessell (2000: 9), as técnicas de imageamento, por exemplo, permitiram visualizar na pessoa viva as estruturas cerebrais e seus territórios neurais demonstrando por "muitos métodos experimentais" a capacidade de cada um de desempenhar funções específicas. Como resultado, a ideia de que as distintas regiões são especializadas para diferentes funções é, atualmente, aceita como um dos pilares da ciência do cérebro.

Vale destacar que os localizacionistas representam a escola responsável por criar a versão mais conhecida e popular da Neurociência, a qual é reconhecida pela sociedade em geral e mais difundida no mundo acadêmico.

Quanto à outra escola, chamada de *holista, distribucionista* ou *globalista*, agrupa um menor número de adeptos, e sua visão quanto ao funcionamento do cérebro não é a hegemônica. Para essa corrente, o cérebro não funciona a partir de áreas ou núcleos especializados, mas realiza suas tarefas em conjunto, como se fosse uma sinfonia neuronal (Nicolelis, 2011).

Do ponto de vista holístico ou distribucionista, os neurônios, para a realização de um comando, se articulam, senão como um todo (holisticamente) ao menos a partir "de grandes populações de neurônios distribuídos por múltiplas regiões cerebrais, capazes de participar da gênese de várias funções simultaneamente" (Nicolelis, 2011: 19).

Localizacionistas e distribucionistas questionam-se e criticam-se mutuamente. Karl Friston, especialista em ressonância magnética do Instituto de Neurologia de Londres, critica as práticas localizacionistas a partir da visão holística ou distribucionista. Para ele, não se pode associar dada região a determinada função sem a "[...] compreensão adequada ou profunda da arquitetura funcional do cérebro" (apud Horgan, 2002: 33). Segundo Friston, de acordo com o escritor e jornalista científico dos Estados Unidos Jonh Horgan (2002: 33-4), as "diferentes partes do cérebro são claramente interligadas, e entender essas conexões neurais é crucial para entender a mente".

Em geral, os defensores do distribucionismo ou do holismo afirmam que os localizacionistas são legítimos herdeiros da frenologia (*phrenos*, do grego "mente", segundo Vilela e Junior, 2005: 33) ou da cranioscopia, criada por Franz Gall (1758-1828), que previa que todo o comportamento advinha de regiões específicas do cérebro, ainda que com frequência não sejam reconhecidos deste modo (Nicolelis, 2011: 19).

Gall, acreditando radicalmente em suas ideias, dividiu o córtex em 27 faculdades ou órgãos afetivos e intelectuais. Afirmou, inclusive, que existia no cérebro uma região ou "um 'órgão da morte' presente em assassinos" (Vilela e Junior, 2005: 32). Enfim, para este cientista, comportamentos como a agressividade, a generosidade (Bear, Connors e Paradiso, 2010: 10) ou uma tendência assassina podiam ser estudados pelo tamanho de partes da cabeça.

Ao final, a frenologia sobreviveu influenciando tanto a imaginação popular quanto pesquisas científicas de futuras gerações de neurocientistas. Segundo Nicolelis (2011: 21), essa influência foi tamanha que se transfigurou em um dos principais dogmas da Neurociência do século XX. Isso quando a teoria neuronal elaborada por Santiago Cajal (ao considerar os neurônios como células individuais) reforçou os ideais localizacionistas, ao elevar os neurônios de unidade anatômica fundamental do cérebro à unidade funcional, tentando encontrar o papel de cada neurônio para o funcionamento geral do corpo, a partir de uma relação isolada entre estrutura e função.

Nesse afã, há não muito tempo, os herdeiros ou não das ideias de Franz Gall chegaram a elaborar até mesmo a teoria do "neurônio da vovó". Afirmavam "que temos neurônios específicos para cada pessoa que conhecemos. Um para o pai, outro para namorada e outro para a inesquecível vovó" (Rezende, 2005).

Em 2005, essa antiga ideia foi reforçada. Uma pesquisa coordenada pelo neurocientista Christoph Koch, do Instituto de Tecnologia da Califórnia, concluiu "que células nervosas isoladas 'se lembram' especificamente de pessoas ou lugares individuais" (Lopes, 2005). Os experimentos da pesquisa constataram que personalidades como "as beldades americanas", tais como "Halle Berry (a última Mulher-Gato do cinema) e Jennifer Aniston (da série de TV *Friends*)", bem como "o ex-presidente dos Estados Unidos, Bill Clinton" e "lugares icônicos, como a Torre de Pisa, na Itália", dispunham de um neurônio dedicado a cada um deles. Para Christoph Koch, um defensor do localizacionismo, a pesquisa representa um "golpe de morte na ideia de que são necessárias imensas redes de células nervosas para armazenar informações sobre um único rosto ou lugar [...]", já que se estava descobrindo que cada neurônio "é capaz de funcionar como um computador sofisticado" (Lopes, 2005).

Nesse sentido, a história da Neurociência moderna até os dias de hoje desenvolve-se marcada por uma batalha entre estas duas escolas, que se acirrou durante o século XX. Uma consequência direta desse enfrentamento, sobretudo após o advento das novas tecnologias, é a produção de uma avalanche de informações que sobressalta o cotidiano contemporâneo influenciando parte da compreensão sobre o agir social e sobre o funcionamento biopsíquico das pessoas em geral.

Essas informações, por um lado, produzem um sentimento de otimismo, de que a compreensão neurocientífica da natureza humana possa ajudar a libertar a existência humana de distúrbios, transtornos e limitações vinculados ao funcionamento do sistema nervoso, mas por outro, têm instaurado certo desconforto social por gerar um clima de insegurança, de desconfiança e de ceticismo.

A relativização das verdades própria da ciência moderna, somada à complexidade e às limitações ao se estudar o cérebro, definido como "o mais requintado dos instrumentos, capaz de refletir as complexidades e os emaranhamentos do mundo ao nosso redor" (Luria, 1981:1), provocam *de per si* um ceticismo estrutural quanto aos possíveis e reais avanços da ciência da mente.

Por outro lado, o clima de insegurança e até mesmo de desconfiança se dá pela capacidade da ciência moderna de produzir produtos ou ideias rentáveis e lucrativos, podendo os resultados de uma pesquisa descuidar-se da busca pela "verdade" e do bem comum para prescrever distúrbios, exames, medicamentos e tratamentos em função dos interesses de um grupo reduzido, geralmente traduzidos em ganhos econômicos.

Ao que parece, as pesquisas sobre o tabaco tratam de um desses casos. A exposição de cartazes intitulada "Propagandas de cigarro: como a indústria do fumo enganou as pessoas" expôs materiais divulgados nos Estados Unidos pela televisão e em material impresso, entre as décadas de 1920 e 1950.

De acordo com a Revista *Radis*, da Escola Nacional de Saúde, da Fundação Oswaldo Cruz (2010: 2), os cartazes expostos mostram como o cigarro contou com o apoio de pesquisas científicas e de médicos que demonstravam seus benefícios.

Segundo a reportagem da Fiocruz, "a indústria do tabaco não vendia só cigarros. Vendia mentiras". Nesse sentido, sua propaganda tratava de "uma nuvem de fumaça" que escondia os efeitos nocivos do tabaco. Na época, "os cigarros prometiam até saúde: evitavam o cansaço, melhoravam a garganta e a digestão, não deixavam engordar, acalmavam os nervos e estimulavam o ânimo". Melhoravam até crises de asma, embora não fossem "recomendados para menores de seis anos" (Fiocruz, 2010: 2).

Nos dias atuais, uma das discussões diretamente ligadas aos avanços da Neurociência está na utilização da psicofarmacologia, que potencializou a psiquiatria biológica e estimulou o tratamento das doenças mentais entendidas como distúrbios químicos provocados por desarranjos genéticos influenciados (Shorter, 1997).

Nesse sentido, está em debate o uso cada vez mais comum de medicamentos como o Prozac e a Ritalina. Para uma parte considerável dos profissionais da área, medicamentos como esses são fruto de descobertas neurocientíficas que defendem a melhora na qualidade de vida de milhões de pessoas que sofrem de distúrbios psiquiátricos, fazendo disparar os empreendimentos farmacológicos ao gerar lucros de bilhões de dólares. Mas, para outros, esses medicamentos são drogas que causam sérios efeitos colaterais em prejuízo da saúde e cujos benefícios não estão devidamente provados pela ciência (Horgan, 2002; Gardenal, 2012).

Na prática, a Neurociência é uma área em expansão. Seus temas têm implicações diretas para a sociedade e sua característica mais marcante "é o número enorme e ainda crescente de descobertas" (Horgan, 2002: 28), as quais, em geral, causam muita polêmica. Como testemunho desta expansão, temos o fato de que os Estados Unidos declarou os anos de 1990-1999 "como a Década do Cérebro em reconhecimento a esta nova área", e a Sociedade Internacional de Neurociência aumentou de 500 membros, em 1969, quando foi fundada, a 40 mil membros, em 2010 (UFABC, 2010: 8).

Mas para além de visões questionadoras sobre os reais avanços e aplicação da Neurociência, a grande maioria de seus baluartes semeia a ideia de que futuramente a ciência da mente logrará melhorar radicalmente o desenvolvimento humano. Tem-se a expectativa de que esta ciência possa colaborar para o maior conhecimento e tratamento de doenças neurológicas e neurodegenerativas (esclerose múltipla, o mal de Parkinson, Alzheimer), distúrbios psiquiátricos (depressão, esquizofrenia etc.), defasagens na aprendizagem e restaurar sequelas acidentais (acidente vascular cerebral, perda de membros do corpo etc.).

Organização e funcionamento do sistema nervoso

Atualmente, as ciências que estudam o sistema nervoso são chamadas de Neurociências por constituir-se basicamente no estudo dos neurônios, células individuais (separadas umas das outras), cada qual composta de um corpo e de prolongamentos (dentritos e axônio).

O neurônio, apesar de ser a unidade básica do sistema nervoso, é auxiliado por outra célula que se chama "glia" ou "neuroglia", situada no sistema nervoso central, fixando e nutrindo os neurônios, entre outras funções.

Até pouco tempo, acreditava-se que as células glias eram apenas auxiliares ou coadjuvantes dos processos neurais. Porém, novos estudos indicam que as células de astrócitos (assim chamadas por terem prolongamentos que lhe dão forma de estrela), um dos cinco tipos de células glias, "são essenciais para as sinapses e ameaçam roubar a cena dos neurônios na formação da memória e da própria consciência" (Christante, 2010: 18).

Para a teoria neural, o que torna o neurônio uma célula de vital importância é a sua especialidade e capacidade de receber informações (processando-as ou não) e de transmiti-las a outros neurônios. Esse processo de comunicação é ativado a partir de estímulos advindos dos meios interno e externo ao organismo.

Tais estímulos chegam ao neurônio, que produz uma atividade elétrica (impulso nervoso) que vai de um neurônio a outro até chegar a músculos e glândulas a que se destina. As mensagens chegam ao neurônio pelos dentritos, passam por seu corpo e alcançam a outra extremidade (o axônio), saltando para os dentritos de outro neurônio através de neurotransmissores (substâncias químicas) liberados durante a sinapse. A sinapse é o local e o momento de articulação entre um neurônio e outro.

Os neurônios podem ser classificados em: a) sensitivos: quando levam os estímulos ao sistema nervoso central; b) motores: quando levam os estímulos do sistema nervoso central para o sistema nervoso periférico; e c) associativos: quando ligam neurônios motores aos sensitivos (Abrão, 2005b).

Também é importante dizer que o sistema nervoso recebe esse nome por ser composto, sobretudo, por uma rede ou sistema de nervos periféricos que nascem do sistema nervoso central e se espalham inervando pelo corpo.

Do ponto de vista estrutural, o sistema nervoso pode ser dividido em sistema nervoso central (SNC) e sistema nervoso periférico (SNP). Para o neurocientista Roberto Lent (2008: 23), o SNC, a partir de uma estrutura embrionária muito simples (o tubo neural), se torna complexo, sendo formado pelo encéfalo e pela medula espinhal. O encéfalo é composto pelo cérebro, pelo cerebelo e pelo tronco encefálico (ou bulbo raquidiano) também denominado de medula alongada. O encéfalo se situa dentro do crânio, enquanto a medula espinhal está dentro da coluna vertebral. (Cosenza, 2004: 39)

Quanto ao SNP, ele é responsável pela transmissão de impulsos ou sinais nervosos (de natureza eletroquímica) que permitem aos demais sistemas e órgãos do corpo comunicar-se com o SNC (com o encéfalo ou a medula espinhal) e vice-versa. É formado por terminações nervosas (extremidade dos nervos), gânglios nervosos (acúmulo de células de neurônios que lhe dão um corpo) e por uma rede de nervos que nascem no SNC (do encéfalo ou da medula espinhal) que se espalham por todo o corpo e se situam fora do SNC.

Importância do sistema nervoso

O sistema nervoso responde pelas funções de controle do organismo humano, coordenando e regulando as atividades corporais, tarefa que executa com a ajuda do sistema endócrino (constituído de glândulas e órgãos como os ovários, testículos, tireoide, hipófise, hipotálamo etc.).

Nesse sentido, para a bióloga e professora Maria Sílvia Abrão (2005a), o corpo humano é como uma empresa que se organiza para receber e processar informações, avaliar, planejar, fazer e executar propostas e atender a necessidades e pedidos demandados, entre outras funções próprias, para um eficaz e correto funcionamento do sistema produtivo.

Ainda de acordo com a mesma autora, o corpo tal como uma organização empresarial, através de seus órgãos do sentido (visão, audição, tato, paladar e olfato), capta através de receptores sensoriais as demandas que lhes são apresentadas pelo meio externo. Por intermédio de nervos, as mensagens ou demandas recebidas são imediatamente comunicadas ao seu chefe, que decidirá e enviará mensagens ao corpo ordenando o que deve ser feito ou não a fim de suprir a necessidade. O chefe, neste caso, localiza-se na cabeça ou mais precisamente no encéfalo, formado pelo cérebro, pelo cerebelo e pelo tronco encefálico ou bulbo raquidiano.

Nesse sentido, segundo Abrão (2005a):

> Se ouvirmos o latido de um cachorro, essa mensagem chega ao nosso encéfalo através do nervo acústico. Ao mesmo tempo, seus olhos podem estar vendo a cara do animal: além de rosnar, ele está com os dentes à mostra. Essa mensagem é encaminhada ao cérebro pelo nervo óptico. O que vemos e escutamos nos faz fugir do animal.
> Nosso encéfalo manda uma mensagem para as nossas pernas e outra para nosso coração. Passamos a correr no sentido contrário do animal e, no momento da corrida, nosso coração dispara, para que mais sangue e mais oxigênio cheguem aos nossos músculos, liberando maior quantidade de energia.

Para vivermos bem é necessário que os diversos órgãos de nosso corpo trabalhem juntos e cumpram suas funções adequadamente, caso contrário ocorrerão distúrbios que podem causar transtornos, deficiências e até mesmo podem nos levar a óbito.

O sistema nervoso é responsável pela existência e funcionamento das funções superiores da mente. Por isso, para Bear, Connors e Paradiso (2010: 4) é o sistema nervoso que permite "que você sinta, mova-se e pense". É o responsável pelo que "vemos e ouvimos, do porquê de algumas coisas serem prazerosas, enquanto outras nos magoam, do modo como nos movemos, raciocinamos, aprendemos, lembramos e esquecemos da natureza da raiva e da loucura".

Das Neurociências à Neuropsicologia:
a relação entre cérebro, comportamento e cognição

Os estudos capitaneados pela Neurociência moderna permitem dizer que, no terreno prático, não existe uma Neurociência, mas Neurociências. Isso porque o termo se refere a "um conjunto de disciplinas que estudam, pelos mais variados métodos, o sistema nervoso e a relação entre as funções cerebrais e mentais" (Herculano-Houzel, 2008: 2).

Profissionais de diversas áreas (médicos, psicólogos, pedagogos, matemáticos, biólogos, físicos, farmacêuticos, linguistas, químicos, engenheiros e mais recentemente economistas, cientistas sociais, entre outros) envolvidos "na investigação científica do sistema nervoso consideram-se, hoje, *neurocientistas*" (Bear, Connors e Paradiso, 2010: 4), cujos estudos recebem várias denominações, constituindo-se em muitas especialidades e compondo um rol de ramos neurocientíficos.

Nesse caso, as diferentes denominações dependem do enfoque dado à pesquisa em razão do método adotado e/ou da área de estudo a que se vincula, bem como em função da formação do professor ou pesquisador etc.

Nesse sentido, o psicólogo Carlos Nórte e o doutor e professor de Psicologia da Universidade Federal do Rio de Janeiro Pedro Gastalho de Bicalho (2010) concluem que a Neurociência:

> Reúne, assim, disciplinas biológicas que estudam o sistema nervoso, o normal e o patológico, especialmente a anatomia e a fisiologia do cérebro, transversalizando-as com a teoria da informação, semiótica e linguística, e demais disciplinas que visam explicar o comportamento, o processo de aprendizagem e cognição humana.

Alguns cientistas passaram a estudar as relações entre cérebro, comportamento e funções mentais. Tais pesquisas deram origem à Neuropsicologia, definida por Sylvia Ciasca, professora de Neurologia Infantil da Unicamp, e pelas psicólogas e doutoras em Ciências Biomédicas Inês Guimarães e Maria de Lourdes Tabaquim (2005: 14) como "o campo do conhecimento que trata da relação entre cognição, comportamento e atividade do sistema nervoso em condições normais ou patológicas"; cuja "natureza é multidisciplinar, tomando apoio na anatomia, fisiologia, neurologia, psicologia, psiquiatria e etnologia, entre outras ciências".

Para Christian Haag Kristensen, doutora em Psicologia e professora da PUC-RS, Rosa Maria Martins de Almeida, professora da pós-graduação em Psicologia da UFRGS, e William Barbosa Gomes, doutor em Educação e consultor acadêmico de programas de pós-graduação e de graduação em Psicologia (2001: 260), "o termo *neuropsicologia* foi utilizado pela primeira vez em 1913 em uma conferência proferida por Sir William Osler, nos Estados Unidos [...]". Posteriormente, o termo "surgiu como um subtítulo na obra de 1949 de Donald Hebb, chamada *The Organization of Behavior: a Neuropsychological Theory* (A organização do comportamento: uma teoria neuropsicológica)".

Mas as origens e o avanço da Neuropsicologia definida, a princípio, "como o estudo do comportamento em relação à anatomia e fisiologia do cérebro" (Kristensen, Almeida e Gomes, 2001: 263) ocorrem no século XIX, a partir de estudos voltados a explicar a relação entre afasia (distúrbio na formulação e compreensão da linguagem) e lesões cerebrais.

Ainda segundo os autores (2001: 263), as conclusões sobre a afasia de Pierre Paul Broca (1824-1880), ao associar o hemisfério esquerdo (definido como o dominante) com a produção da fala, são consideradas o marco inicial da Neuropsicologia; consolidando, ao mesmo tempo, uma linha de trabalho neuropsicológica que, ao longo do tempo, desprestigiou os estudos das funções não linguísticas ao considerar que os "distúrbios não linguísticos, como percepção visual, atenção e percepção do corpo e do espaço" pertenciam ao hemisfério não dominante (o lado direito).

Em resumo, pode-se afirmar que a Neuropsicologia, em uma primeira fase, buscou entender a relação entre lesões cerebrais específicas e as consequências comportamentais geradas (a afasia, por exemplo), cujos estudos estavam orientados a partir de uma visão localizacionista e associacionista (Kristensen, Almeida e Gomes, 2001: 263) e influenciados, sobretudo, pelos pressupostos teóricos e práticos da Psicologia experimental ou empirista e do comportamentalismo.

Mas ao longo de século XX, as perspectivas conceituais dominantes nos primórdios da Neuropsicologia foram se modificando à medida que eram questionadas por neurocientistas globalistas ou distribucionistas.

Porém, "paralelamente, na Rússia, outro capítulo fundamental da Neuropsicologia estava sendo escrito", posto que a tradição russa de pesquisa em Neurologia e o trabalho de Lev Vigotski orientaram a produção do neuropsicólogo russo Alexander Romanovich Luria (1902-1977) (Kristensen, Almeida e Gomes, 2001: 265).

Para Kristensen, Almeida e Gomes (2001: 265), o trabalho de Luria, delineado na década de 1920, "possui uma conotação singular para a neuropsicologia" ao inovar metodologicamente, concebendo-a como uma ciência que não pode "perder de vista a perspectiva humanista na compreensão e entendimento das condições clínicas estudadas".

A partir disso, Luria elabora alguns pressupostos teóricos e propõe um modelo teórico de estudo que dirigisse o trabalho neuropsicológico, definindo-o como "um ramo novo da ciência cujo objetivo específico e peculiar é a investigação do papel dos sistemas cerebrais individuais nas formas complexas de atividade mental" (Luria, 1981: 4). Para ele, o propósito dessa ciência é compreender

> a base cerebral do funcionamento complexo da mente humana e discutir os sistemas do cérebro que participam na construção de percepção e ação, fala e inteligência, de movimento e atividade consciente dirigida a metas (Kristensen, Almeida e Gomes, 2001: 265).

Desse modo, os pressupostos neuropsicológicos de Luria apontam para a existência de sistemas funcionais complexos e articulados ou "dinamicamente localizados", concluindo que as funções mentais superiores necessitam da ação combinada de todo o córtex cerebral (Ciasca, Guimarães e Tabaquim, 2005: 14-5).

Os pesquisadores em Neuropsicologia Gigiane Gindri et al. (2012: 346) explicam que Luria, durante a Segunda Guerra Mundial (1939-1945), trabalhou no Hospital do Exército da antiga União Soviética, de maneira a pesquisar e estudar os soldados com lesões cerebrais. Com isso, apontou uma série de conceitos teóricos que embasaram grande parte da área de reabilitação neuropsicológica. Luria manteve-se numa posição intermediária, opondo-se às perspectivas localizacionistas e antilocalizacionistas. No seu entender, o funcionamento normal do cérebro depende de três grandes sistemas funcionais que interatuam de forma hierárquica e mútua. "Lesões em determinadas regiões cerebrais levariam à desorganização aguda dos sistemas funcionais. Intervenções neuropsicológicas, por sua vez, seriam responsáveis por um processo de reorganização desses sistemas funcionais." A partir desses estudos, Luria estruturou o conceito "de adaptação funcional, em que uma habilidade já bem estabelecida pode ser utilizada para compensar a perda de outra função".

Essa visão permitiu ao neuropsicólogo identificar, como citado acima, três unidades ou sistemas funcionais (primária, secundária e terciária) organizadas, hierarquicamente, em três zonas corticais "que participam de qualquer atividade mental". A primária é a responsável direta pela atenção, regula a tonacidade e a vigília, a seleção de informação e memória etc. Ela permite que o cérebro esteja desperto e atento para realizar suas atividades mentais. Quanto à secundária, ela é responsável por captar as informações que chegam do exterior, armazenando-as e processando-as. Já a terciária programa, regula e verifica a atividade mental (Ciasca, Guimarães e Tabaquim, 2005: 14-5).

Por outro lado, a partir da década de 1950, para uma parte considerável dos psicólogos, o comportamentalismo passa a ser visto como uma teoria que não explica as funções mentais complexas. Nesse contexto, destaca-se a pesquisa de Noam Chomsky (1928-), considerado um influente linguista do século XX, revolucionando o estudo da linguagem.

Segundo os psicólogos, neurocientistas e professores em universidades dos Estados Unidos Michael Gazzaniga, Richard Ivry e George Mangun (2008: 35-9), Chomsky "transformou o estudo da linguagem rapidamente", definindo-a como um produto complexo do cérebro, fruto de uma função biológica e cognitiva cujas regras e princípios são universais e transcendem todos os povos. Sua tese fundamental é a de que "a linguagem é fenômeno biológico e pode ser estudada a partir de uma perspectiva internalista, ou seja, na qualidade de fenômeno interno e psicológico" (Teixeira, 2006).

A Neuropsicologia, efetivamente, teve destaque e avanços em relação às suas origens ao se integrar com a Psicologia cognitiva, que se desenvolveu em oposição à Psicologia comportamentalista, nos Estados Unidos, a partir da década de 1950.

Na década de 1960, por exemplo, os trabalhos do médico neurologista Karl H. Pribram "alteraram o conceito de um organismo humano passivo e dependente da estimulação ambiental, defendido pelos behavioristas", recolocando "neste organismo o lugar da iniciativa, das expectativas e da intenção" (Kristensen, Almeida e Gomes, 2001: 266).

Por esta razão, a Neuropsicologia, nas últimas décadas, dedicou-se a estudar temas como a atenção, a memória e a percepção visual e auditiva, entre outros, muito embora "a linguagem tenha sido a área mais amplamente estudada", passando a referir-se, "então, ao estudo das relações entre cognição e comportamento humano e as funções cerebrais preservadas ou alteradas" (Kristensen, Almeida e Gomes, 2001: 268-7).

Esse processo de construção histórica da Neuropsicologia é resumido pelos pesquisadores do Departamento de Psicologia da Universidade Federal do Paraná Abrózio et al. (2005: s/l.) ao afirmarem:

> Em seu surgimento os estudos eram focados nas consequências comportamentais causadas pelas lesões cerebrais específicas, entretanto hoje, a neuropsicologia busca investigar as funções cerebrais superiores inferidas a partir do comportamento cognitivo, sensorial, motor, emocional e social do sujeito.

O RECONHECIMENTO OFICIAL DA NEUROPSICOLOGIA

Atualmente, a Neurologia é vista como uma especialidade consolidada científica e profissionalmente. De acordo com os especialistas e pesquisadores em Neuropsicologia dos Estados Unidos, Byron P. Rourke e Shemira Murji (apud Kristensen, Almeida e Gomes, 2001: 271), a história desse reconhecimento inicia-se, oficialmente, em 1965, quando começam as articulações para a criação da International Neuropsychological Society (INS).

A INS foi fundada em 1967 (INS, 2013, tradução nossa). Nesse ano ocorreu seu primeiro encontro científico "em conjunto com a Reunião Anual da American Psychological Association (APA), realizada na cidade de Washington, EUA". Em 1973, a INS é instituída formalmente. Sua missão é "promover um estudo interdisciplinar da relação cérebro-comportamento" e, atualmente, conta com 4.500 membros, tendo realizado mais de 40 encontros ou reuniões internacionais (INS, 2013, tradução nossa).

Nos Estados Unidos, ela é reconhecida pela APA, que, em 1979, criou uma Divisão de Neuropsicologia e, em junho de 1989, durante o primeiro Congresso Latino-Americano de Neuropsicologia, criou-se em Buenos

Aires a Sociedade Latino-Americana de Neuropsicologia (SLAN) que, em setembro de 2013, realizou seu décimo terceiro congresso.

Quanto ao Brasil, a história da Neuropsicologia se viu refletida na criação de entidades que congregam neuropsicólogos. Em dezembro de 1977, foi criada a Sociedade Brasileira de Neurociências e Comportamento (SBNeC), no Departamento de Psicobiologia da Escola Paulista de Medicina (EPM). Atualmente, a SBNeC conta com 3.300 associados, é filiada, entre outras, à Federação Associações Latinoamericanas e do Caribe de Neurociências (Falan) e, no Brasil, à Federação das Sociedades de Biologia Experimental (Fesbe) (SBNeC, 1977 e 2013a).

Uma de suas finalidades é

> [...] incentivar a promoção de investigações e do ensino em áreas que tenham como denominador comum a análise do comportamento e do sistema nervoso dentro das perspectivas estrutural, genética, bioquímica, biofísica, fisiológica, farmacológica, neurológica, neuroendocrinológica e psicológica (art. 1º, alínea "a" dos estatutos da SBNeC, 2013).

Em 1989, foi criada a Sociedade Brasileira de Neuropsicologia (SBNp). Antes disso, em 1988, ocorreu o marco histórico de sua fundação, em uma Assembleia Geral da Academia Brasileira de Neurologia, em São Paulo. Segundo a SBNp, a denominação "era a que melhor se enquadrava aos propósitos da associação na arregimentação multidisciplinar e interdisciplinar dos profissionais que desenvolvem atividades clínicas e de pesquisa na área das ciências cognitivas" (SBNp, 2013).

A SBNp é formada por "médicos, psicólogos, fonoaudiólogos, terapeutas-ocupacionais, pedagogos, psicopedagogos, linguistas, biólogos, professores universitários e estudantes na área". Seu "objetivo é apoiar e divulgar qualquer iniciativa relacionada ao estudo das funções cognitivas humanas e seus distúrbios em pacientes lesionados cerebrais" (SBNp, 2013).

Além dessas duas entidades, em abril de 2002, também foi criada a Associação Brasileira de Neuropsicólogos (Abranep) com a missão de "zelar pela qualidade teórica e técnica da formação do psicólogo nessa especialidade, intensificar a promoção de conhecimento científico na área e expandir a prática da Neuropsicologia em todo o território nacional" (Abranep, 2013).

Em 2004, o Conselho Federal de Psicologia (CFP), levando em conta a consolidação da Neuropsicologia, em razão de sua produção teórica e técnica, e por sua institucionalização social e profissional, reconheceu-a como uma nova especialidade da Psicologia, através da Resolução CFP nº 2/04.

A citada Resolução assim dispõe no seu art. 3º:

[...] O objetivo teórico da neuropsicologia e da reabilitação neuropsicológica é ampliar os modelos já conhecidos e criar novas hipóteses sobre as interações cérebro-comportamentais. Trabalha com indivíduos portadores *ou não* de transtornos e sequelas que envolvem o cérebro e a cognição, [...] tanto no âmbito do funcionamento normal ou patológico da cognição, como também estudando-a em interação com outras áreas das neurociências, da medicina e da saúde [...].

Posteriormente, em 2007, o Conselho Federal de Psicologia, através de outra resolução, confirmou a condição da Neuropsicologia como uma das 11 especialidades exclusivas da Psicologia, consolidando definitivamente seu reconhecimento científico, profissional e legal (arts. 1º e 3º da Res. CFP nº 13/07).

Para o Conselho Federal de Psicologia, a Neuropsicologia é uma especialidade que, através de modelos de pesquisas clínica ou experimental, utiliza-se dos conhecimentos adquiridos pelas Neurociências e pela prática clínica para atuar "no diagnóstico, no acompanhamento, no tratamento e na pesquisa da cognição, das emoções, da personalidade e do comportamento sob o enfoque da relação entre estes aspectos e o funcionamento cerebral" (art. 3º da Resolução CFP nº 2/04).

NEUROPSICOLOGIA DO DESENVOLVIMENTO

> *Alguns de nós, interessados em nos conhecer com mais profundidade – talvez para tomar decisões melhores na vida, talvez para ter uma vida mais rica, talvez por curiosidade – procuram ultrapassar nossas ideias intuitivas acerca de nós mesmos.*
> *É possível. É possível usar a mente consciente para estudar, identificar e penetrar nossas ilusões cognitivas.*
> (Leonard Mlodinow)

À medida que a relação entre as Neurociências e a Psicologia (cognitiva e experimental) consolidou a Neuropsicologia como uma especialidade, suas atividades de pesquisa, de diagnóstico e de tratamento, foram se aplicando a diversos temas (educação, saúde, desenvolvimento etc.).

Isso exigiu da Neuropsicologia que transcendesse os limites de sua própria especialidade para utilizar-se do objeto de estudo e das contribuições teóricas e metodológicas de outras áreas, disciplinas e especialidades científicas, sejam essas da Psicologia ou de outros campos do saber.

Esse processo, ao final, desdobrou-se (e segue se desdobrando) na institucionalização de subespecialidades neuropsicológicas levando à criação de subáreas dentro da Neuropsicologia.

Esse é o caso, por exemplo, da Neuropsicologia da aprendizagem. Essa subespecialidade da Neuropsicologia veio e vem se institucionalizando científica, social e profissionalmente na medida em que discute "a aprendizagem, por meio de um estudo das funções neurais no processamento das informações"; pretende-se, com isso, segundo os pesquisadores Giovana Paula et al. (2006), "abordar a aprendizagem sob a óptica neuropsicológica".

Sobre a criação de novas subespecialidades pela integração da Neuropsicologia com outras áreas, disciplinas ou especialidades científicas já consolidadas e reconhecidas pela comunidade científica (ou em vias de o ser), destacamos a criação da Neuropsicologia do desenvolvimento.

Trata-se de outra subespecialidade da Neuropsicologia consolidada conceitualmente e reconhecida por pesquisadores da área, a qual, no geral, integra a Neuropsicologia com as ciências do desenvolvimento humano, especificamente com a Psicologia do desenvolvimento.

Vale destacar que a relação entre a Neuropsicologia e o desenvolvimento humano é tida como um dos objetivos da Sociedade Latino-Americacana de Neuropsicologia (SLAN) que, em seu estatuto, estabelece: "A neuropsicologia se interessa explicita e diacronicamente pelas relações entre o comportamento humano e os fundamentos (biológicos e psicológicos) de sua evolução/amadurecimento desde a sua gestação até o seu envelhecimento" (SLAN, 2011, tradução nossa).

Mas qual é o objeto de estudo da Neuropsicologia do desenvolvimento? Pode-se dizer que é o neurodesenvolvimento humano, caracterizado pelos então coordenadores do Núcleo de Atendimento Neuropsicológico Infantil Interdisciplinar (Nani/Unifesp) Claudia de Mello, Mônica Miranda e Mauro Muszkat (2005: 11) como "processos neuropsicológicos diferenciados, com sua interface neurobiológica, cognitiva e emocional, que seguem uma programação evolutiva específica e têm seus marcos de acordo com um perfil maturacional".

Em relação ao objetivo da Neuropsicologia do desenvolvimento, para os citados pesquisadores e organizadores da obra *Neuropsicologia do desenvolvimento: conceitos e abordagens,* ao se referirem ao desenvolvimento infantil e seus transtornos, a subespecialidade "está buscando uma delimitação nosológica e institucional que inclua contribuições efetivas de áreas fronteiriças". Nesse caso, o objetivo é construir "um corpo de conhecimento teórico-prático integrado" conceitualmente a tal ponto que supere "a especificidade que limita o olhar a um componente isolado do sistema" (Mello, Miranda e Muszkat, 2005: 11).

Assim, a Neuropsicologia do desenvolvimento, nascida, sobretudo, pela interface entre a Neuropsicologia e Psicologia do desenvolvimento, busca estudar o fenômeno do desenvolvimento humano de modo mais abrangente, para além das limitações dos olhares especializados.

Em um primeiro momento, foi vista como "um amplo campo de pesquisa clínica e teórica que visa à compreensão das relações entre o cérebro e o desenvolvimento infantil" (Miranda e Muszkat, 2004: 211), e atualmente é concebida como uma legítima área para compreender o desenvolvimento das outras etapas da vida (adolescência, juventude, mundo adulto e velhice).

As funções superiores da mente

As funções superiores da mente, também denominadas (de acordo com diferentes pesquisadores) funções executivas (superiores), funções mentais (superiores), funções cognitivas e funções neuropsicológicas, podem ser definidas como "habilidades cognitivas necessárias para controlar e regular nossos pensamentos, emoções e ações" (Morton, 2013).

Em geral, entres as funções que compõem o rol das funções superiores da mente, os pesquisadores destacam, sobretudo, a linguagem, a memória, a atenção e o intelecto (que também é genericamente denominado de consciência, pensamento, cognição ou inteligência).

Na prática, existe uma variabilidade muito grande quanto à terminologia, à classificação e à categorização das funções mentais. Luria (1981), por exemplo, na terceira parte de sua obra *Fundamentos de Neuropsicologia*, fala de *atividades mentais sintéticas*, elencando como tais a percepção, movimento e ação, atenção, memória, fala e pensamento.

Destacamos a seguir algumas das funções superiores da mente.

A linguagem

As pesquisas sobre a linguagem, com destaque para os estudos sobre a afasia do francês Paul Broca, tornaram esta função superior um assunto hegemônico entre os neurologistas, a ponto de se destacarem quanto à formação da Neuropsicologia.

Para o médico, professor e diretor do Instituto de Ciências da Saúde da Universidade Católica Portuguesa, de Lisboa, Alexandre Castro-Caldas

(2004: 166), mesmo antes da expansão da Neuropsicologia, a análise sobre a linguagem teve um "papel de relevo" para a Psicologia clássica e para os diversos ramos da Psicologia, constituindo-se em um tema sempre dominante "na história dos eventos que conduziram o nosso conhecimento até as neurociências da cognição dos nossos dias".

Ainda, para o mesmo autor, em um estudo sobre Neuropsicologia da linguagem, o interesse em se compreender a linguagem está no fato de, por um lado, permitir a comunicação interpessoal e, por outro, por se relacionar "com atos do pensamento" (2004: 165); função que nos torna aptos a "fazer operações mentais de metarrepresentações simbólicas sobre o universo". Nesse sentido, para Ana Luiza Navas, doutora em Psicologia Experimental e professora do curso de Fonoaudiologia da Faculdade de Ciências Médicas da Santa Casa de São Paulo (2005: 93): "O uso da linguagem é um comportamento unicamente humano; é o que nos distingue dos demais seres vivos."

A memória

Para Márcia Fagundes Chaves (1993), professora da Faculdade de Medicina da Universidade Federal do Rio Grande de Sul e Membro do Departamento Científico de Neurologia Cognitiva e do Envelhecimento da Academia Brasileira de Neurologia, existem diversas definições de memória e "uma definição geral é difícil já que o processamento de informação não pode ser visto como um ato isolado, mas como dependente da percepção, influenciado pelas emoções e pela imaginação e situado em toda a sua sequência entre percepção e ação".

No entanto, apesar da dificuldade apontada pela autora, ela a define, genericamente, afirmando que com o termo memória "nos referimos ao processo de armazenamento de informações adquiridas ontogeneticamente, que podem ser evocadas em qualquer momento, isto é, podem estar disponíveis para um comportamento relacionado ao contexto".

Nesse mesmo sentido, a pesquisadora Ana Lucia Santana (s/d) define a memória como "a capacidade humana de inscrever, conservar e relembrar mentalmente vivências, conhecimentos, conceitos, sensações e pensamentos experimentados em um tempo passado". Para Claudia de Mello, coordenadora do Nani/Unifesp, e Gilberto Xavier, professor de neurofisiologia do Instituto de Biociências das USP (2005: 107), evidências neuropsicológicas constataram a existência de diferentes módulos (tipos) de memória que se formam em razão "da natureza da informação processada e de suas regras intrínsecas de operação".

Os autores Mello e Xavier (2005), Orlando Amodeo Bueno, doutor em Neurociências e coordenador do Centro Paulista de Neuropsicologia da Escola Paulista da Medicina (Unifesp), e Maria Gabriela Menezes Oliveira, doutora em Neurociências e professora de Psicobiologia da Unifesp (2004), descrevem vários tipos de memória, tais como:

a. **Memória primária**: posteriormente chamada de memória de curto prazo ou de memória imediata. Tem pouca capacidade de armazenamento de informações e as guarda por pouco tempo a fim de serem utilizadas, descartas ou organizadas para serem armazenadas.

b. **Memória secundária**: posteriormente chamada de memória de longo prazo ou duradoura. Ela se forma quando as informações são armazenadas por tempo ilimitado.

c. **Memória operacional ou memória de trabalho**: corresponderia e substituiria o conceito de memória de curto prazo por ser "responsável pelo armazenamento de curto prazo e pela manipulação "on-line" da informação necessária para as funções cognitivas superiores, como linguagem, planejamento e solução de problemas (Cohen et al., 1997)" (Bueno e Oliveira, 2004: 138-9). A informação tende a ser descartada após o uso. Por exemplo: "a memorização temporária de um número de telefone" (Mello e Xavier, 2005: 108).

d. **Memória emocional**: refere-se a acontecimentos carregados de uma carga emotiva, que são mais bem lembrados que outros (Bueno e Oliveira, 2004: 150).

e. **Memória episódica**: registra informações que dizem respeito à história pessoal, sobre acontecimentos específicos ou "individualmente vivenciados" (Mello e Xavier, 2005: 107).

f. **Memória semântica**: "corresponderia ao armazenamento de informações relativas aos conhecimentos gerais, incluindo conceitos, significados de palavras e fatos socialmente compartilhados"; não possui um contexto espacial ou temporal específico (Mello e Xavier, 2005: 107).

g. **Memória declarativa, consciente ou explícita**: configura-se quando "a pessoa tem acesso consciente ao conteúdo da informação e pode, assim, declará-la" (Mello e Xavier, 2005: 107).
h. **Memória não declarativa, inconsciente ou implícita**: envolve o desempenho de atividades previamente treinadas, tais como: teclar um computador, andar de bicicleta, caminhar etc. (Mello e Xavier, 2005: 107). Também pode ser chamada de memória de procedimentos (Chaves, 1993).

Além desses tipos de memória, pode haver outras classificações, tais como: "saber como" (*knowing how*) *versus* "saber que" (*knowing that*); "automática" *versus* "de esforço"; e "memória com registro" *versus* "memória sem registro" (Markowitsch e Pritzel, 1985; Chaves, 1993).

Há, também, a memória sensorial, quando a informação permanece acessível ao seu consciente, mesmo que você não tenha realmente prestado atenção. Ocorre frequentemente quando, por exemplo, estamos assistindo a um filme na televisão e alguém fala com você, ou você vê alguém passando em frente à televisão.

Nesse caso, quando a informação é verbal-auditiva, é chamada de memória de eco; quando se trata de uma informação visual chama-se de memória icônica (Gazzaniga, Ivry e Mangun, 2006: 322-3).

A atenção

A atenção é a capacidade de se concentrar, direcionando a consciência de modo a selecionar determinado evento ou objeto. Esse direcionamento pode se dar por um período curto ou longo.

De acordo com a bióloga, professora e escritora Tatiana Rodrigues Nahas e com o professor de Neurofisiologia do Instituto de Biociências da USP Gilberto Fernando Xavier (2005: 46), a "atenção corresponde a um conjunto de processos que leva à seleção ou priorização no processamento de certas categorias de informação; isto é, 'atenção' é o termo pelo qual se refere aos mecanismos pelos quais se dá a seleção".

Os estudos neuropsicológicos têm apontado para a existência de diferentes componentes ou tipos de atenção. Ainda Nahas e Xavier (2005: 47) destacam o pesquisador Muir (1996), que propôs três tipos: a) **vigilância ou atenção sustentada**: que ocorre quando se está pronto para perceber e responder a algum estímulo; b) **atenção dividida**: refere-se à possibilidade de responder ao mesmo tempo a dois ou mais estímulos; c) **atenção seletiva**: relativa à capacidade de escolher o que se deseja, ignorando os outros estímulos que estão à sua volta, sejam eles visuais, auditivos etc.

O intelecto

O intelecto envolve a capacidade de entendimento, raciocínio, reflexão, ou seja, é sinônimo de habilidade de pensar e repensar ou de processar e reprocessar mentalmente as informações ou estímulos recebidos (armazenados ou não), levando o indivíduo conscientemente a conceituar e reconceituar, organizar e reorganizar, decidir, julgar, escolher, acreditar e desacreditar, aprender e compreender, a agir menos ou mais impulsivamente, a criar, a se adaptar ou a mudar etc.

O intelecto também é chamado genericamente de pensamento, consciência, cognição, mente ou inteligência. Quanto a esta última denominação, o neuropsicólogo estadunidense Howard Gardner, da Universidade Harvard, após participar de um projeto de pesquisa da *Harvard Graduate School of Education*, elaborou, no início da década de 1980, a Teoria das Inteligências Múltiplas, que busca desenvolver os campos de ação da Psicologia cognitiva e do desenvolvimento.

O projeto iniciado no fim da década de 1970 buscava entender a "Natureza e a Realização do Potencial Humano" (Gardner, 1995: 3), através de uma avaliação do "estado do conhecimento científico referente ao potencial humano e a sua realização" (Gardner, 1994: XIX).

O trabalho de investigação desenvolvido por uma pequena equipe de pesquisadores foi denominado "Projeto sobre o Potencial Humano". Ele foi solicitado pela *Bernard Van Leer Foundation of the Hague*, uma fundação holandesa sem fins lucrativos "dedicada à causa das crianças e jovens desprivilegiados", mediante o apoio de projetos inovadores que desenvolvessem "abordagens comunitárias em educação e cuidados infantis precoces para ajudar as crianças com dificuldades a atingirem seu potencial" (Gardner, 1994: XIX).

O trabalho de Gardner culminou com o lançamento da Teoria das Inteligências Múltiplas, na obra *The Frames of Mind: the Theory of Multiple Inteligencies*, em 1983, publicada no Brasil em 1993 com o título: *Estruturas da mente: a teoria das inteligências múltiplas*.

Gardner é considerado um dos "demolidores" da teoria dos Quocientes de Inteligência (QIs) (Fanelli, 2007), que medem a inteligência das pessoas a partir de testes específicos da psicometria clássica, desenvolvidos inicialmente por Alfred Binet (1857-1911), psicólogo francês.

A psicometria clássica "media, basicamente, a capacidade de dominar o raciocínio que hoje se conhece como lógico-matemático, mas durante muito tempo foi tomado como padrão para aferir se as crianças correspondiam ao desempenho escolar esperado para a idade delas" (Ferrari, 2012).

Para Gardner:

> A visão tradicional a respeito da inteligência, que prevalece há centenas de anos, sustenta que em nosso cérebro existe um único computador, de capacidade muito geral. Quando funciona bem, a pessoa é inteligente e capaz de destacar-se em qualquer atividade. Se o desempenho for apenas razoável, o portador consegue resultado satisfatório em diversas circunstâncias. Mas se funcionar mal, o dono desse equipamento é um tolo, incapaz de estabelecer relações coerentes (apud Fanelli, 2007).

Gardner discorda disto, acreditando que a "relação cérebro-mente pode ser descrita como um conjunto de [...] sistemas distintos de elaborações fundamentais". Nesse caso, "um deles pode atuar muito bem enquanto outro apresenta rendimento mediano e um terceiro funciona mal" (apud Fanelli, 2007).

Acerca desse conjunto de sistemas distintos, Gardner (1995: 15), durante suas pesquisas sobre a natureza do potencial humano, descobriu inicialmente a existência de sete tipos de inteligência, também descritas como categorias de capacidade ou competências intelectuais humanas.

São elas:

1. Inteligência linguística: "é a habilidade de aprender idiomas e de usar a fala e a escrita para atingir objetivos" (Ferrari, 2012), possivelmente "exibida em sua forma mais completa" pelos poetas (Gardner, 1995: 14). Os poetas, segundo Gardner (1994: 57-61), são dotados de uma sensibilidade ímpar e se guiam por uma lógica tão austera quanto a dos cientistas aplicada à área da Semântica (capacidade de preservar os significados e nuances das palavras), da Fonologia (habilidade de preservar os sons e ritmos das palavras tornando o discurso algo belo), da Sintaxe (capacidade de seguir regras gramaticais ou de violá-las a seu bel-prazer), aplicadas às diferentes funções da linguagem: entusiasmar, convencer, estimular, informar ou agradar.

2. Inteligência lógico-matemática: "é a capacidade de realizar operações numéricas e de fazer deduções" (Ferrari, 2012).
3. Inteligência espacial: "é a capacidade de formar um modelo mental de um mundo espacial e de ser capaz de manobrar e operar utilizando esse modelo", mais desenvolvida "em marinheiros, engenheiros, cirurgiões, escultores e pintores" (Gardner, 1995: 15).
4. Inteligência musical: "é a aptidão para tocar, apreciar e compor padrões musicais" (Ferrari, 2012).
5. Inteligência corporal-cinestésica: "é a capacidade de resolver problemas ou de elaborar produtos utilizando o corpo inteiro, ou partes do corpo", mais comum ou altamente desenvolvida em "dançarinos, atletas, cirurgiões e artistas" (Gardner, 1995: 15).

Por fim, Gardner aponta para a existência de duas formas de inteligência pessoais (Gardner, 1995: 15):

6. A inteligência interpessoal, definida como a "capacidade de compreender outras pessoas: o que as motiva, como elas trabalham, como trabalhar cooperativamente com elas", mais desenvolvida em "vendedores, políticos, professores, clínicos (terapeutas) e líderes-religiosos"; e
7. A inteligência intrapessoal, que "é uma capacidade correlativa, voltada para dentro. É a capacidade de formar um modelo acurado e verídico de si mesmo e de utilizar esse modelo para operar efetivamente na vida".

Para Gardner (1994: 7; 1995: 15), estas estruturas, inteligências ou competências intelectuais humanas são relativamente autônomas em quase todas as pessoas, excetuando as excêntricas, nas quais "funcionam juntas para resolver problemas, para produzir vários tipos de estados finais culturais – ocupações, passatempos e assim por diante". Gardner (1995: 15) acredita que "todas as sete inteligências têm igual direito à prioridade"; no entanto, nossa sociedade, segundo o autor, coloca a inteligência linguística e a lógico-matemática num pedestal, ou seja, acima das outras. Nesse sentido, Gardner (1995: 15) acredita que Jean Piaget, definido por ele como "o grande psicólogo do desenvolvimento", "pensou que estava estudando toda a inteligência", mas estava estudando apenas o "desenvolvimento da inteligência lógico-matemática".

Ainda, para Gardner, os tipos de inteligência apresentados podem ser subdivididos ou reorganizados, tratando-se, portanto, de uma lista preliminar. Por esta razão, possivelmente, Gardner, segundo Ferrari (2012), acrescentou à lista as inteligências *natural* (reconhecer e classificar espécies da natureza) e *existencial* (refletir sobre questões fundamentais da vida humana).

Para Howard Gardner (1994: 4), somente após expandirmos e reformularmos a concepção tradicional de intelecto é que "seremos capazes de projetar meios mais adequados para avaliá-lo e meios mais eficazes para educá-lo". Por este motivo, após a Teoria das Inteligências Múltiplas ganhar destaque, Gardner (2000: 47), em sua obra *Inteligência: um conceito reformulado*, definiu as inteligências como potenciais neurais dos sujeitos que podem ou não ser ativados, entendendo-as "como um potencial biopsicológico para processar informações que pode ser ativado num cenário cultural para solucionar problemas ou criar produtos que sejam valorizados culturalmente".

Além dessa tipologia das inteligências apresentada por Gardner, outros autores propõem outros tipos. Esse é o caso do psicólogo Daniel Goleman, que se tornou conhecido mundialmente em 1995 ao lançar o livro *Inteligência emocional*. Posteriormente, em 2009, lançou uma nova obra, *Inteligência ecológica*, buscando revelar outra faceta da inteligência.

Para Goleman, a inteligência emocional se refere à capacidade de reconhecer nossos próprios sentimentos e os dos outros, de motivar-nos e de gerir bem as emoções dentro de nós e em nossos relacionamentos.

As avaliações neuropsicológicas

Tal como vimos, a Neuropsicologia utiliza-se de métodos clínicos e experimentais para diagnosticar, acompanhar e pesquisar a cognição, as emoções, a personalidade e os comportamentos.

Para tanto, a Neuropsicologia, de acordo com o art. 3º da Resolução CFP nº 2/04:

> Utiliza instrumentos especificamente padronizados para avaliação das funções neuropsicológicas envolvendo principalmente habilidades de atenção, percepção, linguagem, raciocínio, abstração, memória, aprendizagem, habilidades acadêmicas, processamento da informação, visuoconstrução, afeto, funções motoras e executivas. Estabelece parâmetros para emissão de laudos com fins clínicos, jurídicos ou de perícia; complementa o diagnóstico na área do desenvolvimento e aprendizagem.

Para os professores do departamento de Psicologia da UFMG Gustavo Gauer, Cristiano Mouro Gomes e Vitor Geraldi Haase (2010: 25-6), a avaliação neuropsicológica, como a avaliação psicológica clássica, preocupa-se "com a medida de variáveis psicológicas". No entanto, segundo eles, há "diferenças fundamentais" entre uma avaliação psicológica clássica, baseada na psicometria. Uma delas está no fato de que a avaliação neuropsicológica faz uma relação direta entre os comportamentos avaliados ("normal ou anormal") e o substrato neural supostamente ligado a eles, enquanto a avaliação psicológica clássica "não liga necessariamente os resultados do teste a características específicas do funcionamento do sistema nervoso".

O Conselho Federal de Psicologia (CFP) define os testes neuropsicológicos como:

a. "[...] instrumentos de avaliação ou mensuração de características psicológicas, constituindo-se um método ou técnica de uso privativo do psicólogo em decorrência do que dispõe o § 1º do art. 13 da Lei n. 4.119/62" (art. 1º da Resolução CFP nº 2/03, com redação dada pela Resolução CFP nº 005/12).

b. "[...] procedimentos sistemáticos de observação e registro de amostras de comportamentos e respostas de indivíduos com o objetivo de descrever e/ou mensurar características e processos psicológicos, compreendidos tradicionalmente nas áreas emoção/afeto, cognição/inteligência, motivação, personalidade, psicomotricidade, atenção, memória, percepção, dentre outras, nas suas mais diversas formas de expressão, segundo padrões definidos pela construção dos instrumentos" (art. 1º, parágrafo único, da Resolução CFP nº 2/03, com redação dada pela Resolução CFP nº 005/12).

De acordo com o pesquisador João Carlos Alchieri (2004: 21), o professor de Neurologia da Universidade de Oregon Muriel D. Lezak (1995) cita a existência de "435 técnicas e/ou instrumentos destinados à avaliação neuropsicológica" à disposição da comunidade internacional. Ainda de acordo com Alchieri (2004: 21), no Brasil, há 178 testes comercializados "com validade respaldada na avaliação psicológica em neuropsicologia".

No entanto, no Brasil, o Conselho Federal de Psicologia é a entidade responsável por definir e regulamentar o uso, a elaboração e a comercialização de testes psicológicos (Resolução CFP nº 02/03), razão pela qual, ao final de 2001, criou o Sistema de Avaliação dos Testes Psicológicos (Satepsi), que consiste em uma norma de certificação de instrumentos de avaliação psicológica que avalia e qualifica os instrumentos em apto ou inapto para uso profissional, a partir da verificação objetiva de um conjunto de requisitos técnicos mínimos (fundamentação teórica, precisão, validade e normatização) definidos pela área [...] (Primi, 2010: 31).

Para o doutor em Psicologia, professor e membro da Comissão Consultiva em Avaliação Psicológica do CFP e da Comissão da Área de Psicologia do MEC/Inep Ricardo Primi (2010: 31), o objetivo da Satepsi é elevar "a qualidade dos instrumentos de avaliação psicológica", uma vez que inúmeros testes estavam sendo usados "sem nenhum estudo que comprovasse seus fundamentos científicos", causando "uma grande demanda de processos éticos envolvendo a avaliação psicológica" e um "mal velado à população" que "não possuía um mecanismo para se defender". Segundo Primi, esse processo transformou o Satepsi em "uma referência para se lidar com outros setores da sociedade, consumidores da avaliação psicológica, tais como a procuradoria da justiça, polícia, dentre outros".

Portanto, atualmente, é a comissão em avaliação psicológica do Satepsi que define através de "parâmetros de construção e princípios reconhecidos pela comunidade científica, especialmente os desenvolvidos pela Psicometria", quais são os testes que estão em condições de uso, podendo ser comercializados ou disponibilizados por outros meios (art. 10 da Resolução CFP nº 02/03).

De acordo com a Resolução CFP nº 02/03, que regulamenta o trâmite de aprovação, os testes "com avaliação final desfavorável", após revisados, podem ser reapresentados por seus requerentes, a qualquer tempo, ao Satepsi (art. 13 da Resolução CFP nº 02/03). Quanto aos aprovados, "devem ser revisados periodicamente, não podendo o intervalo entre um estudo e outro ultrapassar: 15 (quinze) anos, para os dados referentes à padronização, e 20 (vinte) anos, para os dados referentes à validade e precisão" (art. 14 da Resolução CFP nº 02/03, com redação dada pela Resolução CFP nº 06/04. Incorre em processo por falta de ética profissional, "a utilização de testes psicológicos que não constam na relação de testes aprovados pelo CFP, salvo os casos de pesquisa" (art. 16 da Resolução CFP nº 02/03).

Em novembro de 2003, o Conselho Federal de Psicologia (Edital CFP nº 02/03) publicou o primeiro cadastro do Satepsi, constando uma lista de 118 testes psicológicos avaliados como favoráveis ou não, ou em via de sê-lo, dentre os quais se encontram os testes usados pela Neuropsicologia. Ao final de 2013, nesse cadastro havia 265 testes, 145 constavam como aprovados para uso; 100 foram reprovados e os demais estavam em processo de análise.

No entanto, apesar dos cuidados em regulamentar legalmente o uso de testes psicológicos, devemos destacar que para Mader (2002), de acordo com Alchieri (2004: 21), a maioria das avaliações disponíveis (referindo-se especificamente às avaliações neuropsicológicas) são adaptações de outras culturas. Assim, muitas vezes são aplicadas sem considerar o contexto socioeconômico e cultural daqueles que são submetidos aos testes.

Além disso, os testes psicométricos em geral correm o risco de apreciar o resultado obtido como sendo a totalidade do indivíduo, deixando de mencionar o que ele está para desenvolver, centrando-se no que ele não é capaz de fazer, de pensar naquele momento. Corre-se o risco de alimentar o ideal de que o que se mede nas avaliações é puramente a capacidade natural, individual do sujeito, em se desenvolver, em dominar determinadas habilidades. Retira-se de cena a responsabilidade das desigualdades sociais; as explicações das diferenças individuais são deslocadas de sua constituição social, coabitando com o ideal de homem e de sociedade, em que os mais capazes desenvolvem-se melhor. É preciso pensar e considerar a relação dialética que produz as aprendizagens e os desenvolvimentos e o quanto elas cabem num teste descolado da totalidade do sujeito.

Nesse sentido, Vivian Andrade (2002: 20), doutora em Neurociências e neuropsicóloga da Universidade Federal de Sergipe, adverte que a cultura influencia nos testes cognitivos, afirmando que "[...] diferentes grupos não podem ser avaliados como se fossem idênticos, superiores ou inferiores, como querem induzir alguns resultados".

Do mesmo modo, a Resolução CFP nº 2/03 (com redação dada pela Resolução CFP nº 005/12), em seu art. 1º, resolve que os testes psicológicos, além de atenderem aos requisitos técnicos e científicos, definidos pela própria resolução, e aos requisitos éticos (próprios da profissão), deverão atender à defesa dos direitos humanos de modo a considerar:

a. "a perspectiva da integralidade dos fenômenos sociais, multifatoriais, culturais e historicamente construídos" (inciso I);
b. e "os determinantes socioeconômicos que interferem nas relações de trabalho e no processo de exclusão social e desemprego" (inciso II).

A Neuroplasticidade e a assinatura neural

Desde a descoberta de Charles Sherrington (ganhador do Prêmio Nobel de Fisiologia ou Medicina de 1932) de que "os arcos reflexos espinhais dependem da cooperação mútua de múltiplas estruturas nervosas periféricas e centrais" (Nicolelis, 2011: 132), os adeptos da escola holista, globalista ou distribucionista reacenderam suas crenças buscando demonstrar (em contraposição aos localizacionistas), ao longo do século xx, que o "cérebro mais se assemelha a um ecossistema que a uma máquina" (Muszkat, 2005: 27).

Para o neuropediatra Mauro Muszkat (2005: 27-9), essa atual visão transformou o conceito de plasticidade cerebral em uma "palavra de ordem", definindo-a como "uma mudança adaptativa na estrutura e função do sistema nervoso, que ocorre em qualquer fase da ontogenia, com a função de interações com o meio ambiente interno e externo, ou ainda como resultante de lesões que afetam o ambiente neural".

Ainda segundo Muszkat (2005: 29), o termo neuroplasticidade foi "[...] introduzido por volta de 1930 pelo fisiologista alemão Albrecht Bethe como a capacidade de o organismo adaptar-se às mudanças ambientais graças à ação sinérgica de diferentes órgãos coordenados pelo Sistema Nervoso Central (sns)".

De acordo com Gindri et al. (2012: 349), a plasticidade cerebral, neural ou neuronal é compreendida como "a capacidade do sistema nervoso central em adaptar-se em resposta a mudanças ambientais, da experiência, do comportamento ou de algum acometimento cerebral de modo duradouro, seja uma lesão ou uma disfunção". Para os autores, a plasticidade acompanha o desenvolvimento neurológico durante todo o percurso da vida.

Enfim, o fato é que a concepção de que o cérebro produz e executa suas mais variadas funções, como um todo ou a partir de áreas distribuídas, levou ao reconhecimento de que os neurônios, em seu conjunto e em qualquer fase da vida, são capazes de se auto-organizarem, de maneira flexível, adaptando-se a novas situações como forma de responder assertivamente a necessidades geradas pela interação entre o meio interno cerebral e o meio externo.

Para Nicolelis (2011: 110 e 112), a capacidade do cérebro de autorreorganizar-se se dá porque uma de suas sinas (além de detectar sinais sensoriais) é a de manter a nossa autoimagem corpórea, ou seja, uma imagem interna do corpo gerada, segundo o psicólogo canadense Ronald Melzack, por "um padrão interno de atividade que ele denominou de assinatura neural". A assinatura neural é uma espécie de neuromatriz que "pode estar definida já no nascimento [...] provavelmente definida por instruções genéticas".

Muitos estudos têm sido realizados de maneira a colaborar para a compreensão de que o sistema nervoso é um órgão dinâmico e que se constitui numa unidade funcional com o corpo e com o ambiente, sendo ainda composto por "características plásticas que se manifestam sob a forma de modificações estruturais decorrentes do exercício funcional adaptativo em contextos variáveis" (Haase e Lacerda, 2004: 31).

Alguns princípios são postulados quando se trata de plasticidade cerebral relacionada à experiência. Jeffrey Kleim e Theresa Jones (2008), professores e pesquisadores em neurorreabilitação do Estados Unidos, mencionam dez princípios, resumidos e traduzidos por Gindri et al. (2012: 349) do seguinte modo: 1. O uso das redes neurais é fundamental para a conservação da funcionalidade. 2. Acredita-se que o treino de determinada função cerebral possivelmente a fortalecerá. 3. A plasticidade cerebral pode se limitar à função treinada. 4. Para que a plasticidade aconteça é importante que haja o treino repetido de tarefas. 5. Além disso, deve-se estar atento à intensidade do treino. 6. "A intensidade e a duração do resultado comportamental e do que acontece fisiologicamente no processo de plasticidade é maior quanto mais próximo do período pós-lesão for iniciada a reabilitação cognitiva." 7. O programa de reabilitação precisa ser algo significativo para aquele que a realiza, a fim de que as informações sejam mais bem codificadas. 8. Quanto mais jovem o sujeito que passa pela reabilitação, mais provocadora será a estimulação da plasticidade cerebral. 9. "O fenômeno da transferência ocorre quando a estimulação de certo substrato neural promove melhoras em outras vias neurais, ou seja, quando o treinamento de uma habilidade funciona como um facilitador para a melhora de outras habilidades." 10. Pode ocorrer o fenômeno da interferência quando algumas áreas do cérebro são estimuladas por meio da interação com o ambiente ou de forma artificial. No entanto, a estimulação dessas áreas pode resultar em estratégias pouco eficazes, e impedir que outras áreas se beneficiem do processo.

Os estudos levam-nos a entender que o cérebro nasceu para ser plástico, independentemente de sua idade. Essa ideia vem se desdobrando em novas descobertas, que estão ajudando na reabilitação humana.

Neuroplasticidade e reabilitação neuropsicológica

A Neuroplasticidade ou Plasticidade Neural é compreendida como a "capacidade de o sistema nervoso modificar sua estrutura e função em decorrência dos padrões de experiência" (Haase e Lacerda, 2004: 29). Nesse sentido, o processo de reabilitação neuropsicológica se fundamenta na ideia de que "o cérebro humano é um órgão dinâmico e adaptativo, capaz de se reestruturar em função de novas exigências ambientais ou das limitações funcionais impostas por lesões cerebrais".

A reabilitação neuropsicológica, em linhas gerais, pode então ser entendida como um processo de aprendizagem. Os serviços e as técnicas de reabilitação neuropsicológica, ainda que existam muitos, têm sido estudados e discutidos em sua eficácia, em sua potencialidade em relação à sua aplicabilidade em áreas específicas e à generalização para outras áreas "danificadas".

Gindri et al. (2012: 347) explicam que, com a reabilitação neuropsicológica, busca-se um processo ativo de educação e capacitação, focado no manejo apropriado de alterações cognitivas adquiridas, com o objetivo de conseguir melhorar o potencial físico, mental e social do indivíduo, a fim de contribuir para a sua reintegração social. Pretende-se ainda melhorar "as capacidades cognitivas, de maneira a enfatizar também os aspectos emocionais, psicossociais, comportamentais e físicos, que possam estar deficitários após a lesão cerebral".

No entanto, não é apenas a escolha de uma ou outra técnica que indicará a eficácia da intervenção. Além disso, devem ser considerados alguns aspectos do tratamento, tais como a frequência e duração das sessões, além do envolvimento dos familiares durante esse processo. Uma avaliação frequente pode ser fundamental a fim de rever o programa de reabilitação, reavaliando os avanços e indicando novas alternativas para trabalhar com funções que se mostraram deficitárias.

O membro fantasma e a mão de borracha

Entre os estudos que permitiram concluir sobre a existência efetiva da chamada "assinatura neural", apresentada anteriormente, estão os que se dedicaram a entender a conexão entre a plasticidade cerebral e um fenômeno neurológico definido como "a síndrome do membro fantasma", presente na literatura médica há séculos.

O chamado "membro fantasma" remete ao fato de que muitas pessoas, ao nascerem sem (mais raro) ou perderem (mais comum) partes de seu corpo (braço, perna, órgãos genitais, dentes, órgãos internos, seios etc.), seguem sentindo-os como se eles ainda existissem ou fizessem parte de seu organismo, experimentam "uma sensação de formigamento difusa que se estende por todo o membro amputado e, efetivamente, o reconstrói na mente do paciente" (Nicolelis, 2011: 103).

Segundo Nicolelis (2011: 103, 106 e 111), "90% dos pacientes que sofrem amputações [...]" experimentam esta "vívida sensação de que uma parte do corpo que não existe mais permanece ativa e ligada a ele". Uma experiência, frequentemente temporária, que costuma ser angustiante, posto que os pacientes podem sentir o membro inexistente se mover; ademais é dolorosa para 70% dos pacientes, enquanto 60% afirmam sentir uma dor pulsante e incessante. Mulheres, após a retirada do útero, podem sentir cólicas menstruais fantasmas ou sentir contrações uterinas parecidas com as dores do parto. Uma exceção curiosa à regra do membro fantasma está no fato de que, de acordo com Nicolelis (2010: 106), "[...] travestis masculinos que optam por realizar a cirurgia de mudança de sexo parecem não experimentar um 'pênis fantasma', sugerindo que, para seus cérebros, esses homens já viviam num corpo feminino antes da operação".

Após uma série de estudos sobre o tema, chegou-se à "teoria do portão da dor" ou "teoria do controle central da dor", formulada por Melzack e Wall, dando início a uma série de descobertas neurocientíficas que "demonstram, de modo inequívoco, que a sensação universalmente conhecida como dor é fruto de uma simulação interna do cérebro" (apud Nicolelis, 2011: 109).

Essa descoberta deu ao cérebro protagonismo, levando o psicólogo canadense Ronald Melzack a afirmar que vias ou fibras "dedicadas exclusivamente ao processamento da dor" não existiam. No lugar destas, Melzack afirma que o cérebro dita um senso do eu (a imagem do corpo e seus limites) mantido, muitas vezes, "após a remoção física de um membro, criando a sensação anômala, mas absolutamente real, que caracteriza o membro fantasma" (apud Nicolelis, 2011: 109-10).

No fim, a conexão entre plasticidade e a síndrome do membro fantasma foi demonstrada pelas pesquisas de um médico e neurocientista indiano, V. S. Ramachandran, autor do livro *Fantasma no cérebro* (1998). Ramachandran descobriu que, ao tocar um ponto da face do paciente, este afirmava que havia tocado em seu membro fantasma. A partir disso, Ramachandran desenvolveu uma terapia simples, baseada em dois princípios: a) que a relação entre uma área do corpo e uma área específica do sistema nervoso central é extremamente plástica; b) que a manutenção da percepção do órgão ocorre por uma simulação interna do próprio cérebro e não pelas informações transportadas pelos nervos periféricos (Nicolelis, 2011: 115).

Com base nessas conclusões, o pesquisador indiano criou uma caixa de espelhos. No caso dos portadores da síndrome do membro fantasma de um braço, através de um truque dos espelhos, o reflexo do braço real se projetava sobre o braço fantasma criando "a ilusão de que o braço amputado fora restaurado". Para vários pacientes, foi "a primeira vez que a dor de seus membros fantasmas foi aliviada por completo". Estudos posteriores realizados com a caixa de espelhos, por outros pesquisadores, concluíram que melhorava a dor por "reduzir a magnitude do processo de reorganização da plástica cortical" (Nicolelis, 2011: 118).

Nesse sentido, após mais de duas décadas de pesquisas experimentais concluiu-se que a nossa imagem corpórea, também chamada de "assinatura neural", desenvolve um "sentimento de posse do corpo, por meio de um processo de integração multissensorial altamente adaptativo" frente aos eventos que se situam dentro, "ou muito além dos limites físicos" de nosso corpo (Nicolelis, 2011: 119-20).

Esse processo é gerado por um amálgama neural que mistura e retroalimenta sinais (visuais, táteis, auditivos etc.), capacitando o cérebro em fazer sentir um membro que não mais existe, como se ele existisse, recusando-se em aceitar sua perda, através de um processo de neuroplasticidade que retroalimenta a sensação sobre ele, na busca por manter ou reconstituir sua imagem corpórea; ou, ainda, em função desse processo, "num punhado de segundos, nos fazer aceitar, quase sem resistência aparente [...] um corpo novo" (Nicolelis, 2011: 120).

Prova dessa possibilidade é a pesquisa do neurocientista Jonathan Cohen, sobre a "ilusão da mão de borracha". Nas experiências de Cohen, o cérebro das pessoas assimilou uma mão de borracha do manequim, que não estava conectada ao seu corpo, mas dava a impressão ou a ilusão de estar.

No caso, o grupo de sujeitos que participou da experiência sentia o toque de um pincel em uma mão de borracha, que acreditavam ser sua mão real. Por fim, a grande maioria deles, ao fechar os olhos para usar um dedo da mão para tocar na outra, tocava na mão de borracha acreditando ser a sua mão de fato.

Como indica Haase e Lacerda (2004), a aquisição de determinadas habilidades sensoriais ou motoras, bem como amputação de partes do corpo, podem levar ao remapeamento desses órgãos no córtex sômato-motor. Para Nicolelis (2011), pesquisas como a da "mão de borracha" e dos "membros fantasmas" apontam para o possível fato de que as Neurociências, entre as quais a Neuropsicologia do desenvolvimento, poderão contribuir para a reabilitação de funções motoras perdidas por meio do uso de próteses ou de máquinas integradas e comandadas pelo cérebro, como se fossem partes de seu próprio corpo.

PARTE III
A INFÂNCIA EM PERSPECTIVA

INFÂNCIA:
UMA CONSTRUÇÃO HISTÓRICA

Não basta ser criança para ter infância.
(documentário *A invenção da infância*)

Por séculos, a criança foi vista como um ser incapaz, sem voz e vez, sem importância, um ser sem particularidades e especificidades, tida apenas como um adulto em miniatura. Hoje podemos falar de infâncias, em que as diferentes crianças, em função da cultura, da desigualdade social, das políticas, da raça, do gênero, da etnia etc. são concebidas e tratadas distintamente. Por esse prisma, por exemplo, uma infância vivida junto à classe trabalhadora será, provavelmente, diferente da de uma da classe média; meninos e meninas tendem a ser concebidos, educados e tomados em seu desenvolvimento de forma diferente.

Portanto, os sentidos e as relações estabelecidos com a infância são constituídos historicamente, elaborados em diferentes tempos e lugares e combinados, por exemplo, com os papéis e as funções resguardados e exigidos à mulher, enquanto mãe, trabalhadora; com o pertencimento a uma ou outra classe; em função de constituírem-se como um empecilho ao desenvolvimento e progresso da nação.

Maria Cristina Soares Gouvea (2009: 97), pós-doutora em História e professora da Faculdade de Educação da UFMG, explicita que, muitas vezes, os termos *criança* e *infância* são concebidos indistintamente. No entanto, a autora esclarece que a infância está ligada à concepção que o adulto tem do período inicial da vida em que vive a criança; "[...] a infância seria a condição social das crianças".

Contudo a criança, em linhas gerais – pelo menos teoricamente – é compreendida como um sujeito social e histórico, de direitos, que é constituído pela sociedade, pelas riquezas da cultura, das mediações e que ativamente também é sujeito na constituição da sociedade. Flagramos, entretanto, que a infância, em diferentes momentos históricos é concebida de forma ambígua, polarizando entre autônoma e dependente, impura e inocente, capaz e incapaz etc. E, ainda, há pensamentos que convergem para pensar numa criança em termos naturais, ou mesmo universais, em que o curso do desenvolvimento é determinado prioritariamente pelo biológico.

Nessa via, antes de discutir o desenvolvimento da criança em relação às perspectivas teóricas que o define, é importante refletir sobre algumas questões que geralmente são trazidas como emergenciais ou ainda são negadas em sua relevância. Trazê-las à tona aqui pode ajudar a compreender melhor a temática infância como a vislumbramos em nossa sociedade e o lugar que as crianças ocupam na vida e na percepção dos adultos. Destacamos a necessidade de explicitar concepções em alguns momentos da história de mudanças, sem, contudo, estabelecer uma linearidade histórica, sob o risco de homogeneizar e desconsiderar que, em cada cultura, a concepção de infância e o modo como determinada sociedade a concebe mudaram de forma diferenciada. E, num mesmo período histórico, temos práticas diferenciadas e concepções antagônicas quando se quer definir a criança, suas mudanças e até mesmo as práticas que deveriam ser efetuadas em prol de seu "preparo para a vida adulta".

Nesse bojo, teóricos se dedicaram a compreender e a pesquisar essa temática, com ideias contrastantes sobre infância, sobre a duração e as características que a diferencia da idade adulta, entre outras questões.

O LUGAR DA INFÂNCIA NA HISTÓRIA

A ideia de criança como ser em crescimento, que necessita de cuidados, afeto, proteção e orientação dos pais/adultos, no que tange aos aprendizados e desenvolvimentos, é mais característica da sociedade contemporânea. Tal concepção repercute em pressão sobre os pais para vigiarem os processos de desenvolvimento dos filhos, baseados em seus conhecimentos sobre aprendizagem e desenvolvimento, mas, sobretudo, fundamentados em especialistas da infância, em "lugares formais" – separados dos pais –, como as instituições escolares em geral.

Colin Heywood (2004), professor da História Social e Econômica na Universidade de Nottinghan (Inglaterra), afirma que o deslumbramento pelos anos da infância, como especiais e diferentes, em acordo com os estudos disponíveis, é relativamente recente. No Ocidente, desde a Antiguidade até por volta do século XVIII, as crianças eram apreciadas como adultos imperfeitos, deficientes. No entanto, no século XX ainda persistem muitas das concepções em que a criança é considerada imatura, incompetente, deficiente em relação ao adulto e que deve ser transformada em um adulto racional, competente, autônomo.

Contudo, estudos e análises do que se compreendeu e se compreende por infância, em geral, amparam-se no que se definiu como "descoberta da infância" nas sociedades ocidentais, a partir da qual, de maneira não linear, a criança passa a ser representada de modo diferenciado do adulto. Esteban Levin (2007), pesquisador e professor de pós-graduação da Faculdade de Psicologia de Buenos Aires, expõe que o espaço da criança passava de certa forma despercebido, pois, na Idade Média, ela nascia e crescia numa rede social, com papéis determinados pela escassez de mobilidade, e não só a criança, mas também as pessoas que vivenciavam as características das sociedades agrárias e o sistema feudal.

Os estudos clássicos do historiador francês Philippe de Ariès (1981) sobre a história da família e infância indicam que em geral a criança não se constituía como um valor na Idade Média (Europa Ocidental), não havia espaço para a infância ou o sentimento em relação a ela ou ainda uma indistinção em relação ao adulto (não havia o quarto da criança – como espaço específico –, não havia literatura propriamente infantil, nas guerras não havia limite de idades, as roupas não se diferenciavam das do adulto, sua representação pictográfica sinalizava um adulto em miniatura), fato que perdurou até por volta do século XVII. À medida que diminuiu a alta mortalidade infantil e há a possibilidade de apego, bem como devido ao surgimento dos ideais de uma nova moral fundamentada na necessidade de preservação da inocência conjeturada nesta fase da vida (Ferreira e Araújo, 2009), os adultos vão deixando de ver a criança como adulto em miniatura e institucionalizam-se lugares para ela (como as escolas, as classes específicas em conformidade com a idade), lançando-na para o futuro. No século XIX, a expectativa de um futuro adulto civilizado, trabalhador, demanda uma especificidade de cuidados, como forma de prever e "garantir" o desenvolvimento das crianças.

Com a ideia de criança como "chave para o futuro" surgida a partir do século XVI, tem-se grandes investimentos "[...] em sua educação com o objetivo de moldá-la e transformá-la no adulto que cada um idealizava para a sua nação" (Rizzini, 2008: 98). Nessa linha, o futuro do Estado dependia da forma como se educava uma criança; os católicos defendiam, para tanto, que a escola deveria ser o centro do poder, mantendo a criança sob vigilância. Aos adultos foi destinado um novo lugar: aqueles que deveriam "conter as emoções em relação a ela, aplicar-lhes castigos e ensinamentos morais, acompanhar o seu desenvolvimento" (Veiga, 2010: 25). Além disso, foram submetidos a fortes críticas quanto ao abandono de crianças e à necessidade em assumir suas responsabilidades no cuidado delas.

No século XVIII, o filósofo inglês John Locke exerce grande influência sobre as mudanças de atitude em relação à criança. Ela é concebida como uma *tabula rasa*, uma folha em branco, em que a experiência escreve suas mensagens; tem capacidade para aprender, e a educação poderia fazer uma grande diferença, no sentido de dominar suas inclinações; poderia ser-lhe ensinada a capacidade de raciocinar. Nesse mesmo século, destacamos as contribuições do filósofo francês Jean-Jaques Rousseau, que se reporta à criança como alguém que possuía forma própria de pensar, de sentir, de ver, com raciocínio pueril; estabelece-se o culto à inocência original, e a sociedade poderia ser corruptora da criança, com o risco de sufocá-la. A educação era colocada como forma de evitar a corrupção da criança pelo mundo (Heywood, 2004).

A professora e pesquisadora da infância da Universidade Estadual de Maringá (PR), Verônica R. Müller (2001), indica que estudos acerca das particularidades da infância e as apreensões por introduzi-la nos diferentes modelos sociais em curso ocorrem por volta do século XIX. Paulatinamente, via-se construir uma concepção específica de infância comungada com a delimitação das faixas etárias e do desenvolvimento respectivo às crianças.

A partir da segunda metade do século XIX, com a ideia de infância coligada à percepção de desordem e ameaça de controle, há pressões no Brasil, para que o Estado assuma a responsabilidade na criação de políticas designadas à infância, a fim de assegurar às crianças a proteção necessária. Com isso, alastram-se profissionais e especialistas em crianças, num caminhar para libertar da barbárie e do atraso aquelas vindas da pobreza e reprodutoras do vício e da imoralidade (Rizzini, 2008). Temos então o que poderia se definir como a substituição da pedagogização das relações sociais por sua escolarização, de maneira a universalizar a associação criança/escola (Gouvea, 2009).

Nos países com grande desenvolvimento industrial, como afirma a professora alemã de Sociologia da infância Helga Zeiher (2007: 68-9), a ideologia da família burguesa, em que a criança seria um ser sensível e que necessitava por um longo tempo dos cuidados da mãe – incumbida do papel afetivo e do acompanhamento ao longo do seu desenvolvimento por uma necessidade natural –, perdem espaço os ideais de uma criança mais autônoma, "robusta", capaz de tolerar menor tempo de atenção dos pais (que estão mais tempo no trabalho): "[...] a família tem sim, hoje como ontem, o monopólio da responsabilidade primária, mas não o monopólio do trabalho de cuidar das crianças".

Assim, as crianças passam a ser cuidadas, atendo-se ao seu desenvolvimento, muito mais institucionalmente, sendo preparadas para o trabalho na vida adulta. Com a necessidade de maior qualificação das novas gerações, o estudo é apontado como essencial e tem início cada vez mais cedo, pois significaria maior chance de igualdade de oportunidades sociais. Em favor disso, as escolas são reestruturadas e as ciências que têm como foco a criança prosperam, com indicações de ações consideradas importantes aos seus processos de desenvolvimento e de aprendizagem desde o nascimento, vislumbrando as futuras oportunidades de trabalho, seu sucesso quando adulto. Assim, a Psicologia e as demais ciências que objetivam o estudo da criança têm grande repercussão, na busca por decifrar essa transitoriedade, essa etapa da vida. Lembremo-nos de que a infância está sujeita, ainda que de modo particular, às mesmas forças sociais que os adultos.

Como defende Levin (2007: 19), na contemporaneidade, temos a diferença entre criança e adulto marcada por uma concepção mercantil de infância, que consiste numa "invenção cultural e socioeconômica que generaliza e ao mesmo tempo especializa o *status* da criança". Com isso, consagram-se os especialistas em infância, os objetos e brinquedos adequados às suas necessidades de desenvolvimento. Os brinquedos são fabricados, a partir da década de 1930, como materiais didáticos (para aprender e não necessariamente para brincar) e são propícios a executarem determinadas atividades de acordo com a especificidade de cada idade: "[...] criança e brinquedo são 'padronizados', determinando-se assim a universalização uniforme do desenvolvimento infantil" (Levin, 2007: 24).

Vemos na contemporaneidade, que se dirige cada vez mais à infância vivenciada por crianças que "escolhem e sabem" o que querem, um mercado específico de produtos para elas. É possível verificar isso nas roupas, nos produtos de higiene, nos brinquedos que preenchem a dificuldade em dividir momentos lúdicos com o adulto – por seu escasso tempo e até mesmo pela compreensão de que o jogo e a brincadeira são coisas do mundo infantil.

Em suma, a partir do século XIX, muitos cientistas e educadores passaram, numa grande proporção, a debruçar-se sobre os estudos da infância. No entanto, como indica Heywood (2004), até aproximadamente 1950, os estudos ainda eram poucos, principalmente em se tratando de historiadores. O autor adverte que seria impreciso polarizar as civilizações, dentro da história sobre a infância, no que se refere à ausência ou presença de sentimentos, de consciência sobre a infância. Pode-se falar, contudo, em concepções diferentes das nossas, mas não em total ausência delas.

Infância e Psicologia do Desenvolvimento

O desenvolvimento infantil é considerado uma das mais antigas especialidades e preocupações da Psicologia e de outras ciências. Como aponta a pós-doutora em desenvolvimento humano Vera Maria Ramos de Vasconcellos (2009), a Psicologia do Desenvolvimento se institui, historicamente, em diálogo com a infância. Essa ciência, durante muitos anos, significava o desenvolvimento da criança (Glassman e Hadad, 2006).

Darwin, em 1877, por exemplo, explicita a necessidade de atenção à infância ao publicar um texto fundamentado em anotações realizadas sobre seu filho, quando de seus primeiros anos. Anotações essas abalizadas por teorias biológicas e evolucionistas, que dão início a concepções de cunho maturacional para o delineamento do que era considerado desenvolvimento "normal". Os estudos do desenvolvimento, até por volta do início do século XX, tiveram como destaque a base biológica do comportamento.

O professor e pós-doutor da Universidade Federal do Rio de Janeiro, Arthur Arruda Leal Ferreira, e o doutor e professor da Universidade Federal de Juiz de Fora, Saulo de Freitas Araujo (2009), esclarecem que a teoria da evolução de Darwin foi aplicada por William Preyer (1841-1897) em diversas esferas da vida humana, com destaque para as suas explicações sobre o desenvolvimento físico e mental da criança, que culminou em ideais pedagógicos de grande influência na educação do século XIX na Alemanha. Nos Estados Unidos, o grande destaque foi o psicólogo e educador Stanley Hall (1844-1924), que fundou, em 1883, o primeiro laboratório de psicologia experimental na América e foi responsável pela formação de uma geração de influentes psicólogos, cujos interesses estiveram diretamente ligados à Psicologia do Desenvolvimento e da Educação: J. M. Cattell (1860-1944), J. Dewey (1859-1952), A. Gesell (1880-1961) e L. Terman (1877-1956), entre outros.

Como indicam Hillessheim e Guareschi (2007), Stanley Hall, em 1882, já defendia a importância dos estudos psicológicos acerca da criança, do seu desenvolvimento, com referência à adaptação do indivíduo ao meio. Esse estudioso sublinhava a necessidade de aplicação da Psicologia à educação.

Dentre outros estudiosos importantes para a Psicologia do Desenvolvimento infantil desse período, destacamos também James Mark Baldwin (1861-1934). Foi defensor do uso do método genético nas investigações psicológicas e propôs uma teoria geral do desenvolvimento cognitivo fundada na gênese das operações lógicas, tendo influenciado o pensamento de Jean Piaget (1896-1980). Além disso, o teórico defendia a tese da "dialética do crescimento pessoal", em que considerava as interações e o contexto social na formação da personalidade (Ferreira e Araujo, 2009).

Outra contribuição para a área, de acordo com os autores, foi o intento de Alfred Binet (1857-1911), que criou testes mentais, na busca por conhecer os processos complexos. Assim, em 1905, temos os conhecidos *testes Binet-Simon*, que se constituem na primeira escala de avaliação da inteligência e que vem ao encontro da necessidade de segregar na escola as crianças normais das deficientes intelectuais. Para tanto, mensurava-se, nessa avaliação, a "idade mental" (as capacidades manifestadas no momento revelavam determinada idade) dos sujeitos escolares (principalmente) em relação com a sua idade cronológica: "[...] e foi particularmente para os novos administradores escolares que a tecnologia psicológica foi inicialmente produzida" (Ferreira e Araujo, 2009: 9).

Assim, na apreciação de Hillessheim e Guareschi (2007), a Psicologia do Desenvolvimento deflagrou a emergência dos estudos sobre a infância, sobre as mudanças que a abarcam, de maneira a atender às demandas de predição e controle. Tais estudos puderam oferecer condições de determinar como interagem no comportamento, se relacionam e se influem mutuamente as variáveis ambientais, em que se situam, por exemplo, o comportamento dos pais, e as biológicas, que envolvem as predisposições genéticas.

Na perspectiva da Ph.D. em Psicologia pela Universidade de Londres Lucia Rabello de Castro (1998), a Psicologia do Desenvolvimento, ao estudar a infância e a adolescência, consideradas emergências da modernidade, passa a definir por meio das práticas educativas o normal e o patológico e a deliberar ações em prol da emancipação da criança imatura, não desenvolvida, composta por uma natureza primitiva. Para que a criança caminhasse rumo a essa emancipação, deveria desenvolver determinadas capacidades. A teoria de Piaget em relação ao desenvolvimento infantil, para a autora, é apontada como exemplo numa associação da emancipação com a obtenção de capacidades lógico-dedutivas que certificariam a primazia da razão. Evidencia-se, portanto, a necessidade do controle da natureza pela ciência.

Nas décadas de 1920 e 1930 e até por volta da década de 1980, era comum nos estudos relativos à Psicologia do Desenvolvimento a descrição dos fenômenos, com a explanação das normas, padrões de comportamentos esperados para as crianças em determinadas idades. Apresentava-se o exame de teorias de desenvolvimento e comportamento da criança, o que tornava a disciplina Psicologia do Desenvolvimento muito ativa, com um grande número de publicações, geralmente num exame das chamadas teorias atuais de desenvolvimento, com teor de "manual". Ganham força os estudos sobre o curso normal do desenvolvimento cognitivo, sensório-motor e social, destacando-se os do behaviorismo e os centrados na maturação e crescimento de Gesell, em que os comportamentos e suas mudanças eram tomados como resultantes da maturação. Definia-se, assim, o que era normal uma criança apresentar em cada idade (Biaggio, 2011).

A tendência anterior avança e, por mais duas décadas, são realizados estudos que passam a considerar outros pontos de análise, estabelecendo relações entre variáveis, como as que envolvem a inteligência e o nível socioeconômico, ainda que estabeleçam poucas conexões e explicações.

Além disso, percebe-se também no período citado o destaque para os estudos que se debruçam sobre a linguagem e o pensamento, como os de Wallon, Piaget e Vigotski (defesa da primazia do social no desenvolvimento). Ganham repercussões ainda a teoria do aprendizado social, com estudos dos processos do desenvolvimento mental e o mecanismo de mediação, e a Psicanálise.

Como não é o objetivo deste livro dar conta de todas as mudanças e contribuições relativas à Psicologia do Desenvolvimento infantil, nos limitaremos às já trazidas, todavia enfatizamos que a totalidade da riqueza de nossa história não se limita àquelas aqui citadas.

Infâncias e desdobramentos: (im)possibilidades de desenvolvimento

Ao pensarmos nas (im)possibilidades de desenvolvimento da infância, desvinculadas da ideia de universalização dela, não podemos deixar de considerar as diferentes realidades constituídas em nosso país. Assim, a infância enfrenta oportunidades desiguais, com diferentes condições econômicas e culturais, do acesso a tratamentos da saúde, escolarização, alimentação, dentre outras.

De acordo com Leite (2010), há a indicação de que o amor e o cuidado com os filhos, com atenção ao seu desenvolvimento, dependem muito mais dos valores e tradições sociais, do que de uma determinação biológica. O autor esclarece ainda que a infância, até o século XIX, é considerada a fase mais difícil do desenvolvimento, haja vista que a possibilidade de morrer era maior do que na juventude e do que no início da vida adulta; a criança padecia de vulnerabilidade psicológica, pois poderia ser maltratada e escravizada com grande facilidade, e ainda poderia ser emocionalmente abandonada. Gradativamente vemos um movimento em prol da proteção das crianças dados tais riscos, passando a ser peça de atenção da família e das autoridades públicas.

No entanto, as infâncias constituídas em nossa realidade nem sempre encarnam os ideais de proteção e as condições adequadas ao seu desenvolvimento, principalmente quando se leva em conta o desenvolvimento integral da criança. Em relação a isso, no Brasil, ainda que a taxa de mortalidade infantil venha caindo, enfrenta-se muitos desafios. O Caderno Brasil-Unicef (2008) revela que as taxas de mortalidade infantil na década de 1980 eram de 82,8 por mil e em 2006 chegaram a 24,9 (uma taxa considerada média). Mesmo que possamos ver uma melhora significativa, os dados ainda são alarmantes.

O relatório em questão explana a necessidade de atenção a diversos aspectos, ainda considerados deficientes em nosso país, que são determinantes no desenvolvimento da criança. Assim, aponta-se como problemas interferentes: a violência, exploração e maus-tratos dirigidos às crianças; a ameaça à saúde; a vulnerabilidade alimentar e nutricional das crianças; as doenças como HIV/aids; a pobreza – "As crianças são as mais prejudicadas pela pobreza porque afeta a raiz de seu potencial de desenvolvimento: sua mente e seu corpo em crescimento" (Nações Unidas, 2002: 20); o abandono; o acesso e a qualidade na educação infantil.

Além dessas questões, são colocados como desafios no Brasil a universalização do direito ao registro civil de nascimento e a oferta de pré-natal e parto de qualidade para as gestantes. O registro de nascimento ao nascer, que está longe da universalização (mais de um quinto do total de recém-nascidos – 750 mil – completam o primeiro ano de vida sem ser registrados), é fundamental para que a criança exista perante o Estado e para ter mais chances de garantir sua cidadania e seus direitos. Em suma, destaca-se o documento citado como condição da participação e da universalização dos direitos, que devem integrar a oportunidade para o desenvolvimento físico, psicológico, social, cognitivo, espiritual, emocional e cultural das crianças (Caderno Brasil-Unicef, 2008).

Se sublinharmos outros elementos em relação à infância, como os relativos às diferenças em função da raça, das condições socioeconômicas, entre outras, encontraremos maiores divergências nas chamadas oportunidades de desenvolvimento.

> As crianças negras têm quase 70% mais chance de viver na pobreza do que as brancas; o mesmo pode ser observado para as crianças que vivem em áreas rurais. [...] as crianças pobres têm mais do que o dobro de chance de morrer, em comparação às ricas (Caderno Brasil-Unicef, 2008: 9-10).

Crianças filhas de mães negras têm 40% mais chances de ser vítimas da mortalidade infantil do que as filhas de mães brancas. Entre crianças e adolescentes indígenas, 63% das crianças de até 6 anos de idade vivem em situação de pobreza.

Outra informação relevante diz respeito às diferenças regionais que assolam o nosso país e que interferem nos ideais de melhores condições de desenvolvimento. Na região do semiárido brasileiro (SAB) (Alagoas, Bahia, Ceará, Espírito Santo, Maranhão, Minas Gerais, Paraíba, Pernambuco, Piauí, Rio Grande do Norte e Sergipe), por exemplo, que agrupa alguns dos piores indicadores sociais do país, vivem cerca de 13 milhões de meninos e meninas, dos quais mais de 70% são pobres (Caderno Brasil-Unicef, 2008).

Indicamos alguns dos muitos aspectos que envolvem e atingem direta e indiretamente as possibilidades de desenvolvimento das crianças, que deixam de ser pensadas unicamente pela via do desenvolvimento inscrita, desde o nascimento, numa concepção determinada pelo biológico. Assim, devemos apreciar as possibilidades de transformação às quais nossas crianças estão sujeitas, levando em conta como as características humanas se desenvolvem na vida do indivíduo, com as mediações estabelecidas com o mundo. O contexto histórico-cultural expressa a riqueza das conquistas e progressos elaborados pela humanidade, e é nessa riqueza que devem ser constituídas as medições para o desenvolvimento integral da criança. Isso implica, para além de determinadas atitudes de pais e profissionais, a gestão de políticas sociais, educacionais, de saúde, de moradia, de saneamento, de planejamento e contínuas ações em prol da erradicação da pobreza e das desigualdades sociais.

DO NASCIMENTO AOS PRIMEIROS PASSOS

Cada fase existe em função do conjunto e de cada uma das outras fases. No jovem está impresso o perfil de uma infância bem ou mal vivida, no adulto o impulso da juventude.
(Romano Guardini)

Os animais, ao nascerem, possuem em geral condições de sobrevivência por serem portadores de instintos, ou seja, comportamentos geneticamente programados próprios de uma espécie e que lhes propiciam desde cedo as condições para levantar-se, locomover-se, buscar alimento, entre outros.

Já os seres humanos são despojados dessas cadeias comportamentais "pré-registradas". Assim, ao nascer, não possuem ainda as condições necessárias para sobreviver sozinhos, dependem da ajuda de outro sujeito para manterem-se vivos, para desenvolverem-se. Ainda que possamos dizer de casos de crianças que tenham sobrevivido com a proteção e ajuda de outro animal, como o caso das crianças-lobo, não podemos afirmar que houve um processo de humanização, pois as características e a riqueza da cultura humana somente poderiam ser transmitidas por outro ser humano. O homem nasce candidato à humanidade, mas deve entrar em relação com os objetos, com o mundo material, com os fenômenos da vida, pois a humanidade está nisso tudo.

Os bebês, nesse aspecto, possuem um conjunto de características que lhes possibilitam a realização dos primeiros contatos e trocas com a cultura, com os mediadores dela, sobretudo a mãe. Apresentam sensibilidade essencialmente humana para estímulos sociais, com a motivação básica para se relacionar com pessoas, dentre elas está sua predileção pela voz humana, em específico, pela feminina (Moura e Ribas, 2004). As autoras apoiam-se na perspectiva de que o desenvolvimento não ocorre em função apenas de programas genéticos da espécie, se complementa com sua participação no ambiente, com as influências históricas e sociais, isso porque o bebê começa uma nova história dentro da história da humanidade. Isso não indica, no entanto, "[...] uma superestimulação dos fatores ambientais em detrimento das potencialidades dos indivíduos, que modificam o mundo e a si mesmos, que são agentes interatuantes e não apenas reagentes" (Moura e Ribas, 2004: 65).

Para a Leontiev (1978: 267), o homem é um ser de natureza social, ou seja, as qualidades humanas (suas aptidões e caracteres) que adquire provêm de sua vida em sociedade. E cada geração tem à sua disposição os objetos e fenômenos criados pelas gerações anteriores: "O que a natureza lhe dá quando nasce não lhe basta para viver em sociedade."

A psicanalista Graciela Cullere-Crespin (2004: 20), apoiada numa hipótese antropológica, explica que a espécie humana, no curso de suas transformações e de desenvolvimento, teria perdido suas programações instintivas, as quais teriam sido mantidas até os primatas superiores, os primos mais próximos. "A perda desses registros teria sido produzida após o prolongamento do tempo necessário à gestação, sem que, no entanto, o tempo de estadia intrauterino tenha se modificado." Em razão disso, ao nascer os bebês encontram-se em estado de precocidade e prosseguem no fluxo da maturação em "espaço livre" exterior. A autora complementa ainda que o aparecimento da linguagem humana pode significar a substituição das programações instintuais perdidas, sendo apreciada como uma importante ferramenta desenvolvida para a adaptação do ser humano, que contribui primordialmente para a sua sobrevivência.

Nessa linha, o adulto é convocado a colaborar para a sobrevivência e para o processo de humanização do bebê, que irá variar de acordo com a cultura, com a concepção de pai, de mãe, de criança, de desenvolvimento.

Se nos voltarmos, por exemplo, para o período medieval, veremos, de acordo com Heywood (2004: 87), que, em relação aos bebês de até 2 anos, era pouco aconselhável investir muitos esforços em um "pobre animal suspirante". As oportunidades de desenvolvimento e sobrevivência eram muito pequenas, dados os altos índices de mortalidade infantil, assim como eram muito altas as possibilidades de abandono.

O autor revela ainda que os conhecimentos sobre como cuidar de uma criança foram por muito tempo passados de geração para geração, sem ser questionados. Ocorrem mudanças nesse sentido e, nos séculos XVIII e XIX cresceu cada vez mais a orientação provinda de médicos e outros profissionais quanto à alimentação, às roupas, aos cuidados, aos marcos fundamentais em que as crianças começariam a engatinhar, a falar as primeiras palavras. Isso levou muitas mães a se sentirem inadequadas em suas condutas.

O professor titular de Filosofia da Educação da Faculdade de Educação da Universidade do Estado do Rio de Janeiro (UERJ) Walter Omar Kohan (2003), ao discutir sobre a infância, aponta que uma das mais importantes características humanas, a linguagem, está ligada a uma "disposição" infantil fundamental de entrar na linguagem, de expressar-se por meio dela, de falar. Assim, o infante, aquele que não fala, deliberadamente se converte num ser falante. O autor indica ainda que a infância representa um momento de transição da natureza para a cultura.

A primeira infância, em geral, é tomada como produtora e produto de grande desenvolvimento, em que o pequeno ser, por rupturas, continuidades, mas não linearmente, abre-se para o seu contato com o mundo, para um "mundo" de possibilidades de aprendizagem e de desenvolvimento.

Diversos são os olhares sobre a chamada primeira infância, comumente marcada pelo início da fala, os quais abordaremos sob a perspectiva de algumas teorias.

De acordo com Ribeiro, Bussab e Otta (2004), atualmente se diz que o bebê já no nascimento vem mais ricamente "equipado" do que se supunha. Estudos em referência à análise das reações dos recém-nascidos, no que tange ao agrado e desagrado, possibilitaram o acesso a características básicas do desenvolvimento inicial.

Psicologia histórico-cultural:
o sujeito num processo dialético e ativo de desenvolvimento

Para uma melhor compreensão acerca dos pressupostos teóricos que envolvem a teoria histórico-cultural de Vigotski e de seus colaboradores, sugerimos a retomada ao que esboçamos nos primeiros capítulos deste livro, quando tratamos da caracterização dessa teoria acerca de seu entendimento de ser humano e de desenvolvimento.

De acordo com as professoras Flávia da Silva Ferreira Asbahr da Unesp e Carolina Picchetti Nascimento da USP (2013: 420), a teoria histórico-cultural, ao discutir sobre desenvolvimento, realça a compreensão de que a criança não é um adulto em miniatura, ou seja, pode-se afirmar que "há uma constituição infantil específica, tanto física como psicológica, que diferencia adultos e crianças não apenas quantitativamente, mas principalmente qualitativamente".

Vigotski (2001) focaliza o homem como um ser social, histórica, cultural e economicamente constituído nas interações que estabelece com a sua realidade social. Prioriza e valoriza o acesso à cultura como determinante para o desenvolvimento, numa primazia do princípio social sobre o princípio natural-biológico. Para além de uma visão calcada na natureza humana, vê no homem um ser com características construídas pelo tempo, pela sociedade e pelas relações dialéticas, nas quais um constitui o outro e nas quais se torna um ser singular e social. Como os contextos sociais e culturais também estão sujeitos a transformações históricas, o homem – sua vida, sua geração – contempla as influências de seu tempo histórico, que contempla também as gerações passadas.

Nessa perspectiva, o psiquismo humano se desenvolve por meio da atividade social, é resultante da interação do indivíduo com o mundo, mediado por objetos construídos pelos sujeitos humanos, numa apropriação da realidade. Como esclarece Leontiev (1978: 282), o homem não nasce com as aquisições históricas da humanidade, desenvolvidas ao longo das gerações, "não são incorporadas nem nele, nem nas suas disposições naturais, mas no mundo que o rodeia, nas grandes obras da cultura humana. Só se apropriando delas no decurso da sua vida que ele adquire propriedades e faculdades verdadeiramente humanas". E assim o faz, na sua relação com o outro, com o mundo, mediados pela linguagem.

Em suma, Vigotski, ao explicar o processo de desenvolvimento humano, considera a existência de uma linha biológica e de uma linha histórica, linhas que caminham de modo a entrelaçarem-se "dialeticamente no processo de desenvolvimento, formando uma unidade no processo de humanização, ou seja, o aspecto biológico é o ponto de partida do desenvolvimento humano, mas se altera no decorrer do processo de apropriação da cultura pelo sujeito" (Asbhar e Nascimento, 2013: 420).

Assim, inicialmente (linha de desenvolvimento biológica), a criança se relaciona com o mundo a partir de seus comportamentos mais reflexos, espontâneos, sobre os quais não exerce ainda controle, planejamento, ou mesmo consciência. Todavia, à medida que se relaciona socialmente com o mundo, com parceiros mais experientes, e se apropria da experiência humana criada e acumulada ao longo da história (por conta do trabalho, das atividades humanas) e incorporada aos objetos da cultura material e intelectual, internaliza e desenvolve as funções tipicamente humanas (fala, pensamento, imaginação, memória etc.), aprende a utilizar tais objetos, ou seja, se apropria das funções para as quais foram criados. Nesse processo, desenvolvem-se (não linearmente ou gradativamente) novas condutas, novos níveis de compreensão da realidade, sua inteligência, sua personalidade. Nesse aspecto, destacamos ainda o papel primordial da comunicação, da linguagem, pois a qualidade da comunicação da criança com outros homens pode determinar de modo mais direto a qualidade do seu desenvolvimento.

No entanto, como bem explicita a professora doutora da Unesp, Suely Amaral Mello (2007: 92), ao compor com a concepção de que não há um desenvolvimento natural da criança, com qualidades psíquicas prontas, é preciso organizar intencionalmente as condições adequadas de ensino e de educação possíveis para o seu desenvolvimento, provocando experiências de novo tipo. "Sem fazer do meio uma fonte rica e diversificada do desenvolvimento e sem fazer dos adultos – ou de parceiros mais experientes – mediadores que permitam a apropriação da cultura, o desenvolvimento possível das máximas qualidades humanas não se efetivará".

Para que possamos organizar melhor as possibilidades de desenvolvimento da criança, com um ensino e educação intencionais, com experiências ricas, é importante conhecermos as funções básicas pelas quais melhor aprende e se relaciona com o mundo, ou seja, a situação social de desenvolvimento, as atividades principais. Com a compreensão da existência de forças motrizes do desenvolvimento psíquico, podemos realizar o estudo dos períodos referentes a ele.

Quanto ao entendimento da teoria histórico-cultural acerca do desenvolvimento, Elkonin (1987), um dos colaboradores e continuadores dessa perspectiva teórica, explica que, em cada estágio de desenvolvimento, destaca-se uma atividade, definida como principal, haja vista que desempenha a função de central forma de relacionamento da criança com o entorno social, bem como a de formação de novas necessidades na criança. Assim, possibilita novos níveis de compreensão da realidade e de relação com esta, numa transformação de sua personalidade, ainda que a realização de um processo de desenvolvimento geral tem dependência das apropriações realizadas na experiência social do sujeito. Destaca-se que o fato de termos atividades principais, dominantes, em determinado período, não anula a possibilidade de coexistência de outras que já foram centrais; todavia, estas vão perdendo sua força. Passaremos a caracterizar o desenvolvimento infantil, à luz da teoria histórico-cultural, com a periodização em relação às atividades dominantes com as quais as crianças melhor se relacionam com o mundo, aprendem e desenvolvem-se.

Comunicação emocional dos bebês

Em linhas gerais, Vygotski (2000) explica que no desenvolvimento cultural da criança, em princípio, o recém-nascido possui estruturas primitivas, determinadas pelas peculiaridades biológicas de sua psique, e, à medida que estas primeiras estruturas se desenvolvem em contato com a cultura, surgem outras, constituindo-se em novas relações e em estruturas superiores com a destruição e reorganização das primitivas.

Os chamados comportamentos naturais (promovidos pelas estruturas primitivas) verificados no recém-nascido, em que encontramos os reflexos incondicionados, exemplificados em sua capacidade de chorar, sugar, balbuciar, são ainda insuficientes para a sua adaptação às novas situações da vida. Os órgãos de percepção, por exemplo, ainda não funcionam para ele, pois não existe um mundo de coisas habitualmente percebidas. As suas sensações primitivas iniciais se dão pela boca, seu elo com o mundo, haja vista que possui sensações orgânicas restritas ao corpo. Essas estruturas primitivas, os princípios orgânicos de existência, com a revolução do desenvolvimento, começam a ser substituídas pelo princípio da realidade externa, pelo mundo social. O sujeito transforma-se, no sentido de que a natureza psíquica representa o conjunto de relações sociais, passadas do externo para o interno. Segundo a psicóloga argentina Marte Shuare (1990), que tem desenvolvido estudos da teoria histórico-cultural e centenas de publicações, a função psíquica aparece duas vezes no processo de desenvolvimento da criança: uma vez no plano social, como função compartilhada entre a criança e os adultos, que é a função interpsicológica, e outra vez no plano psicológico, como função individual, resultando na função intrapsicológica.

Assim, inicialmente, encontramos nos bebês a falta de condições de satisfazer suas necessidades básicas de sobrevivência, característica desse período inicial de desenvolvimento que envolve o primeiro mês. A vida do bebê "[...] fundamenta-se na separação do bebê do organismo da mãe, convertendo sua existência em individual, e caracteriza-se pela fusão de sensação e afeto, indistinção de objetos sociais e físicos, passividade e ausência de vivência social" (Pasqualini, 2009: 36).

A *comunicação social*, atividade principal/dominante do bebê, ocorre à medida que ele e as pessoas ao seu redor se relacionam, estabelecendo uma forma de comunicação emocional/social, pelo olhar, pelo movimento corporal, e se constitui na principal possibilidade de inserção na sociedade até mais ou menos completar o seu primeiro ano de vida. Com isso, nas suas relações com o adulto, utiliza-se do recurso do choro para demonstrar as sensações dolorosas, incômodos que está tendo, e também do sorriso, para expressar a satisfação. As necessidades e até mesmo possibilidades iniciais obrigam o bebê a manter uma comunicação e socialização máxima com o adulto, com suas ínfimas possibilidades de comunicação.

O caminho por intermédio dos adultos é a via principal de atividade da criança nessa idade. A mediação dos adultos, neste momento, também passa às crianças um vínculo emocional. Nessa mediação, "aparece na criança a compreensão primária da linguagem humana, a necessidade da comunicação verbal e a pronúncia das primeiras palavras" (Elkonin, 1960: 507).

O DESENVOLVIMENTO PSICOSSEXUAL NA OBRA DE FREUD

Um dos conceitos considerados mais importantes da teoria psicanalítica sobre o desenvolvimento é a existência de uma sexualidade infantil. Ao debruçar-se sobre o estudo do desenvolvimento humano, bem como sobre a constituição da mente, Freud ampara-se em sua teoria acerca da evolução da psicossexualidade.

Ele defendia que a base de todo comportamento, ou seja, sua determinação, está na mente, no psiquismo. Acreditava, pois, que a motivação humana tem uma base biológica, as chamadas pulsões inatas, que se referem a fontes internas de estimulação corporal. Bock, Furtado e Teixeira (2008) sintetizam que a criança, já nos primeiros tempos de vida, tem a função sexual relacionada à sobrevivência e que o prazer se encontra no próprio corpo, de maneira que este é erotizado com as excitações sexuais.

Assim, no decorrer de nossa vida tendemos, pelo nosso comportamento, a satisfazer nossas pulsões básicas, pulsões estas que, para Freud, vão se modificando no decorrer da existência, mudando assim as áreas de nosso corpo (objetos) que são o foco da gratificação, bem como o modo como isso ocorre. A partir disso, precisamos entender, como explicam Glassman e Hadad (2006: 242), que a sexualidade não é apenas a estimulação genital, manifesta-se e concentra-se também em outras áreas do corpo (boca, por exemplo), nas denominadas zonas erógenas. Os autores afirmam que, para Freud, "são as mudanças no modo de gratificação, associadas com diferentes zonas erógenas, que definem as fases do desenvolvimento". Essas mudanças da energia da pulsão sexual estão associadas com as do funcionamento da mente – psique, por isso "[...] elas são chamadas de fases psicossexuais do desenvolvimento".

Em suma, Freud propõe, em seus estudos teóricos sobre o desenvolvimento, que já nos primeiros anos de vida haveria uma progressão de experiências sexuais infantis, pautadas no eclodir biológico-sexual do sujeito, que afetariam o indivíduo por toda a vida. Nesse sentido, para Freud, os impulsos instintivos, sobretudo os sexuais, são inatos, de maturação progressiva. A teoria de Freud do desenvolvimento seria um estudo da teoria específica do impulso instintivo, ou seja, a alteração progressiva do impulso da libido pela experiência. Assim, os comportamentos seriam determinados por fatores intrínsecos de maturação e pela experiência. "O processo de desenvolvimento não é um crescimento quantitativo contínuo, mas uma sequência de fases descontínuas, qualitativamente distintas" (Rapaport, 2010: 205).

Como afirmam Dione de Medeiros Lula Zavaroni, da Universidade Federal do Rio Grande do Norte, e os professores doutores da Universidade de Brasília Terezinha de Camargo Viana e Luiz Augusto Monnerat Celes

(2007: 65), desde os primórdios de seus estudos e escritos Freud trabalha com as lembranças e os esquecimentos de fatos concernentes à infância, aos primeiros anos de vida dos pacientes. Dedica-se a retomar essa fase do ciclo da vida, de maneira a atribuir a ela grande importância e a origem de muitos comportamentos presentes na vida adulta. Ao resgatar a fala de seus pacientes, os autores anunciam que Freud assim o faz na busca por resgatar como ficaram marcados no psiquismo certos fatos, "determinando tanto sua própria constituição como, também, seu modo de relembrar o passado. É exatamente este duplo movimento que o infantil estabelece – ao mesmo tempo que se constitui, ele próprio oferece modos de interpretação dessa constituição". Assim, Freud atribui grande importância à experiência vivenciada na infância, em razão da sua forte influência sobre a personalidade adulta. Dentre as experiências infantis, a que mais se torna referência nos estudos e nas análises de psicopatologias é o complexo de Édipo.

Ao olhar para o sujeito em seu desenvolvimento, encontramos conflitos que correspondem às chamadas fixações em algumas fases. Com isso, a criança se mantém fixa, detida em determinada fase e parte de sua libido, ou seja, da energia que está à disposição dos impulsos de vida ou sexuais, fica investida num "nível" de desenvolvimento específico, de maneira a ter dificuldades em ultrapassar uma etapa específica. A explicação para essa fixação está no fato de a criança ter experimentado uma excessiva gratificação ou, por outro lado, uma excessiva frustração (fica o desejo do que está faltando) das necessidades da respectiva fase, opondo-se em seguir adiante.

Bock, Furtado e Teixeira (2008: 50) acrescentam ainda que Freud, ao se dedicar a estudar as causas e funcionamento das neuroses, entende e defende que em geral os desejos e pensamentos reprimidos relacionam-se a conflitos na esfera sexual, oriundos das experiências reprimidas, traumáticas, dos primeiros anos da infância. Com a concepção teórica de Freud, a criança, tida como inocente no século XX, na sociedade puritana, passa a tornar-se uma criança com sexualidade. Com isso, o psicanalista questiona a acepção de que a função sexual existiria apenas com o início da puberdade, de maneira a incluir tal postulado a partir do nascimento do indivíduo. Além disso, aponta que o desenvolvimento da sexualidade, até chegar à fase adulta, mostra-se longo e complexo, "[...] quando as funções de reprodução e de obtenção do prazer podem estar associadas, tanto no homem como na mulher".

Psicanálise e desenvolvimento do bebê

Na vida intrauterina, o bebê vive o conforto e a satisfação de suas necessidades, de maneira a não experimentar a falta, o desprazer. Todavia, com o nascimento, o bebê deixa de ter o conforto do útero materno e, em contato com a realidade, experimenta situações desprazerosas, como a sensação de fome, de dor, entre outras, e acaba sentindo-se ansioso, o que gerará um aumento de excitação e possíveis descargas específicas (como o choro). A partir dessa circunstância, o desprazer da ansiedade recebe seu caráter específico, o que poderá se repetir em outros momentos em que o indivíduo se sentir ameaçado (Freud, 1996).

Desse modo, com o nascimento a criança converte-se num ser de necessidades e, pois, um ser desejante. Lembramos que com o nascimento temos a presença apenas do id, que requer a satisfação imediata. No decorrer da vida do sujeito, ele busca reencontrar aquele estado de prazer, de satisfação, as sensações de completude sentidas no útero, ou seja, o que convencionamos chamar de felicidade e que corriqueiramente tem a promessa de ser encontrada, em nossa sociedade, no consumo de mercadorias.

Fase oral

O primeiro estágio de desenvolvimento refere-se ao período em que as gratificações e satisfações são de natureza oral. Isso significa que, desde o nascimento até por volta dos 18 meses, a boca, os lábios, a língua são os principais órgãos de obtenção de gratificação, de prazer. Por isso, com frequência, vemos as crianças sugarem seu polegar, a língua, a boca, os lábios. A sexualidade da criança, ou seja, sua sensibilidade, seu impulso à vida, sua fonte de conhecimento estariam localizados na boca. No entanto, como cita Quadros (2009: 81), a boca pode compreender simbolicamente: "1. Complexo aerodigestivo [...]; 2. Os órgãos da fonação e da linguagem; 3. Todos os órgãos dos sentidos [...]; enfim as cavidades que têm relação direta com o mundo exterior; 4. A pele, com suas funções superficiais (tato) ou profundas (sensações proprioceptivas)."

Os bebês sentem-se gratificados com a amamentação, pois essa é uma fonte primária de obtenção de prazer e não só de alimentação. O vínculo estabelecido entre o seio e a boca origina-se do vínculo estabelecido entre o feto e a mãe (cordão umbilical).

A criança tem interesse pelo seu meio e o explora pela gratificação oral, levando diferentes objetos até a boca. Pode também mordê-los como forma de expressar raiva, de acordo com Glassman e Hadad (2006), além de obter prazer.

Os autores indicam ainda que nesse período tem-se o início do desenvolvimento do ego, o que pode ser percebido, por exemplo, no desenvolvimento da imagem corporal, em que o corpo do bebê é visto como diferente do resto do ambiente, e ele começa a reconhecer os limites do corpo. Além disso, tem início um processo de adiamento no recebimento de gratificação, em consonância com as ações dos pais que não atendem prontamente ao choro (que expressa demonstração de frustração) das crianças. Assim, com mais ou menos dois meses, seu choro parece se relacionar com desejos específicos, aliados ao fato de que os próprios pais reconhecem e diferenciam o tipo de choro, em acordo com a necessidade da criança. Nesse prisma, "os adiamentos na gratificação conduzem fundamentalmente à percepção de que o comportamento pode ser direcionado para a satisfação das necessidades" (Glassman e Hadad, 2006: 243).

A professora doutora da PUC-RJ Silvia Maria Abu-Jamra Zornig (2008: 76) diz que na primeira infância são considerados como elementos privilegiados na organização do psiquismo infantil: o olhar – por ter a função de humanizar o corpo do bebê; a voz – que como um referencial simbólico, "dá à criança um lugar e inicia uma narrativa que mais tarde a criança vai resgatar e modificar". O bebê, então, ao ser amamentado se alimenta com o leite, com a voz, com o olhar, com o amor da mãe; o bebê se nutre da mãe. A amamentação é algo bastante íntimo, proporciona ao bebê o contato com o cheiro, com a pele, com os batimentos cardíacos da mãe e, ao perder essa possibilidade de satisfação, com o desmame, vivencia uma perda bastante significativa, que afeta "tanto o imediatismo da obtenção da gratificação quanto a consciência da criança do *self versus* mundo externo" (Glassman e Hadad, 2006: 243, grifos dos autores).

Em relação à questão da gratificação nessa fase, os pesquisadores americanos Duane P. Schultz e Sydney E. Schultz (1999) indicam que uma inadequação dela, em razão da satisfação ou privação exageradas, pode resultar em uma personalidade com características orais, com hábitos bucais excessivos, tais como os de fumar, roer unhas, comer compulsivamente, chupar o dedo (quando já se espera que não o faça mais), acarretando uma fixação nessa fase.

Por fim, destacamos que o sono é muito importante nesse período. De acordo com os psicanalistas, para o bebê ter um bom sono, um repouso de qualidade, precisa, ao adormecer, deixar seu laço com o mundo exterior. Assim, a ausência do outro deve ser bem elaborada, de forma a estar presente ainda que não concretamente, e de o bebê reagir bem à separação da mãe durante o adormecer, sem que isso tenha a conotação de abandono.

Sinais positivos de desenvolvimento em relação ao sono do bebê relacionam-se ao fato de que seus intervalos sejam diferenciados, indiferentes de sua duração, de maneira a ter um repouso suficiente, para que também esteja bem em seu estado de vigília, ou seja, consiga estar atento e disponível ao contato com o mundo exterior (Crespin, 2004).

Fase anal (até cerca de 3 anos)

Durante o desenvolvimento da criança, o interesse pelo oral permanece, mas é superado pelas novas exigências do crescimento que vão se impondo. O foco da energia começa a se descolar, da boca e do trato digestivo superior, e arrasta-se para o trato digestivo inferior, ou seja, para a região do ânus. Nessa fase, essa região é ativada libidinalmente, pois o amadurecimento neurofisiológico e as situações do ambiente focalizam o seu desenvolvimento. A criança tem maior consciência do seu corpo, com a gratificação desencadeada pelo processo de eliminação e/ou de retenção, com o controle dos esfíncteres da evacuação e da micção; os movimentos intestinais são muito prazerosos.

Em função das exigências em relação ao treino de toalete, ocorre na criança o conflito entre o id, ou seja, a busca do prazer e da satisfação (e correr o risco de contrariar os pais), e o ensino e a cobrança dos pais, dos cuidadores, dos professores, sendo que a resolução desse conflito dependerá do tipo e do nível de cobrança e das ações que a envolvem. Exemplo disso é a possibilidade de os pais ressaltarem em excesso os resultados desse treino, podendo promover uma grande preocupação da criança em atender às reivindicações do mundo exterior (como a limpeza compulsiva, por exemplo), ou, ainda, uma permissividade acentuada por parte dos pais, quando a criança resiste, poderá conduzir à autocrítica restringida e à despreocupação com os valores sociais. Com isso, a criança poderá "jamais aprender completamente a equilibrar as exigências do id em relação às realidades do mundo externo. Isso não apenas pode conduzir a um adulto sentimentaloide e autoindulgente, mas pode prejudicar seriamente o desenvolvimento do ego" (Glassman e Hadad, 2006: 244).

Além disso, como complementa Quadros (2009: 89), a fase anal está ligada "à neurose obsessiva, onde a limpeza, a ordem e a fidedignidade dão exatamente a impressão de uma formação reativa contra um interesse pela imundície perturbador que não deveria pertencer ao corpo". Podem ainda ser relacionados a esse período, por conta do prazer que a criança conheceu ao reter as fezes, traços e preocupações que evidenciam as características dessa fase, tais como a avareza e a satisfação do adulto em guardar e acumular bens, bem como um autocontrole rígido.

As fezes são de grande interesse pela criança, saem do seu próprio corpo. Como elucida Quadros (2009), elas representam a eliminação dos resíduos alimentares indigeríveis e são, portanto, os conteúdos internos que são exteriorizados. As crianças podem ainda usar as fezes como um instrumento de controle, pois podem retê-las por conta do prazer que sentem com o movimento de pressão contra as paredes intestinais e, também, no treino do controle da atividade excretória do ânus, podem utilizá-lo a fim de manipular seus pais (numa forma de sadismo, com o prazer do sofrimento deles); assim, para controlá-los, expulsam ou retêm as fezes, incorrendo na sensação de possuir o poder de controlar o ambiente. Em linhas gerais, a fase oral abarca a sensação da criança no prazer da eliminação e a estimulação erótica da mucosa anal através da detenção das fezes, bem como a crescente obtenção de controle voluntário do esfíncter está associado à progressão da criança da passiva para a atividade, rumo à autonomia.

As crianças desenvolvem nesse período maior controle sobre o seu corpo, passam a engatinhar, a andar, a falar, a aprender a comer sozinhas, a controlar os esfíncteres. Com isso, exploram muito mais o ambiente, pegam os objetos de seu interesse, deslocam-se para onde querem, num caminhar progressivo à sua independência e ao afastamento dos pais.

Destacamos ainda, de acordo com a perspectiva teórica de Freud, que o desenvolvimento dessa fase, bem como o desdobramento dela, dependerá das experiências que os sujeitos tiverem, das relações estabelecidas com os pais, com os cuidadores, com os professores, da resolução dos conflitos concernentes ao período. As experiências e a participação dos adultos ao seu redor (sem rigidez em exagero ou, ao contrário, frouxidão acentuada) podem propiciar à criança a compreensão "saudável" da existência de normas e regras que regulam nossos comportamentos em sociedade.

O desenvolvimento na perspectiva de Piaget

Quando se pensa em desenvolvimento humano, Piaget é considerado um dos teóricos que mais se difundiu e tornou-se conhecido, trazendo à baila uma teoria de dupla perspectiva: estruturalista e genética (Quadros, 2009). Além disso, debruçou-se sobre a investigação empírica, considerada uma das maiores realizadas sobre o desenvolvimento humano, sintetizadas em seus mais de setenta livros (Oliva, 2004).

Em suas teses, busca explicar como se dá o processo de aquisição do conhecimento, ou seja, como se dá o desenvolvimento cognitivo. Explica que a gênese do conhecimento encontra-se no próprio sujeito, o pensamento lógico, pois se constitui na interação homem/objeto. Entende, pois, o desenvolvimento como a busca de um equilíbrio superior, como um processo de equilibração constante. Nesse processo, vão surgindo novas estruturas, novas formas de conhecimento, mas as funções de desenvolvimento permanecem as mesmas. Da criança ao adulto, modificam-se as formas de conhecimento do mundo, as formas de organização da atividade mental, mas permanecem as mesmas funções. Quais são essas funções? O homem pensa e age para satisfazer uma necessidade, para superar um desequilíbrio, para adaptar-se às novas situações do mundo que o cerca.

A professora da Universidade Estadual do Rio de Janeiro (UERJ) e da Universidade Federal do Rio de Janeiro (UFRJ), Angela Donato Oliva (2004), esclarece que Piaget defende que a aprendizagem deriva do desenvolvimento, processo esse que implica, *a priori*, uma longa construção de estruturas cognitivas, as quais são possibilitadas pelas ações dos sujeitos. No entanto, o bebê ao nascer é possuidor de algumas estruturas de natureza reflexa, condição necessária para a construção de esquemas e estruturas possibilitadores e limitadores de novas ações. A ação sobre o meio é fundamental para as chamadas construções iniciais. Com o desenvolvimento, a criança passa a agir segundo regras, estratégias, planos e outras construções mentais.

Piaget concebe estágios/períodos de desenvolvimento cognitivo compreendidos por quatro fases de transição, nas quais a criança desenvolve determinadas estruturas cognitivas, que podem ser notadas pelas mudanças verificadas em seu comportamento. O desenvolvimento avança a partir do que foi construído em estágios anteriores, e as mudanças produzidas envolvem o início de outro período de desenvolvimento.

Piaget explica a existência de mecanismos funcionais comuns a todos os estágios, como o de que toda ação (pensamento, sentimento) é regida por uma necessidade. Desse modo, agimos movidos por motivos, por necessidades, que revelam a existência de um desequilíbrio, em razão das transformações ocorridas interna e externamente ao indivíduo, sendo preciso um reajustamento da conduta, em que "[...] cada nova conduta vai funcionar não só para restabelecer o equilíbrio, como também para tender a um equilíbrio mais estável que o do estágio anterior a esta perturbação" (Piaget, 2007: 16).

O desenvolvimento segue uma linha que caminha de um estado de menor equilíbrio para um de maior equilíbrio. Esse movimento se reinicia, ou seja, nossa ação é desequilibrada pelas transformações que se sucedem (colocadas, por exemplo, pela necessidade de fome, por uma exigência externa, como a de aprender a falar), requisitando um novo equilíbrio. Essa tendência à busca de equilíbrio, ou seja, de adaptação ao ambiente, ocorre continuamente, por meio da ação humana.

Assim, diante das necessidades postas, o sujeito reage e faz uso dos mecanismos de *assimilação*, em que aplica sua experiência anterior atribuindo significações às estruturas que já possui, sem alterá-las. Situações e objetos são assimilados quando se puder responder a eles com as experiências, os conhecimentos e aprendizagens prévios. Assim, por exemplo, diante da tarefa de tomar o leite em uma xícara, o bebê vai utilizar-se de sua experiência de sucção do peito materno, da mamadeira. No entanto, na medida em que lhe é oferecido um alimento em uma colher, inicialmente irá utilizar-se da estrutura, da experiência que possui e tentará sugar este alimento. Mas com a exigência para além de sucção, numa situação nova, como a de mastigação, o bebê precisa de novas estruturas, da realização de outros movimentos com a boca, de novas estratégias para alimentar-se. Temos, com isso, um processo de *acomodação*. Portanto, com as novas situações e exigências colocadas ao sujeito poderá ocorrer um processo de modificação das estruturas existentes, de criação de novas ou, ainda, a combinação de antigas a fim de responder aos desafios postos.

Em suma, a partir das interações das estruturas biológicas que o sujeito possui com o objeto a se conhecer, podemos, a partir das leituras de Piaget, falar em desenvolvimento cognitivo. Ao empreender esforços para compreender a teoria de Piaget sobre o desenvolvimento infantil, o leitor acomoda expandindo ideias anteriores sobre como a criança pensa e se desenvolve e, ao mesmo tempo, poderá assimilar, pois, ao ler, interpreta as explicações a partir de seu conhecimento atual.

Lembrando que a partir das estruturas biológicas da criança e de suas ações sobre o meio, ela gradativa e sequencialmente constrói suas estruturas cognitivas, numa organização cada vez mais complexa, criando e recriando-as de maneira que a partir de estágios anteriores se constituam os novos. Assim, passaremos a discutir, neste capítulo e nos posteriores, os estágios, ou seja, as estruturas variáveis da organização dos processos mentais.

Piaget e o desenvolvimento sensório-motor (0 a 2 anos)

As psicólogas, doutoras e professoras Maria Lucia Seidl de Moura e Adriana Ferreira Paes Ribas (2004: 26), ao se reportarem a Piaget, no que tange a sua percepção e estudos sobre os bebês, indicam que este teórico considerava que o bebê humano desde o nascimento já era provido das "[...] ferramentas básicas para a construção do conhecimento, os invariantes funcionais – adaptação e organização". Piaget, contudo, caracterizava a mente do bebê recém-nascido como munida de pouca capacidade inicial para decifrar e conhecer o mundo, ou seja, dotada de uma organização biológica *a priori* composta por muitos reflexos, a qual se transformará com as ações dele no mundo "assimilando e acomodando-se ao que foi assimilado". Por tais questões, considerava a mente do bebê passível de estudo e se dedicou a fazê-lo, para tanto, utilizando-se de observações e de formulações de hipóteses a partir de sua perspectiva teórica.

Nos primeiros anos de vida, o bebê percebe o ambiente por meio do paladar, do tato, da visão, do olfato e age sobre ele por meio do sistema sensorial e motor. Não há ainda o desenvolvimento da capacidade de abstração. Nesse sentido, Piaget (2007: 17) compreende que este período "[...] representa a conquista, através da percepção e dos movimentos, de todo o universo prático que cerca a criança".

Se essas são suas vias de contato e de percepção do e com o mundo, é importante que a criança receba estimulação visual, tátil, auditiva, ou seja, que uma variedade de objetos sejam dispostos a fim de prover novas necessidades ao bebê, haja vista que essas estimulações contribuirão para o desenvolvimento da inteligência da criança.

Para os bebês, inicialmente, o mundo é percebido e existe a partir de seu campo da visão, ou seja, o que está fora desse campo não existe para eles, mesmo a mãe. O bebê exercita *a priori* seu aparelhamento *reflexo* (0 a 1 mês). À medida que algum comportamento (levar o dedo até a boca, por exemplo) permite que ele obtenha um resultado agradável, tende a repeti-lo, numa *reação circular primária*. Depois dessa etapa, exercita as *reações circulares secundárias*, nas quais, ao manipular objetos, descobre seus movimentos e tende a repeti-los. O bebê começa, então, as adaptações intencionais, já busca objetos escondidos, ainda que o faça inicialmente de forma acidental. Mudanças são percebidas *a posteriori*, por meio da *coordenação de esquemas secundários*, a criança busca intencionalmente encontrar o objeto escondido, de maneira a não repetir a mesma forma de fazê-lo sempre, assim combina esquemas antigos; pratica um ato voltado para um objetivo. Já com 12-19 meses, a criança realiza as chamadas *reações circulares terciárias*, nas quais inicia a experimentação ativa de novos comportamentos, e a imitação dos mesmos, atenta-se a novos detalhes do movimento que realizou anteriormente. Então temos o *início do simbolismo*, por volta dos 18 meses aos 2 anos, em que os dados da experiência são ampliados, pois a criança, ao se referir aos objetos ausentes, utiliza-se de simbolismos mentais e palavras (Biaggio, 2011).

As crianças, neste estágio, iniciam o processo de formação de representação de eventos, ainda que simples. Desenvolvem a noção de permanência do objeto, considerada uma grande conquista, e diferenciam o que lhes pertence e o que é do mundo. De acordo com Piaget (1975), até o final do estágio sensório-motor, a criança é capaz de estabelecer relações de causa e efeito, noções de espaço e tempo e apresenta uma inteligência prática na sua relação com os objetos, revelando intencionalidade e plasticidade.

A REVOLUÇÃO DA PALAVRA

> Ações? O que eu vi, sempre, é que toda ação principia mesmo é por uma palavra pensada. Palavra pegante, dada ou guardada, que vai rompendo rumo.
> (Guimarães Rosa)

A interação da criança com o entorno social – pessoas e objetos – cresce qualitativamente com o desenvolvimento da linguagem, de sua capacidade de simbolização, que permite se apropriar e internalizar o mundo, nomeá-lo e representá-lo de diferentes formas. As crianças intensificam sua expressão pela linguagem oral, desenho, modelagem, dramatização, faz de conta, escrita, de maneira a ampliar suas possibilidades de se colocar, seu intercâmbio social. Com o domínio da linguagem, a criança organiza e estrutura seu pensamento, ingressa no universo simbólico da cultura, transformando qualitativamente a sua relação com o outro, com os objetos, com a cultura e consigo mesma, participando ativamente desse processo e constituindo uma forma social e peculiar de desenvolvimento psicológico.

As mudanças do mundo moderno e contemporâneo (econômicas, tecnológicas, dentre outras), as necessidades de preparo para o futuro mercado de trabalho e, com isso, cada vez mais cedo institucionalizar as crianças, a compreensão de que elas são seres com capacidade (desde muito cedo) de desenvolvimento e de aprendizagem e a organização de políticas de atendimento e de proteção à infância, essas são algumas das questões que promoveram as crianças desse período ao *status* de seres com grande potencialidade, da qual depende projetar-se um adulto "melhor ou não". Assim, são programadas inúmeras atividades apoiadas por especialistas da infância, a fim de promover ao máximo o seu desenvolvimento. A criança vai para a escola não somente para ser cuidada, protegida, mas também para que sejam garantidas suas possibilidades de socialização, de descoberta de si e do mundo, de se colocar no mundo, de agir nele, como ser possuidor de necessidades próprias e com capacidade para desenvolver novas. Desenvolve sua autonomia, a capacidade de planejamento de suas ações, descobre o mundo dos objetos, explora-os, utiliza-os para além de sua função própria.

Boa parte do que acontece, desde os 2 anos até aproximadamente os 7 anos, gira em torno da linguagem, tais como as primeiras experiências de socialização, envolvendo a interação com outras crianças, principalmente através do brinquedo, além de um maior desenvolvimento do pensamento, o desenvolvimento afetivo, a apreensão das regras e valores morais importantes para a convivência. Daí a importância de estabelecer uma contínua e qualitativa comunicação com a criança, de maneira a promover a apropriação da linguagem, e isso envolve não esperar que ela esteja "pronta, apta" para falar. É fundamental falar com a criança, nomear os objetos ao seu redor, os que ela toca, observa, os que estão próximos, distantes; nomear as ações que a criança realiza, as que realizam com ela etc. Em suma, inscrevê-la no mundo da linguagem, ajudá-la a compreender a importância em ouvir o que diz, em ouvir o outro; dar-lhe oportunidade para expressar-se, para dizer o que pensa, o que sente, como sujeito que é ativo nesse processo de aquisição da linguagem.

A linguagem acompanha a criança em sua atividade prática cotidiana e desempenha papel importante ao auxiliá-la nessa prática, pois, enquanto age, ela também fala, de maneira a nortear sua ação, ajudando-a a atingir seu objetivo. Assim, a fala é tão importante e necessária quanto as mãos, os olhos, em sua apropriação do mundo de objetos.

Enfim, historicamente a criança, de ser incapaz, passa a ser vista como possuidora de condições de compreender o mundo que a cerca, de internalizá-lo, de representá-lo, de atribuir-lhe sentido e de, em suas relações com a cultura, com o mundo simbólico, com o mundo adulto, participar mais ativamente.

Psicologia histórico-cultural: a linguagem e a mediação com o mundo da cultura

De acordo com Vigotski (2001), a linguagem como um sistema simbólico tem um papel primordial, pois a relação do ser humano com o mundo e consigo mesmo é mediada por sistemas simbólicos. É através da fala e de outros sistemas simbólicos elaborados, como a linguagem de sinais, que nos comunicamos uns com os outros, expressamos nossos pensamentos, planejamos, refletimos sobre nossas ações presentes, passadas e sobre ações a serem realizadas, extrapolamos o momento, o campo de percepção visualmente apreendido, pois podemos fazer presentes objetos e situações que não estão. A linguagem é fundamental no desenvolvimento da consciência, amplia a autonomia do pensamento e as possibilidades de ação sobre o mundo; "[...] a criança, o ser humano, deve entrar em relação com os fenômenos do mundo circundante através doutros homens, isto é, num processo de comunicação com eles" (Leontiev, 1978: 272).

A aquisição da linguagem no desenvolvimento humano tem importante papel, como assevera Dessen e Costa Junior (2005: 104): "(a) no intercâmbio social (comunicação), (b) na autorregulação das ações e (c) na organização e estruturação do pensamento sobre o mundo e sobre si mesmo". Ao regular as ações da criança, a linguagem promove a organização da sua atividade a um nível mais elevado e qualitativamente novo, pois com o mundo da linguagem a criança consegue romper com o imperativo do aqui e agora e circular por eventos passados e projetos futuros. Assim, a linguagem funciona como um sistema de mediação semiótica nas relações do homem com a cultura, pois permite a internalização de valores, de formas culturais de comportamento historicamente construídos e socialmente compartilhados; processo esse de que o sujeito participa ativamente numa reconstrução do internalizado, dos significados culturais de maneira a serem externalizados com um sentido pessoal.

É essencial que a linguagem esteja presente desde muito cedo na vida da criança, pois ela permite o ingresso no universo simbólico da cultura, da sociedade, e permite a ampliação de relações ativas com o outro e consigo mesma. Quando o adulto nomeia os objetos e as relações "possíveis" a partir deles, estabelece novas formas de reflexão da realidade na criança, ampliando e enriquecendo suas experiências, seu desenvolvimento: "[...]

a aquisição de um sistema linguístico supõe a reorganização de todos os processos mentais da criança". Além disso, promove a necessidade e criação de "novas formas de atenção, de memória e de imaginação, de pensamento e de ação" (Luria e Yudovich, 1987: 11).

Os autores completam que a fala, além de um meio de comunicação básico, torna-se um meio de análise e síntese da realidade mais profunda. Todos os processos mentais têm sua origem na comunicação verbal da criança com as pessoas que a rodeiam e nas formas complexas de vida social do homem. A linguagem, pois, sistematiza a experiência direta da criança e orienta sua conduta, de maneira a ser sujeito e objeto do comportamento.

Com a ajuda da fala, a criança controla o ambiente, promovendo com isso novas relações com ele e uma nova organização de suas condutas.

A atividade objetal-manipulatória

Com a contínua comunicação e relação com o adulto, em que este apresenta o mundo de objetos à criança, fazendo uso de suas funções específicas, agindo com eles, a comunicação emocional dá lugar a uma colaboração prática. Isso significa que, por volta do final do primeiro ano, através da linguagem, a criança mantém contato com o adulto, com o mundo ao seu redor e aprende a manusear os objetos colocados à sua disposição, organizando a comunicação e a colaboração com os adultos (Vygotski, 1996).

Esse processo, que envolve o desenvolvimento de um novo tipo de linguagem com palavras, indica uma nova etapa no desenvolvimento, caracterizada pelo surgimento de novas e significativas relações entre a criança, os adultos e os objetos. A criança também começa a andar, o que amplia suas possibilidades de contato com o mundo dos objetos e da descoberta de outros novos.

Assim, por volta dos 2 anos, a criança apresenta grande evolução da linguagem e tem mais condições de compreender as funções simbólicas, o que exige uma operação intelectual consciente e mais complexa. Com o domínio crescente da linguagem, compreende cada vez mais a ação socialmente elaborada com os objetos; tem início a formação da consciência e a diferenciação do eu infantil (Facci, 2004).

A riqueza e a variedade de possibilidades de tateio e exploração dos objetos, ainda que inicialmente sem se relacionar com a função social que têm para os adultos, para o mundo da cultura, permitem a descoberta de características e propriedades desses objetos, por meio do exercício da observação, da concentração, do pensamento, da atenção, da memória, da fala, a relação com outras crianças com as quais brinca, compartilha e disputa os objetos; permite maior comunicação com outras crianças e com os adultos por ampliar as possibilidades de nominar objetos, de conceituá-los, de interagir com eles.

No entanto, essas possibilidades de contato com os diferentes e variados objetos são significativamente relevantes se tivermos também a participação e a mediação do adulto. A acessibilidade é alargada quando o adulto emprega ações humanas nesses objetos, de modo a nomear e executar com eles as suas funções, permitindo à criança tais compreensões e a própria experimentação da função do objeto. Ainda que inicialmente o contato com os objetos se restrinja ao seu manuseio, com a mediação do adulto, passa a utilizá-los de maneira humana (Elkonin, 1987).

Assim, ao longo do seu desenvolvimento cultural, a criança se transforma, responde às necessidades postas e cria novas, de maneira a adquirir habilidades propícias a fim de utilizar as ferramentas criadas pelo homem. Inicialmente, por exemplo, a criança usa o objeto, como colher, o copo, de modo indiferenciado (bate nos objetos com eles, produz sons, leva à boca, joga-os no chão) e, posteriormente (mediados pelos adultos, por meio da fala, da ação), com o intuito de conseguir o que deseja (levar a colher com comida e o copo de suco até a boca para alimentar-se). Para a realização de uma ação organizada, é importante que as atividades instintivas iniciais do recém-nascido sejam substituídas pela atividade intelectual intencional, e, para isso, são fundamentais as oportunidades de relações com adulto e com os objetos da cultura.

O período "pré-escolar" – o faz de conta em cena

Como aponta Vygotski (1996), na primeira infância, a linguagem representa a linha central do desenvolvimento da criança, pois a consciência se move no plano de algo imbuído de sentido. A criança, em paralelo à compreensão verbal de suas ações e à comunicação consciente com os outros, tem uma impulsão ao desenvolvimento da consciência.

Com o desenvolvimento da linguagem e a ampliação de relação com os objetos, em que o foco de interesse lança-se para a função deles, a criança utiliza-se da imitação das ações e das relações sociais dos adultos, no *faz de conta, no jogo considerados*, sua atividade principal até por volta dos seis anos.

Ao exercitar o jogo de papéis, as ações e funções sociais dos adultos na atividade lúdica do faz de conta, a criança coloca-se no lugar deles, compreende e realiza a seu modo os diferentes papéis sociais percebidos ao seu redor; reproduz o mundo adulto, a realidade que o cerca e também exercita a aprendizagem do controle de sua própria vontade, de suas ações, de maneira a ampliar seu conhecimento do mundo. Além disso, por meio dessa atividade principal, tem a possibilidade de cultivar o desenvolvimento da imaginação, da memória, da atenção, da linguagem oral, do pensamento.

Em suma, brincando, imitando, fazendo de conta, a criança aprende novos papéis e desenvolve-se. No entanto, essas atividades lúdicas nem sempre são vistas como essenciais no processo de desenvolvimento da criança, sendo tomadas muitas vezes apenas como um entretenimento, menosprezando sua importante função, ou ainda tomando-as como atividades a serem vigiadas e sujeitas à incisiva intervenção do adulto. Isso comumente pode ser apreciado nas discussões referentes à educação infantil, no que tange à valorização dessas atividades com as crianças, permitindo espaços, objetos que propiciem sua realização. Propiciando, desse modo, que a criança expresse por meio da brincadeira a percepção que tem do mundo dos objetos humanos, que se desenvolva psicologicamente e que se prepare para a transição para a *atividade de estudo*, que se constitui numa nova etapa de desenvolvimento.

Os pesquisadores russos Luria e Ydovich (1987: 18), amparados em Vigotski, explicam que a criança de aproximadamente 4 e 5 anos, ao deparar-se com alguma dificuldade, algum problema a ser resolvido, utiliza-se de fala externa, ou seja, fala em voz alta, mas sem dirigir-se a um interlocutor. Assim o faz de maneira a relatar para si o problema com que se defronta, numa espécie de cópia verbal, e então reproduz as "[...] conexões da sua experiência passada que podem tirá-la de suas dificuldades presentes". O que ocorre, então, é uma "intervenção da linguagem como mediadora na conduta, através da mobilização de conexões verbais que ajudem a resolver um problema difícil". Vigotski, diferentemente de Piaget, defendeu que esse falar em voz alta da criança não se constituía em uma fala egocêntrica afetiva. Essa ação da criança, em auxílio às suas dificuldades, de falar em voz alta se enfraquece paulatinamente, torna-se sussurro e depois se converte em fala interna, capacitando a criança de mais ou menos 7 a 8 anos a incluir as conexões verbais na organização de sua atividade.

Desenvolvimento cognitivo de Piaget: estágio pré-operacional (2 a 7 anos)

O grande avanço e diferencial desse estágio em relação ao período sensório-motor (0 a 2 anos) é o desenvolvimento da capacidade simbólica. Já o sensório-motor se destacava pela dependência da criança de suas sensações, de seus movimentos, de suas relações perceptivas com o mundo ao seu redor, com a realização de imitações de respostas de início mais simples, para chegar ao final do período com outras mais complexas, repetindo intencionalmente as ações que produzem resultados específicos (puxar faz o brinquedo se mexer), com o desenvolvimento do que Piaget denomina de inteligência sensório-motora.

No período pré-operatório, como dissemos, a criança utiliza-se da capacidade simbólica, de maneira a substituir um objeto ou acontecimento por sua representação mental, distinguindo um símbolo, uma imagem, uma palavra (significador) daquilo que significam – o objeto ausente. Assim, pensa o ambiente, as situações ao redor com a utilização de símbolos, representando-os por meio da linguagem verbal, da imitação, do desenho, da dramatização etc.; pode representar brincando, em que um galho seco se transforma numa varinha mágica, uma caixinha de fósforo num carrinho e ainda utilizar-se de brinquedos, de objetos, para expressar seus desejos, suas angústias. Com a possibilidade dessas ações, a criança cria, recria, faz de conta, dá vida a seres inanimados, atribui características humanas a seres não humanos e utiliza-se cada vez mais de um amplo vocabulário. A criança experimenta, portanto, modificações qualitativas no desenvolvimento cognitivo.

Na acepção de Piaget (2007), com a aquisição da linguagem, a criança tem a possibilidade de modificar suas ações, reconstruindo-as, expressando-as através de suas narrativas, inclusive antecipando-as por via verbal. Além disso, enquanto a criança brinca e faz outras atividades, fala sozinha em voz alta, utiliza-se de monólogos como auxiliares da ação imediata.

A criança desse período apresenta um pensamento pré-operacional, com comportamento egocêntrico, concebendo a existência de um mundo a partir de sua própria perspectiva, centrada em si mesma, em suas ideias, e apresenta dificuldade em se colocar abstratamente no lugar do outro. Também já é capaz de explorar melhor o ambiente, de maneira a tornar seus movimentos e percepções intuitivas sofisticadas e ampliadas. Todavia, a sua capacidade de representar objetos, até por volta dos 4 anos, ainda se mostra limitada, mais governada pela percepção do que pela lógica (raciocínio transdutivo, de caráter pré-lógico). Nessa esfera, toma objetos semelhantes como idênticos, fixando-se em um aspecto particular deles, e toma-os deixando-se levar pela aparência. Todos os transportes que voam são avião, por exemplo.

Ao focalizar-se em apenas um atributo do estímulo, com incapacidade de considerar seus outros atributos, a criança realiza o que Piaget chama de centralização. O pensamento nesse período mostra-se ainda estático e rígido, ou seja, a criança não consegue relacionar e juntar as partes e o todo, de maneira a não tomar conhecimento das transformações que unificam as partes isoladas e que vão compor o todo (estados e transformações), como, por exemplo, compreender que o vapor que sai do bico da chaleira consiste numa transformação da água que estava dentro do recipiente. Além disso, não consegue entender a reversibilidade desse processo, ou seja, que podemos fazê-lo voltar ao seu estado inicial, esfriando o vapor ele poderá voltar a ser líquido; essa característica bastante marcante da criança desse período Piaget denominou *irreversibilidade* (Biaggio, 2011).

Algumas considerações
sobre a infância escolarizada

Contando histórias: crianças em desenvolvimento

A prática tão antiga de contar histórias, na atualidade, recebe novos meios de ser realizada. Entra em cena a televisão, o computador, o cinema etc. Meios esses que, embora tenham a sua importância, não dão conta de proporcionar a experimentação dos mesmos sentimentos de quando uma história é contada oral e presencialmente, com "[...] a presença, o comportamento que envolve o estar junto com outra pessoa e exercitar a capacidade de ouvir" (Rizzoli, 2009: 7).

Ao elaborar livros como potenciais contributos ao desenvolvimento humano, devemos pensá-los de formas distintas para as diferentes idades. Às crianças ainda bem pequenas deve ser permitido o contado com os livros, pensando na gama de possibilidades de exploração do toque. Ao pegá-los as crianças devem sentir sua maciez, sua dureza, podem levar à boca, morder, amassar, puxar, sentar em cima etc., devendo, para tanto, ser de diferentes tamanhos, formas e texturas, e constituírem-se em materiais que possibilitem realizar tais experimentações. A criança irá se relacionar com o livro à sua maneira, o que não impede que, com a mediação do adulto, ela possa ir compreendendo a função do livro, ir tateando os objetos, personagens que os compõem.

À medida que a criança vai crescendo, o livro deve conter elementos que chamem sua atenção, que façam sentido a ela e também que a instiguem a conhecer novos elementos, como é o caso dos livros em que os personagens ou objetos das cenas têm características salientes, como a casa dos três porquinhos, por exemplo, que pode ser confeccionada com materiais diferentes, proporcionando à criança novas aprendizagens.

A leitura de histórias pode promover o encontro entre a imaginação e o conhecimento, abrir caminhos para a criatividade; colaborar para desenvolver a capacidade de atenção e concentração, de escutar. Desenvolvendo a imaginação, a curiosidade, a criança poderá responder com maior facilidade às diversas situações, às soluções de problemas que se apresentarão durante a vida. Ao ler uma história, um livro para a criança, estamos fomentando o relacionamento, o estar com outras pessoas, olhar para elas, para a sua expressão, seus gestos, e decifrá-los, conhecer o significado e dar seu "próprio" sentido ao livro, provocando a vivência de aventuras emocionantes, em que se é herói, em que se pode reconstruir a história contada, a sua própria história. Novos mundos se constituem, criando possibilidades de ser e não ser, de fazer e não fazer, de ir e voltar para qualquer lugar.

Ao se contar histórias desde muito cedo para as crianças e colocá-las em contato com os livros, de modo a que estes possam ser objeto de encantamento, de provocações para novas necessidades, de maneira a colaborar para que a criança desenvolva a curiosidade para descobrir os livros, seus personagens, os lugares em que ocorrem as histórias, as possibilidades de desdobramento dessas histórias e, posteriormente, o incentivo para aprender a ler, escrever e criar várias formas de se comunicar, de se expressar, de criar novos mundos e recriar o seu.

Desenvolver tais aspectos, habilidades exige, todavia, a mediação do adulto, que provoque nas crianças a descoberta da riqueza linguística, e a disponibilidade de uma diversidade de livros, de modo que o acesso a eles seja facilitado, estimulando na criança a sua leitura, para aprender a gostar de livros. As histórias, pois, são contadas e recontadas tantas vezes de acordo com a solicitação da criança e, cada vez que se faz, a criança se delicia com elas, descobre e imagina novas coisas, desenvolve mais sua imaginação, memória, criatividade, atenção, autonomia do pensamento.

Em suma, é importante que pais, professores, familiares se organizem e se dediquem a essa doce e fascinante tarefa de promover o contato e a entrada nesse mundo maravilhoso da leitura, do conhecimento, da fantasia, da imaginação, da criatividade, tão relevante em todas as etapas da vida.

O processo de desenvolvimento da criança na educação infantil

A preocupação com a entrada e a permanência da criança na educação básica, no período correspondente à educação infantil, é fator provocador de muitas discussões e controvérsias.

Com a sociedade moderna e os novos modelos familiares, vemos diminuir o número de filhos, diminuindo o modelo de família extensa, com um número grande de pessoas vivendo juntas. Em geral, as crianças se deparam com a falta de um irmão, de um primo, de um vizinho por perto para que possa brincar, trocar experiências, experimentar a disputa, as perdas, a presença de outro olhar, de outras mãos que brincam de uma forma diferente. Além disso, há a forte presença das mães no mercado de trabalho, o que apressa e valoriza a entrada da criança nas instituições de cuidado e de ensino. Temos um movimento crescente em que cada vez mais cedo as crianças são institucionalizadas e preparadas para o mundo adulto, para o mundo do trabalho, para a vida produtiva.

Tais instituições têm papel fundamental no acolhimento dessas crianças, oferecendo experiências e interações diversas, numa variedade de situações lúdicas com outras crianças com as quais vão criando e recriando sua história. São atividades em que as crianças podem expressar-se, comunicar-se, com as brincadeiras de faz de conta, a dança, a poesia, o desenho, a modelagem, a pintura, atividades com as quais aprende e se desenvolve.

Experiências que muitas vezes são confundidas com a única necessidade de "preparar" para os níveis posteriores de educação. Ao pensar em desenvolvimento nas etapas iniciais em que a criança frequenta a escola, deve-se levar em conta as diferentes possibilidades de alavancar, de promover esse desenvolvimento.

Mello (2007: 85-6) assevera que as instituições de educação para a infância podem e inclusive deveriam ser um lugar em que fossem constituídas sintencionalmente as "condições adequadas de vida e educação para garantir a máxima apropriação das qualidades humanas", de maneira a respeitar, a considerar nas crianças "suas formas típicas de atividade: o tateio, a atividade com objetos, a comunicação entre as crianças, e entre elas e os adultos, o brincar". A autora segue dizendo que, por outro lado, essa não é uma realidade completa da educação infantil, principalmente pela necessidade posta pela sociedade, pelos pais, familiares, de que seja antecipada a escolarização da criança, ou seja, do ensino de conteúdos relativos ao ensino fundamental, a fim de que igualmente pudessem ser antecipadas as atividades, rotinas, aprendizagens desse período escolar. Nesse caso, as atividades, tão importantes, citadas anteriormente, são negadas, negligenciadas, descaracterizadas, descartadas, como medida a fim de livrar espaço e tempo para as atividades educativas em prol de apressar o desenvolvimento psíquico da criança; "[...] vivemos uma ampliação sem paralelo na história do tempo de preparação para o trabalho, contraditoriamente vivemos um movimento de encurtamento da infância".

A CRIANÇA EM TEMPO DE ENSINO FUNDAMENTAL

> *É fácil obrigar o aluno a ir à escola.*
> *O difícil é convencê-lo a aprender*
> *aquilo que ele não quer aprender.*
> (Rubem Alves)

O período considerado escolar, pela marcante "entrada da criança na escola", é em nossa cultura e sociedade muito valorizado, por representar uma intensificação do desenvolvimento da criança, por conta da riqueza de apropriações de conhecimento, da cultura, pela possibilidade de convivência e aprendizado com seus pares. Também não poderíamos deixar de mencionar que esse momento da vida da criança pode representar o "início" da preparação para o futuro mercado de trabalho.

Em relação à importância da escolarização, como possibilidade de domínio da escrita, da leitura, domínio esse que por muito tempo foi considerado pertencente ao mundo do adulto, o teórico norte-americano Neil Postman (1999) argumenta que, com a invenção da tipografia, o oralismo medieval perde espaço, cria-se um novo mundo simbólico, o que exige uma nova versão de idade adulta, excluindo, assim, as crianças dela, restritas a ocupar o mundo definido por infância. A leitura "cria", então, a idade adulta, e pertencer a esta remete à apropriação dos segredos culturais transmitidos pela educação. O autor entende que, antes do aparecimento da necessidade da leitura e da escrita, todos compartilhavam o mesmo mundo intelectual e social, e a infância findava aos 7 anos, tendo início a idade adulta. As crianças são separadas do mundo adulto, pois se tornou essencial o aprendizado da leitura e da escrita. Com isso, a partir dos séculos XVI e XVII, a infância passou a ser definida pela frequência escolar.

Com o imperativo da frequência escolar, da tarefa de aprender a ler e escrever, passa-se a estipular e correlacionar idade cronológica à necessidade de ler (aos 4, 5 ou 6 anos) e posteriormente de escrever. Vão sendo criadas as diferentes fases de aprendizagem, com características próprias e, com isso, muitas mudanças e exigências vão sendo colocadas para cada vez mais diferenciar o mundo do adulto do da infância.

As mudanças em relação à valorização da escola e aos sentimentos de infância estão interligadas, o que levou ao arranjo das classes por idades. Com o crescente processo de escolarização, há o prolongamento da infância, estendendo-a para além dos cinco ou sete primeiros anos de vida, e a organização e delimitação dos espaços e tempos destinados às crianças (Hillesheim e Guareschi, 2007).

Com a necessidade social de que as crianças sejam formalmente educadas, as famílias também passam a ter responsabilidades e funções educacionais (mandar para a escola e possibilitar uma educação suplementar em casa). Os adultos tornam-se "capacitados" a estabelecer as condições para que uma criança se torne um adulto. O adulto educador influi sobre a invenção dos estágios da infância, por exemplo, "ao escrever livros escolares seriados e organizar classes escolares de acordo com a idade cronológica [...]" (Postman, 1999: 59). Criam-se, assim, hierarquias de habilidades e conhecimentos, implicando também uma definição do desenvolvimento infantil, de condutas exigidas, tendo como coadjuvante a aplicação da disciplina como medida de coerção à natureza da criança, sendo esta considerada um empecilho ao aprendizado escolar.

A Psicologia histórico-cultural e a atividade de estudo

Antes de adentrar na vida escolar da criança, devemos lembrar que, de acordo com Vigotski, a aprendizagem da criança começa muito antes da aprendizagem escolar. Desse modo, toda a aprendizagem da criança tem uma pré-história, encontrada em seu cotidiano, quando, por exemplo, se relaciona com as noções de quantidade, de adição, subtração, com uma "pré-escola" da aritmética. Além disso, vimos que nas fases anteriores de desenvolvimento, a criança já está inserida no mundo das informações, do conhecimento e apropriação da linguagem, dos objetos e de sua função. No entanto, o processo de aprendizagem, que se realiza antes da entrada da criança na escola, difere de maneira essencial do campo de noções que se adquirem no percurso do ensino escolar. "Aprendizagem e desenvolvimento não entram em contato pela primeira vez na idade escolar, portanto, mas estão ligados entre si desde os primeiros dias de vida da criança" (Vigotskii, 2006: 110).

Entre 6 e 7 anos, a criança tem intensificada sua vida escolar e sua atividade principal passa a ser a de *estudo*. O estudo torna-se um importante intermediário entre todo o sistema de relações da criança com os adultos, ampliando a comunicação com a família. Esta também passa a se relacionar de forma diferente com a criança, atribuindo-lhe um lugar e espaço (com mesa e horário de estudo) diferenciado na casa, pela importância atribuída ao estudante, que também passa a ter maiores responsabilidades, novas tarefas e deveres. Toda uma mudança na rotina da escola acontece para que haja a apropriação dos novos conhecimentos e a aquisição da escrita concretizada. Há, portanto, uma importante alteração no lugar social da criança.

De acordo com Vygotski (1996), a criança por volta dos 7 anos conquista certa autonomia, em razão da relativa maturidade física (expressa pela autonomia de movimentos) e do desenvolvimento cognitivo (impulsionado pela apropriação da cultura). Essa etapa é muito importante para o desenvolvimento como um todo, pois a criança toma conhecimento dos seus sentimentos, de si, de maneira a estabelecer novas relações consigo mesma; passa a se autoavaliar. Assim, percebe e significa as suas vivências, a realidade que a rodeia e a si mesma, experimenta ser ela e ser o outro, reproduzindo diversos papéis e personagens apoiada no que já vivênciou. Nessa linha, apresenta comportamentos intencionais, planejados e com determinados fins em relação ao outro. Em suma, experimenta o autoconhecimento e inicia o processo de elaboração de um autoconceito.

Intensifica-se a apropriação dos signos criados pela sociedade ao longo da história, como meios do homem para o contato com o mundo, ou seja, do sistema de números, mapas, da escrita, da linguagem, com a ampliação desta e o aumento do vocabulário. A apropriação e a internalização dos signos promovem o seu desenvolvimento, passando a ser objetivados, por exemplo, nas produções textuais da criança. Com a apropriação dos signos temos também o desenvolvimento da memória, do pensamento, da atenção voluntária, dentre outras funções psicológicas superiores.

O ensino escolar promove o desenvolvimento psicológico, pois estimula a apropriação das formas desenvolvidas da consciência social e das capacidades de atuar diante das suas exigências. Com a entrada da criança na escola, ocorre a sistematização de conhecimentos e, além disso, o aprendizado destes promove o desenvolvimento psicointelectual, por atuar na zona de desenvolvimento próximo, sobre os processos e aprendizados que ainda estão ocorrendo, para os quais a criança precisa de auxílio, de pistas dos adultos, da mediação dos professores, podendo com o tempo fazer por si própria.

O conteúdo da atividade de estudo é o conhecimento teórico, e seu intento é promover a formação do pensamento conceitual.

Daniil Elkonin (1987: 119) realça a relevância de um bom ensino para o desenvolvimento intelectual da criança em idade escolar, desde que o ensino tenha significado e realmente exerça influência sobre o desenvolvimento:

> A importância primordial da atividade de estudo está determinada, ademais, porque através dela se mediatiza todo o sistema de relações da criança com os adultos que a circulam, incluindo a comunicação pessoal na família.

Deve ser promovida a transmissão dos conhecimentos científicos na escola, condição necessária para a formação do pensamento teórico.

A aprendizagem escolar é de suma importância para o desenvolvimento da criança e nisso, para a Psicologia histórico-cultural de Vigotski, a escola tem papel primordial no processo de apropriação, de objetivação da cultura humana constituída historicamente, no processo de humanização de nossas crianças. Destacamos, com isso, que o professor tem papel essencial como mediador dessa cultura, de maneira a organizar um ensino intencional, promotor do aprendizado e do desenvolvimento de seus alunos, de neoformações como a consciência e o pensamento teórico, que ampliem sua capacidade de reflexão, de análise e de crítica. Processo este em que o aluno participa ativamente, é sujeito de sua atividade e tem transformadas suas relações consigo mesmo, com as outras pessoas, com o mundo do conhecimento, ou seja, com a própria atividade de estudo, em que passa a se autorregular em relação a ela.

A CONSTITUIÇÃO
DAS OPERAÇÕES CONCRETAS PARA PIAGET

O período compreendido entre aproximadamente 7 a 12 anos tem como característica principal a utilização do raciocínio lógico, de maneira a superar, como salienta Quadros (2009), o caráter instável e subjetivo do pensamento próprio do período anterior. A inteligência mostra-se um caminhar progressivo a fim de alcançar maior adaptação, nesse caso a assimilação e a acomodação realizam um papel essencial entre o indivíduo e o meio. A criança apresenta capacidade de raciocinar sobre o mundo de modo mais lógico, mais adulto, com um sistema cognitivo coerente e integrado, conseguindo transcender o que chega até seus olhos.

A criança, que anteriormente não conseguia operar utilizando-se do constructo da reversibilidade, nesse período é capaz de fazê-lo. Ela se torna capaz de perceber que cada operação comporta uma operação inversa. Entende que a quantidade de líquido permanece a mesma, ainda que seja alterado o recipiente onde ele se encontra (noção de conservação), pois se retornar ao recipiente em que estava inicialmente, manterá a mesma quantidade que tinha (reversível). Assim, guiada pela capacidade de realizar operação intelectual, a criança consolida noções de conservação, de número, de substância, de volume, de peso e a de causalidade. Com as novas habilidades, organiza o mundo de forma lógica e operatória; com isso, as crianças desse período se relacionam com o conceito de série, de classe, de modo a estabelecer correspondência entre mais de uma série e ordenar elementos de acordo com o seu tamanho, incluindo conjuntos. Com a possibilidade de construção de agrupamentos, vemos ser possível a passagem da intuição à lógica, às operações matemáticas. O raciocínio da criança torna-se indutivo, com a captação do real como um processo e movimento das partes para o todo.

Desse modo, a criança é capaz neste período de realizar operações, ou seja, um ato representacional que se constitui em um conjunto de atos inter-relacionados (Biaggio, 2011). São exemplos as operações lógicas de adição, divisão, multiplicação, subtração, classificação. São modelos de estruturas cognitivas as estruturas lógico-matemáticas, sendo estas: os *grupos*, com as seguintes propriedades: composição, associatividade, identidade, reversibilidade; o *agrupamento*: originado do grupo e do reticulado; o *reticulado*: este se refere à classificação.

O pensamento infantil, de acordo com Piaget (2007), torna-se lógico por conta da organização de sistemas operacionais, que satisfazem as leis dos conjuntos comuns. Embora as crianças desse período possam raciocinar conceitualmente acerca de objetos concretos, não sabem pensar de modo abstrato, de um modo científico, o que será próprio da fase posterior (operações formais).

A criança desse período preocupa-se em compreender o pensamento do outro, bem como em se fazer compreender e ver aceitos os seus argumentos, com a necessidade, portanto, de transmitir o que pensa; há o início da reflexão. Segundo Piaget e Inhelder (2006), ocorre um significativo aumento de empatia da criança para com os sentimentos e condutas dos outros, manifestando ainda sentimentos morais e sociais de cooperação, com a colaboração efetiva entre os colegas.

Para Janet Belsky (2010: 181), a teoria de Piaget explica a razão pela qual a escola, a parte acadêmica, inicia-se por volta dos 7 anos em todo o mundo.

> Crianças abaixo dessa idade – ainda no estágio pré-operacional – não têm as ferramentas intelectuais para compreender a reversibilidade, conceito essencial para compreender matemática (se 2 mais 4 é 6, então 6 menos 4 deve ser igual a 2).

Além disso, a autora explica que faltaria à criança, antes desse período, a habilidade em compreender o propósito da escola. No entanto, a autora faz a crítica a Piaget de que ele deixa de fora os impactos do ensino, da educação escolar na promoção do desenvolvimento cognitivo.

Freud e o desenvolvimento psicossexual (3 a 11 anos)

Fase fálica (3 a 5 anos)

A gratificação, a libido, está localizada nos órgãos genitais. Entretanto, a expressão da pulsão da criança não é a mesma que a de um adulto, ainda que experimente o prazer da estimulação do órgão. Essa fase fálica é representada pelo falo, ou seja, pênis, por ser, de acordo com Barros (2002), o órgão masculino o objeto de interesse, tanto para o menino que já o possui, quanto para a menina. O foco, portanto, está na área genital, com interesse centrado no outro, diferentemente do que anteriormente se via, na fase oral e anal, pois se centrava na própria pessoa.

Nessa fase a criança manifesta curiosidades sobre o seu corpo, pelas diferenças dos órgãos sexuais, com indagações corriqueiras sobre essas distinções, entre o masculino e o feminino. Além disso, há a presença de um conflito, popularmente conhecido, que desafia o ego, denominado de complexo de Édipo. Na formulação desse complexo, Freud inspirou-se na tragédia grega *Édipo rei*, de Sófocles, na qual, sem saber, o filho mata o pai para ficar com a mãe. A criança se vincula aos pais enquanto cuidadores mais próximos, focalizando neles sua energia pulsional, sentindo atração pelo sexo oposto, o menino pela mãe e a menina pelo pai.

A criança ama o genitor do sexo oposto, percebe que isso não pode acontecer, é proibido, teme por isso e saboreia sentimentos de ameaça. No menino, o id deseja unir-se à mãe e com isso abolir o seu rival: o pai. Glassman e Hadad (2006: 245) afirmam: "Ao mesmo tempo, o ego está consciente de que o pai é maior e mais poderoso e de que pode retaliar os sentimentos do menino." Ele vive o drama de desejar simbolicamente a mãe e de destruir seu pai para realizar esse desejo. O menino teme que seu pai possa castrá-lo, retirando sua fonte de gratificação, ou seja, cortando seus genitais, fragilizando-o; experimenta, portanto, a ansiedade, o medo da castração, que é inconsciente. "A ansiedade de castração, o temor e o amor pelo seu pai, e o amor e desejo sexual por sua mãe não podem nunca ser completamente resolvidos. Na infância, todo o complexo é reprimido." O superego em desenvolvimento tem a tarefa de manter esse conflito inconsciente, sem que se pense sobre ele.

A mãe, que é fonte primária de gratificação, é mais intensamente desejada pelo *menino*, ela é o modelo para os relacionamentos amorosos que venha a ter no futuro. Geralmente nos deparamos, nesta fase, com cenas de meninos tentando beijar sua mãe na boca, procurando separar os pais quando estão juntos, dizendo-se namorados da mãe e tentando imitar seu rival, o pai, colocando suas roupas, calçados, reproduzindo seus gestos.

Já na menina, a castração está evidenciada, não tem o pênis, alguém lhe o retirou. Isso promove sentimentos de culpa e perda anunciados como inveja do pênis. A menina tem como seu objeto de amor o pai e acredita que a mãe é a mentora de sua perda. Vincula-se ao pai, sente-se atraída por ele; a mãe é a rival, ainda que experimente a ambivalência, por ser a mãe seu primeiro objeto de energia pulsional.

A resolução do conflito, ou seja, o enfrentamento da ansiedade pelo ego, comumente acontece com a identificação (mecanismo de defesa que resulta em incorporar características de um objeto da pulsão em seu próprio ego) com o genitor do mesmo sexo. Em suma, a criança, por amar o progenitor do sexo oposto, procura adotar os padrões de comportamento, assemelhando-se, imitando o genitor do mesmo sexo em suas tarefas, seus gostos, preferências, roupas, a fim de merecer o amor do progenitor do sexo oposto. Este torna-se o protótipo para futuros relacionamentos e o do mesmo sexo, um modelo a ser seguido.

No entender de Glassman e Hadad (2006: 246), tanto para as meninas quanto para os meninos, o complexo de Édipo é essencial para o "desenvolvimento do superego e também no estabelecimento da base para a identidade sexual e para a formação de relacionamentos amorosos". A resolução pode não se dar tranquilamente, e seu fracasso pode acarretar um ego distorcido (segundo os padrões), ou seja, que vislumbra os seus relacionamentos a partir desses conflitos não resolvidos nessa fase. Pode resultar em excessiva ansiedade e culpa, conflitos sexuais, dificuldades para formar relacionamentos amorosos. Para Freud, após passar pelos três estágios de desenvolvimento, discutidos até aqui, o indivíduo tende a repeti-los, ainda que inconscientemente, no decorrer de sua vida, alterando, todavia, os personagens e o cenário (Quadros, 2009).

O conflito vivenciado nessa fase com o complexo de Édipo será bloqueado através do mecanismo da repressão; não lembramos do ocorrido, nossos medos e interesses sexuais ficam no inconsciente.

Fase da latência (5 a 11 anos)

O período de latência (algo que não se vê, está oculto, está recalcado) se estende até a puberdade e marca um intervalo aparente no desenvolvimento do que se pode chamar de sexualidade infantil, caracterizado pela dessexualização das relações de objeto, dos sentimentos, que consiste numa diminuição das "atividades sexuais", pois a libido sexual está adormecida, canalizada a outros investimentos. Não há a identificação de uma zona específica de erotização, ou seja, não se encontra investida no próprio corpo a energia libidinal, mas num outro objeto. Nesse período, de acordo com Freud, a criança experimenta um aumento gradual no tempo de espera pela satisfação dos seus desejos, com a aprendizagem (por conta das frustrações) de que nem sempre será satisfeita imediatamente. Isso colabora para que se relacione melhor com as pessoas, haja vista que ela está mais sujeita à socialização. Nesse período de desenvolvimento psicossexual, o sujeito direciona sua sexualidade para as fantasias e passa a dedicar-se mais às atividades culturais.

Para Glassman e Hadad (2006: 247), o fato de essas pulsões estarem relativamente inativas deve-se ao uso da repressão na resolução do complexo de Édipo. Assim, as gratificações se dariam de maneira mais indireta, relacionada a processos secundários (forma de pensamento usada pelo ego, em que reconhece as restrições impostas pelo mundo externo). As energias da pulsão são direcionadas para saídas socialmente aprovadas. Sua satisfação pode ser encontrada no lazer, nos esportes, nas amizades, na escola, tornando-se uma ótima oportunidade para se dedicar aos estudos e ainda obter prazer em fazer isso; este é também um ótimo momento para a escola oferecer atividades diferenciadas aos seus alunos de maneira a envolvê-los prazerosamente e promover o desenvolvimento intelectual e social. Todavia, os autores alertam que eventuais problemas que podem acometer os sujeitos nessa fase, "como a agressão excessiva, podem estar relacionados à repressão inadequada e/ou ao fato de o ego ser incapaz de redirecionar a energia da pulsão para saídas socialmente aprovadas".

As crianças na fase fálica, na apreciação de Quadros (2009), deparam-se com a proibição ou até mesmo com a negação dos desejos infantis, sendo estes interditos pelos pais.

Em suma, nessa fase a criança se afasta da gratificação sexual, de maneira a canalizar sua energia para outros contextos, diversificando-os (como o estudo, os jogos, o esporte), e para fortalecer o ego, bem como controlar seus impulsos. Todavia, para que haja uma canalização positiva, é importante que a criança tenha passado "tranquilamente" pelas outras fases, do contrário podemos ter muita agressividade, irritação e, até mesmo, a relutância e contrariedade em se dedicar à escola.

PARTE IV
ADOLESCÊNCIA: UM MUNDO DE POSSIBILIDADES

CONTEXTUALIZANDO A ADOLESCÊNCIA

> *A adolescência constitui um fermento necessário a toda a sociedade. Ela é animada ao mesmo tempo pelo espírito de aventura e pelo espírito de resistência.*
> (Edgar Morin)

Ao colocar em pauta a adolescência, é possível encontrar muitas concepções, mitos e relações com ela estabelecidas, em razão do lugar, da história, da cultura, da concepção e expectativa de homem, de mulher. Conotada como fase de conflitos, de crises, de rebeldia, de agitações vinculadas às emergências da sexualidade, de desequilíbrio, de vulnerabilidade, concentrando uma série de pontos negativos, por outro lado também é vista como uma fase de energia, de atitude, de movimento, de crescimento, de disposição e de ideal cultural de desenvolvimento colocado aos adultos e idosos. Teorias diferentes levam a concepções diversas do fenômeno, na mesma medida em que diferentes processos históricos imprimem sentidos distintos e oportunidades de se conceber e viver a adolescência.

De acordo com Lewis Melvin, pesquisador de Psiquiatria infantil, e Fred Wolkmar, professor de Psicologia da Universidade de Yale (1993), a referência à palavra *adolescence* surgiu na língua inglesa em 1430, referindo-se às idades de 14 a 21 anos para os homens, e de 12 a 21 anos para as mulheres.

Etimologicamente, o termo adolescer tem sua origem no latim (*ad:* para + *olescere:* crescer), significando *crescer para*; modernamente, vem sendo utilizado para definir uma fase do desenvolvimento humano que se inicia com a puberdade, em referência ao conjunto de transformações fisiológicas que permitem ao ser humano, sobretudo, procriar, e termina na fase adulta, em referência a um amadurecimento social que lhe consente viver e ser reconhecido como produtivo e autônomo.

Nesse sentido, a palavra *adolescência* para a atual sociedade ocidental refere-se a uma categoria que a define como fase preparatória para a entrada no mundo adulto, comumente caracterizada por alterações corporais e hormonais, psicológicas, cognitivas e sociais, que proporcionam um amadurecimento:

- sexual: capacidade de reprodução;
- produtivo: capacidade de trabalhar;
- cognitivo: capacidade de pensar abstratamente;
- político: capacidade de decidir e agir por conta própria.

Ao final do processo, o jovem passa a reconhecer-se e ser reconhecido como um adulto, entendido como um ser social autônomo frente ao meio em que convive.

Todavia, a adolescência como uma condição social difundida e reconhecida pelas diversas classes sociais e com uma imagem nitidamente diferenciada e específica do desenvolvimento humano, localizada entre a infância e a vida adulta, somente apareceu efetiva e maciçamente no cenário público no início do século XX (Feixa, 1999: 35).

A partir desse momento (não linearmente), as ciências modernas, tais como a Pedagogia, a Psicologia, a Pediatria, entre outras, passam a elaborar teorias que, inicialmente, apresentam a infância e a adolescência/juventude como fases do desenvolvimento humano presentes em todas as sociedades e momentos históricos.

Para o professor de Antropologia Social na Universidade de Lleida Carles Feixa (1999), esse é o momento em que a adolescência/juventude, entendida como uma fase da vida, compreendida entre a puberdade fisiológica (uma condição natural) e o reconhecimento do *status* de adulto (uma condição cultural), passa a ser vista como uma condição individual e universal, caracterizada como um período natural de preparação entre a dependência infantil e a plena inserção social.

De acordo com essa visão, a adolescência é marcada por crises e conflitos próprios da idade e determinados pela natureza da espécie humana. Ao final, a base biológica dessa teoria converteu "a adolescência em um estágio inevitável do desenvolvimento humano" (Feixa, 1999: 16).

Para Feixa (1999: 16), essa teoria foi apresentada pioneiramente, em 1904, pelo psicólogo estadunidense G. Stanley Hall (1844-1924), em sua obra *Adolescence: its Psychology, and its Relations to Physiology, Anthropology, Sociology, Sex, Crime, Religion and Education*, tratando-se "do primeiro compêndio acadêmico sobre a questão, que desde então é considerada a obra que veio a 'descobrir' e dar legitimidade científica a uma realidade social emergente".

Ferreira e Araujo (2009: 8) esclarecem que G. Stanley Hall "foi responsável pela formação de uma geração de influentes psicólogos, cujos interesses estiveram diretamente ligados à psicologia do desenvolvimento e da educação".

Trata-se, portanto, segundo os autores, de um personagem fundamental para o florescimento e amadurecimento da Psicologia do Desenvolvimento. Fundou "em 1883, o primeiro laboratório de psicologia experimental na América", bem como foi o "fundador e editor do *Pedagogical Seminary* (1891), um dos primeiros periódicos dedicados à questão do desenvolvimento" (Ferreira e Araujo, 2009: 8), além de ter publicado o livro (citado anteriormente) que o consagrou como o pai da Psicologia da Adolescência (Schoen-Ferreira et al., 2010: 157).

Ao se reportar aos estudos de Hall, Feixa (1999) indica que a adolescência se trata de um segundo nascimento marcado tanto pelo surgimento das características humanas (físicas e mentais) mais elevadas e definitivas, como por uma etapa de "tempestade e estímulo" produzida por uma turbulência emocional dominada pelas forças do instinto, que necessita de um longo período (12 aos 22 ou 25 anos) para acalmar-se, durante o qual os indivíduos "não são obrigados a se comportar como adultos por encontrar-se em um estado intermediário entre a 'selvageria' e a 'civilização'". Assim, estava inaugurado um novo campo de estudos, a adolescência, definida por Hall como um período conturbado (crises, tempestades, tormentas), no qual acontecia "a retirada dramática das crianças do paraíso da infância" (Schoen-Ferreira et al., 2010: 157).

No entanto, vale destacar que anteriormente ao mundo contemporâneo, houve relatos e concepções sobre um período de transição entre a infância e a idade adulta. Em inscrições cuneiformes mesopotâmicas do século XVII a.C., por exemplo, existem registros que expressam "reclamações e lamentos sobre a conduta destes jovens", levando Rejane Barbosa Davim et al. (2009: 135), professores e pesquisadores da UFRN, a concluir que "[...] esse chamado 'choque de gerações', ou seja, a incompreensão mútua entre jovens, adultos ou velhos, nada tem de novo, reporta-se ainda à pré-história".

Passado o período pré-histórico, em Esparta, na Grécia clássica, após os 7 anos de idade, a cidade assumia a educação dos meninos, habilitando-os a fim de "inculcar-lhes as virtudes cívicas e militares". Isso acontecia até o menino poder falar nas assembleias; aos 16 anos e, aos 20, os jovens deveriam passar por provas de iniciação, entre as quais eram obrigados a levar uma vida clandestina (por algum tempo) e "matar à noite um hilota, isto é, um escravo da região". E essa educação era temperada por "profundas e estreitas relações que uniam um jovem a um adulto que era ao mesmo tempo seu modelo, seu guia e seu iniciador" (Grossman, 1998: 68).

Em Atenas, também na Grécia clássica, os meninos a partir dos 7 anos deixavam o mundo doméstico e passavam a frequentar uma escola, acompanhados de um preceptor ou pedagogo. Aos 18 anos, atingiam a maioridade civil e, após um exame de capacitação, ingressavam na chamada *efebia,* recebendo um treinamento militar, moral e religioso que o habilitava "para o pleno exercício dos direitos e deveres do cidadão"; enquanto isso, a moças realizavam exercícios físicos que as preparavam para uma maternidade saudável, para o casamento que ocorreria entre os 15 e 16 anos (Grossman, 1998: 69).

Davim et al. (2009: 135), baseados no médico e pesquisador Nelson Vitiello (1997), contribuem ao debate, registrando que filósofos gregos da Antiguidade, tais como Sócrates (469-399 a.C.) e Aristóteles (384-322 a.C.), caracterizam os jovens pela impulsividade e turbulência, enquanto Platão (427-347 a.C.) atribuía a eles "a paixão e a excitabilidade como as principais características afetivas".

Nesse sentido, Aristóteles descreveu o perfil da juventude grega como obstinada, impulsiva, às vezes descontrolada (sobretudo sexualmente) e queixosa ao se sentir incompreendida por sua família e sociedade; "lembra o conceito de *tempestade e tensão* surgido no início do século XX" (Davim et al. 2009: 135, destaque dos autores).

Para o Império Romano, não havia "menores", ou seja, não existia "maioridade legal nem idade de maioridade" e, sim, impúberes. Aos 14 anos, o jovem era considerado "púbere" por seu pai ou tutor. A partir daí deixava de usar roupas infantis e cortava o primeiro bigode, adquirindo o direito de fazer o que desejasse. Podia iniciar sua vida sexual com servas ou sendo escolhido por uma dama da alta sociedade e, aos 16 anos, optava por entrar no exército ou seguir uma carreira pública (Grossman, 1998: 69).

Apesar de existirem descrições mais remotas sobre a adolescência "com características muito semelhantes à concepção dos jovens da atualidade", tal como na Grécia clássica, deve-se registrar que em outros períodos e sociedades, "essa fase se retrai e por vezes desaparece, fazendo com que o indivíduo passe da infância para a fase adulta, quase que sem perceber a adolescência" (Davim et al., 2009: 135).

Nesse sentido, as pesquisadoras da Universidade Federal do Mato Grosso do Sul Simone Menezes de Faria e Inara Barbosa Leão (2009: 7), baseadas em Feixa (2004), afirmam que nas sociedades de caçadores e coletores,

> não existiam hierarquizações entre adultos e crianças. Desde muito pequenas, as crianças já participavam das decisões da comunidade. O fim da infância acontecia quando ocorria o processo de maturação sexual, quando o corpo físico estava preparado para a reprodução.

Afirmam, ainda, as citadas autoras (2009: 7), que nas sociedades tribais o mesmo ocorria, ou seja, não existia um extenso período que separasse,

> as atividades infantis da sua plena integração ao grupo produtivo e reprodutor. A criança é assim considerada até que iniciem suas maturações e alterações biológicas. Nesse momento, é realizado um ritual de passagem, no qual a pessoa entra criança e sai adulto, em um espaço curto de tempo.

Esse também foi o caso da Idade Média. Durante esse período da história do mundo ocidental não havia um "sentimento de infância", ou seja: "Não havia a consciência da particularidade infantil, isto é, a distinção entre criança e adulto" (Grossmann, 1998: 70). Assim, deixava-se de ser criança para imediatamente iniciar a vida adulta.

Essa ideia baseia-se, sobretudo, na tese do pesquisador francês Philippe Ariès, exposta na obra *História social da infância e da família*, de 1962, em que, de acordo com Marcos Silva (2012), da Universidade Federal de Sergipe, Ariès expressa que na sociedade medieval não existia o sentimento de infância, ou seja, a consciência da particularidade infantil que a diferenciava do adulto.

Vale dizer que as conclusões de Ariès (1981) não podem ser generalizadas para todo o mundo e tampouco para o mundo medieval.

No entanto, elas nos permitem afirmar que em determinadas regiões e momentos do mundo medieval as relações sociais aconteciam em situações mais comunitárias que mesclavam diferentes grupos etários, a tal ponto que as crianças eram introduzidas em atividades que lhes proporcionavam uma rápida maturação social.

Nesse sentido, o mundo medieval, ou ao menos parte dele, atribuía à criança o *status* de "adulto de tamanho reduzido ou em miniatura". Essa condição, chamada de *homunculus*, legitimava a ideia e a prática social de que o menino ou menina deveria garantir sua própria sobrevivência, colaborando, ao mesmo tempo, ativamente para a sobrevivência de seu clã ou núcleo familiar e comunitário.

Mas esse processo, não raras vezes, colocava as crianças em uma posição de pouca importância na hierarquia social medieval. Isso em razão de sua pouca capacidade produtiva comparada à adulta (Rossato, 2001).

Para o pesquisador Manuel Pinto (1997: 35):

> O que se passava era que, logo que a criança se mostrava capaz de viver sem a constante solicitude da mãe ou da ama e adquiria um certo grau de discernimento de si e do mundo, se ia incorporando gradualmente na sociedade adulta. A idade-referência para o início desta transição parece ter sido o perfazer dos sete anos, altura em que a igreja, desde o 4º Concílio de Latrão, em 1215, considerava atingido "algum uso da razão" e autorizava, por isso, a confissão e comunhão.

Desse modo, pode-se dizer que a etapa do desenvolvimento humano definida atualmente como adolescência não existia como categoria social, ou, ao menos, passava "quase desapercebida" (Davim, 2009: 135); apesar de existirem concepções formais que a definiam como o período em que o indivíduo estaria grande o suficiente para procriar, idade que começava aos 14 anos, podendo chegar até 28 e ser estendida aos 35 anos, quando se iniciava a juventude (Grossman, 1998: 69-70).

A ADOLESCÊNCIA COMO PERÍODO DE DESENVOLVIMENTO

No caso da adolescência, Davim et al. (2009: 135) afirmam que, no século XVIII, a ascensão da burguesia e a valorização renascentista do homem como o sujeito da história fizeram com que a adolescência passasse "a ser compreendida como estágio final do desenvolvimento, caracterizada pela aquisição da racionalidade e do pensamento abstrato, da identidade e da autodeterminação, semelhante ao conceito que se tem hoje".

Esta mudança foi potencializada pela industrialização, repercutindo em uma rápida urbanização e diretamente na organização familiar, a qual se nucleariza ou se fecha de modo a permitir maior intimidade entre pais e filhos biológicos e maior valorização da criança e do adolescente.

Nesse sentido, Feixa (1999: 34-5, tradução nossa) se pergunta:

> Quando surge, pois, essa realidade que denominamos de "juventude", na sociedade ocidental? Quando se generaliza um período de vida compreendido entre a dependência infantil e a autonomia adulta? Quando se difundem as condições sociais e as imagens culturais que hoje associamos à juventude?

Em resposta a esses questionamentos, o autor explicita que não se pode dar ao nascimento da adolescência/juventude uma data precisa, mas, sem dúvida, a Revolução Industrial tem muito a ver com isso.

Segundo Feixa (1999), enquanto Watt inventava em 1765 a máquina a vapor, o jovem havia sido inventado por Rousseau, em 1762, ao apresentar a infância e a adolescência como estágios naturais da vida, descrevendo a adolescência, na obra *Emílio*, como uma espécie de segundo nascimento cuja metamorfose interior "desperta o sentido social, a emotividade e a consciência", um mundo que deveria se desenvolver separado do impiedoso mundo adulto.

De acordo com as pesquisadoras Schoen-Ferreira et al. (2010), Rousseau, no século XVIII, relacionou a adolescência a um período de maior instabilidade e conflito emocional, em função da maturação biológica que vivenciavam os adolescentes, das mudanças sociais e dos processos psicológicos; acreditava ainda que eles passavam a desenvolver a capacidade de pensar com lógica.

O fato é que as concepções de Rousseau sobre a infância e a adolescência, aliadas à ideia de que deviam ser segregadas das perversidades do mundo adulto, exerceram muita influência nas teorias posteriores, na mesma medida em que eram um reflexo direto das transformações modernas em andamento.

Nesse sentido, a convivência em comunidade, no trabalho e com adultos é gradual e intensamente substituída pela permanência em casa e pela convivência em escolas com pares da mesma faixa etária, práticas abalizadas pelo intensificar da valorização da formação acadêmica pela sociedade (classe média e alta), em detrimento do trabalho juvenil precoce.

No caso, a escola moderna responde ao desejo de separar por um tempo os jovens do mundo adulto, preparando-os para o novo mundo que se avizinhava, o capitalismo industrial e urbano.

Quanto à família, começa a desenvolver cada vez mais um sentimento de responsabilidade para com a educação e o cuidado com seus filhos; o lar se converte em um espaço de afetividade. Esse processo foi aos poucos prolongando a dependência econômica e moral das crianças e adolescentes/jovens e, com isso, subtraiu grande parte da independência e autonomia que exerciam (Feixa, 1999: 36).

Por esse motivo, pode-se afirmar que Stanley Hall, no início do século XX, não "descobriu" a adolescência por conta própria. A caracterização da adolescência encontra suas origens na transição do feudalismo ao capitalismo, período em que diversas transformações ocorreram em relação à concepção de homem, sociedade, ciência etc. e em instituições tais como a família, a escola, o trabalho, entre outras.

Ainda em relação a esse teórico, Feixa (1999: 17, tradução nossa) aponta que Hall, no início do século XX,

> não fez mais que racionalizar a emergência da juventude nos países ocidentais, como uma etapa de semi-independência, processo que se estendeu a finais do século XIX em conexão com o impacto social da segunda Revolução Industrial, resultando na expulsão dos jovens do mercado de trabalho.

Para Davim et al. (2009: 135), no século XX há a proeminência da cultura jovem, com o intensificar da segregação etária, em que adolescentes convivem mais com adolescentes nas escolas, em clubes, nos esportes, e com uma caracterização desse período expressa na linguagem (geralmente caracterizada por gírias, por uma linguagem própria deles), nas roupas, nas atitudes e comportamentos específicos que a diferenciavam do mundo adulto.

Na acepção da doutora Ana Maria M. C. Frota (2007: 156), professora da Universidade Federal do Ceará, no século XX, o que contribuiu para a instituição da adolescência no ocidente refere-se à "[...] possibilidade de prescindir da ajuda financeira dos jovens que agora podem se dedicar mais tempo à formação profissional". Em paralelo a isso, na contemporaneidade, incide a necessidade de aperfeiçoamentos profissionais, acarretando na extensão do período de preparação dos jovens para o seu acesso ao mercado de trabalho, ficando um tempo maior na escola e, consequentemente, postergando sua independência dos pais.

Para Vitiello (1997), escritores, políticos, estudiosos, médicos, educadores, artistas, moralistas, passam a se interessar mais e a debruçar-se sobre a adolescência, chamada de juventude. Inclusive o mercado de consumo passa a ver o adolescente como um importante consumidor, procura com isso estabelecer produtos específicos a essa população.

O reconhecimento da adolescência como uma fase própria de desenvolvimento e crise teve um lado positivo por conceder-lhe uma "moratória social", convencendo os educadores da necessidade de deixar que os "jovens fossem jovens" (Feixa, 1999: 17, tradução nossa).

Por outro lado, ao se arraigar a imagem dos adolescentes como emocionalmente instáveis, rebeldes e revoltados, atribui-se a eles comportamentos negativos, passando a ser definidos a partir do prisma da anormalidade, da patologia. O resultado disso foi a criação de uma das bases sobre as quais se passou a discriminar os jovens, sobretudo os jovens pobres.

Nesse sentido, os jovens considerados à margem das instituições "regulares" (a família patriarcal e nuclearizada e a escola) de socialização e de preparação para o mundo moderno passam a ser vistos como potencialmente perigosos a si mesmos e à própria sociedade. Isso levou à criação de uma série histórica de leis e instituições destinadas a intervir, controlar e vigiar famílias, crianças e jovens, sobretudo os pobres (Rossato, 2001).

Sobre isso, Feixa (1999: 39-40) afirma que o processo de descoberta da adolescência gerou uma ambiguidade: por um lado é comemorado como uma conquista da civilização, mas, por outro, lhe é atribuído um caráter crítico e conflitivo que favorecia, segundo Hall, a criminalidade juvenil e os vícios.

Essa ambivalência se originava e se materializava, na concepção de Feixa (1999: 40), em duas imagens distintas de adolescência. De um lado, entre os burgueses estava o adolescente conformista, ocupado com a aprendizagem escolar e o ócio criativo; por outro, entre os operários estava o adolescente delinquente, o qual, frequentemente expulso do mundo laboral, vivia um ócio forçado.

Esses olhares e perspectivas podem resultar em relações e ações contraditórias com os adolescentes, ora cobrando do jovem atitudes e comportamentos de um adulto, ora considerando-o muito imaturo para vivenciar certas situações e assumir compromissos. Com isso, temos um "estica e puxa", com um apressar de um lado, para que entre de vez para o mercado de trabalho e, de outro, para que estenda esse período da adolescência, para que se forme, se prepare. Haja vista as dificuldades em inserir esses jovens no mercado de trabalho, pela valorização da cultura jovem. Ser jovem hoje é algo a ser prolongado e preservado o máximo possível, física, cultural, econômica e socialmente.

O doutor em Psicologia Social Sérgio Ozella (2002) explicita que a adolescência pode ser compreendida como forma de justificativa da burguesia para deixar seus filhos longe do trabalho, e que é construída a partir da sociedade capitalista, que tem em seu cerne as questões de ingresso e preparo para o mercado de trabalho e o alargamento do período escolar.

Assim, a adolescência e a infância pobres, protagonizadas como um período de infrações, são vigiadas, punidas e disciplinadas severamente. Como ilustra a doutora em Educação e professora da Universidade Federal do Mato Grosso do Sul Ione da Silva Cunha Nogueira (2012), no Brasil, o código de menores de 1927 vem respaldar um trabalho com esses jovens e crianças a fim de acabar com o comportamento delinquente, desajustado. Assim, os disciplinados iam para escolas públicas e privadas, e os abandonados e infratores iam para os internatos. O Estado os mantinha sob vigilância a fim de evitar o risco da delinquência. No Brasil, nas décadas de 1980 e 1990, com a Constituição Federal e o Estatuto da Criança e do Adolescente, tem-se a problematização e a busca do fim da estigmatização formal da pobreza, de maneira a desvinculá-la da delinquência. Crianças e jovens passam a ser vistos como indivíduos possuidores de direitos, mas "nossa sociedade, ainda assim, impõe às crianças e adolescentes níveis de controle que muitas vezes os próprios adultos não conseguem alcançar" (Nogueira, 2012: 24). Assim, podem ser marginalizados, por vezes, pelas dificuldades em não atenderem aos padrões fixados pela sociedade.

Já no século XX é possível encontrar a adolescência associada à ideia de emancipação, com a expectativa de que este período vivenciado pelos adolescentes esteja a um passo da "maturidade adulta", portanto, desloca-se a um lugar de transição. Schoen-Ferreira et al. (2010) se reportam à

Organização Mundial da Saúde (OMS), ao Ministério da Saúde do Brasil, ao Instituto Brasileiro de Geografia e Estatística (IBGE), para afirmar que a adolescência é compreendida por um período biopsicossocial que compreende a idade entre 10 e 20 anos (a segunda década da vida).

É importante buscar compreender a adolescência a partir de sua historicidade, contextualizando-a (Frota, 2007: 155), pois não há uma concepção válida para todos os tempos, para todos os momentos históricos. Nessa linha, a adolescência deve ser concebida como "[...] uma categoria que se constrói, se exercita e se reconstrói dentro de uma história e tempo específicos" (Frota, 2007: 157).

Desde uma perspectiva histórica e, para além do paradigma biomédico, pode-se dizer que nem todos os jovens, definidos como adolescentes, passam por essa fase da mesma maneira e ao mesmo tempo. Essa assertiva leva Bock, Furtado e Teixeira (2008) a afirmarem que as concepções acerca da adolescência são variáveis, haja vista que são produzidas pelas condições e contextos históricos, socioeconômicos e culturais, dificultando uma caracterização e definição homogênea daquilo que denominamos de adolescência.

Enfim, para os citados autores não existe uma adolescência e sim adolescentes, pelo fato de esse período não ser uma fase natural do desenvolvimento humano, mas é, antes de tudo, definido culturalmente, ou seja: depende do modo como cada sociedade, em razão de sua história, dá sentido e se relaciona com esse processo de desenvolvimento.

Para Feixa (1999: 18, tradução nossa), ainda que o processo de transição da infância à fase adulta tenha uma base biológica, cada sociedade o organiza do seu modo a partir da percepção social e das repercussões para a comunidade acerca das mudanças ocorridas, ou seja, "não significa o mesmo em todos os lugares que nas meninas cresçam os peitos e nos rapazes o bigode".

Do mesmo modo, nos explica Feixa (1999: 18), o significado do que é ser adolescente/jovem depende dos valores associados ao grupo de idade definido como tal e dos ritos que marcam a passagem. Por isso, "nem todas as sociedades reconhecem um estado nitidamente diferenciado entre a dependência infantil e a autonomia adulta". Enfim:

> Para que exista a juventude, devem existir, por um lado, uma série de condições sociais (normas, comportamentos e instituições que distingam os jovens de outros grupos de idade) e, por outro, uma série de imagens

culturais (valores, atributos e ritos associados especificamente aos jovens). Tanto umas como as outras dependem da estrutura social em seu conjunto, ou seja, das formas de subsistência, das instituições políticas e das visões ideológicas que predominam em cada tipo de sociedade.

Nesse sentido, autores como Ozella (2002) questionam as teorias que desconsideram os aspectos sociais e culturais, a inserção histórica do jovem e suas condições objetivas de vida.

Ao realizar uma análise sobre como tem sido vista a adolescência, Bock (2004: 32) indica que essa fase, em quase toda produção da Psicologia, tem sido apreendida como "uma fase natural do desenvolvimento, isto é, todos os seres humanos, na medida em que superam a infância, passam necessariamente por uma nova fase, intermediária à vida adulta, que é a adolescência". A autora complementa que a adolescência foi vista, e muitas vezes ainda o é, dentro de um caráter universal e abstrato, apreendida como uma fase difícil e de transição entre a infância e a vida adulta, de características negativas, dada a sua imaturidade. Seu desenvolvimento progride num amadurecer em que eclodem os seus hormônios. Uma concepção diferenciada de Psicologia sobre a adolescência a referencia como transformação, em que "toma, da sociedade e da cultura, as formas para se expressar" (Bock, 2004: 34).

Adolescência e vulnerabilidades de desenvolvimento

O relatório sobre a Situação da Adolescência Brasileira (Unicef, 2011) chama a atenção para a necessidade de uma mudança do olhar sobre a adolescência, de "problema" para "oportunidade de desenvolvimento".

Para tanto, destaca o direito de ser adolescente e o indicativo de que a adolescência é uma das fases mais ricas do ser humano, de potencialidades, de descobertas, de autonomia, com muitas possibilidades de aprendizagem, de experimentação. Insiste na importância do reconhecimento que os adolescentes "[...] não são crianças grandes nem futuros adultos. Têm suas trajetórias, suas histórias. São cidadãos, sujeitos com direitos específicos, que vivem uma fase de desenvolvimento extraordinária" (Unicef, 2011: 14).

Explicita ainda o relatório que esta etapa da vida deve ser vivida plena e saudavelmente, como foi delineado no Estatuto da Criança e do Adolescente (1990), pelos mais de 21 milhões de adolescentes que compõem 11% da população deste país, por constituírem um quadro singular de energias e possibilidades, o que exige a atenção e conhecimento das vulnerabilidades que afetam de maneira mais grave os adolescentes na realidade brasileira.

Assim como vimos nas discussões sobre a infância, a adolescência é diversificada em nosso país, e podemos também falar em adolescências, marcadas pelas diferenças e desigualdades econômicas, culturais, educacionais, entre outras.

O Unicef (2011) esclarece que as diferentes experiências de ser adolescente, sejam físicas, sociais ou psíquicas, podem definir oportunidades de exercício de direitos em relação à saúde, à educação, à proteção integral etc.

Isso em razão:

- do lugar onde se vive;
- das oportunidades de participação e das relações estabelecidas na comunidade, na escola, na família;
- de ser pobre, rico, branco, negro ou indígena;
- de viver em determinadas regiões: no semiárido, na Amazônia, na rua, em abrigos, em comunidades populares nos grandes centros urbanos ou em localidades rurais;
- de possuir algum tipo de deficiência; ou
- do fato de ser menino ou menina.

Sabe-se que fatores como esses, entre outros não especificados, fragilizam as possibilidades de aprendizagem e de desenvolvimento de muitos adolescentes, como fenômenos sociais, políticos, econômicos e culturais que comprometem gravemente o desenvolvimento de muitos jovens brasileiros.

Entre os fatores mais prejudiciais e incidentes aos adolescentes (12 a 17 anos), mais do que entre outros grupos da população brasileira, destacam-se (Unicef, 2011):

- *a pobreza e a pobreza extrema*: 38% dos adolescentes de 12 a 17 anos, no Brasil, estão em condição de pobreza (7,9 mi-

lhões); tal condição pode levar à exposição a doenças, à má alimentação e a limitações no desenvolvimento;
- *a baixa escolaridade*: em 2009, em razão do acúmulo de repetências e do abandono, a escolaridade média de um adolescente de 15 a 17 anos foi de 7,3 anos de estudos, ou seja, não completara o nível fundamental de ensino, que implica 9 anos de estudos; tem limitadas as suas possibilidades de apropriação do conhecimento científico, da cultura, tão importantes para o desenvolvimento humano;
- *a exploração do trabalho*;
- *a privação da convivência familiar e comunitária*: estima-se que, em 2009, 54 mil crianças e adolescentes viviam em abrigos e que, em 2011, 24 mil estavam em situação de rua; a razão principal (70% das justificativas) para estar nas ruas era a violência doméstica;
- *a violência que resulta em assassinatos de adolescentes*: 60% dos casos registrados de violência ocorrem em ambientes domésticos. Em média são assassinados 11 adolescentes por dia no país; a principal causa de morte na adolescência são os homicídios;
- *a gravidez*: 2,8% das meninas entre 12 e 17 anos já tiveram filhos, (dados de 2009), ou seja, são 290 mil adolescentes nessa condição, que têm afetadas as suas possibilidades de estudo. No Norte e no Nordeste estão os maiores percentuais de mães adolescentes de 12 a 17 anos;
- *a exploração e o abuso sexual*: de acordo com o Disque Denúncia Nacional, 80% das denúncias de exploração sexual, feitas no primeiro semestre de 2010, acenam para crianças e adolescentes do sexo feminino;
- *as DST/aids*;
- *o abuso de drogas*: de acordo com o Relatório Brasileiro sobre Drogas, em 2005, verificou-se que os maiores usuários são os adolescentes homens, e que 52,8% deles já haviam feito uso de álcool; já as meninas representam 50,8%.

Para o Unicef (2011: 50), entre tantas outras situações do contexto social, essas são as que mais se destacam por serem "fatores de vulnerabilidade, seja pelos riscos e consequências permanentes que trazem para a vida de meninos e meninas, seja porque incidem estatisticamente de forma mais importante nesse grupo etário".

Além disso, as situações de maior vulnerabilidade incidentes sobre os adolescentes podem ser agravadas quando combinadas a quatro formas de desigualdade: *a cor da pele; ser adolescente homem ou mulher; ter algum tipo de deficiência; em razão do local onde vivem.*

Tais fatores constituem-se em desigualdades que acabam por determinar que os adolescentes deixem de usufruir dos seus direitos, interferindo em suas possibilidades de desenvolvimento. Um exemplo disso é a desigualdade por raça e etnia, em que vemos os impactos das vulnerabilidades de pobreza extrema, além da baixa escolaridade e da violência letal, que atingem mais duramente os nossos adolescentes negros e indígenas.

Verifica-se também que "os adolescentes indígenas são três vezes mais vulneráveis ao analfabetismo que o total do grupo de meninos e meninas. Os índices de homicídios de adolescentes negros são duas vezes maiores que os dos adolescentes brancos" (Unicef, 2011: 54).

Nesse sentido, promover possibilidades de desenvolvimento requer a redução das vulnerabilidades e desigualdades que impactam as adolescências. É importante que seja revertida a falta de acesso a direitos básicos que levam a estatísticas devastadoras para um pleno desenvolvimento da adolescência.

TEORIAS DO DESENVOLVIMENTO DA ADOLESCÊNCIA

> *Há, verdadeiramente, duas coisas diferentes:*
> *saber e crer que se sabe.*
> *A ciência consiste em saber;*
> *em crer que se sabe está a ignorância.*
> (Hipócrates)

DA PUBERDADE À ADOLESCÊNCIA

A palavra *puberdade* vem de *pubes*, que em latim tem sentido próprio de pelo, e pode ser entendida como cobrir-se de pelos, de flores, brotar, crescer etc., em referência ao conjunto de transformações fisiológicas relacionadas à maturação sexual, mudanças orgânicas corporais, e às funções reprodutivas que se inscrevem na passagem da infância à adolescência (Frota, 2007).

De acordo com o psicanalista Contardo Calligaris (2000), a puberdade indica o começo da adolescência, que tem um sentido mais amplo, referindo-se também às mudanças de comportamento, incluindo os processos psicológicos de adaptação à condição de pubescência.

As transformações e necessidades corporais, de acordo com Belsky (2010), nem sempre coincidem com as regras e valores sociais, como a preocupação com a sexualidade do adolescente que se tem desenvolvido no século XXI.

Ainda de acordo com a autora, as mudanças nas transformações corporais ocorridas ao longo dos séculos revelam que a primeira menstruação (menarca) das meninas, por volta de 1830 no norte da Europa, ocorria em média a partir dos 17 anos, atualmente, em países desenvolvidos, se dá perto dos 13 anos, o que pode acarretar na antecipação da gravidez e em exigências de maior responsabilidade quanto à entrada no mundo adulto. Essas características da puberdade têm interferências do desenvolvimento econômico de um país, das condições nutricionais, do estresse ambiental, do clima (exposição à luz e calor diferentes), da quantidade de gordura corporal, do crescimento e maturação corporal etc.

Assim, muitos fatores se combinam para influenciar os processos biológicos, que são sensíveis ao nosso estado emocional, social e cultural. As mudanças físicas que ocorrem com a puberdade podem ser muito acentuadas e verificam-se durante um período de cerca de dois anos, cujo momento inicial varia muito de uma pessoa para outra, de uma sociedade para outra.

São mudanças que podem ser vistas no crescimento, no desenvolvimento dos órgãos sexuais, no aparecimento de pelos em diversas regiões do corpo, como a pubiana e nas axilas; há mudanças na voz, ejaculação, menstruação, entre outras.

Nas meninas, geralmente, as mudanças começam entre 8 e 14 anos e nos meninos, a variação das idades está em torno dos 10 aos 14 anos. Como já vimos, hoje se chega à puberdade em idades muito diferentes.

Mas quais as consequências que essas diferenças podem ter sobre o comportamento dos jovens? De acordo com Belsky (2010), ter um desenvolvimento precoce, antes da média de idade prevalente em determinada sociedade e cultura, pode representar um problema maior de ajustamento para as meninas. Como se sentiria, por exemplo, uma adolescente que tivesse uma aparência de um adulto enquanto as colegas de sua sala de aula parecessem crianças? Como seria vista pelo grupo social, como se relacionariam com ela, a partir de uma possível alteração do definido padrão de desenvolvimento físico?

Quanto aos meninos, ao viverem, por exemplo, mediados por uma cultura machista, o desenvolvimento precoce pode representar, ao contrário das meninas, uma vantagem social em relação aos seus colegas. Ser mais alto é uma forte vantagem, pois, em teoria, poderia lhe ajudar a impor mais respeito e liderança, por exemplo.

O fenômeno da puberdade, de um ponto de vista fisiológico, faz parte do ser humano desde os seus primórdios, provavelmente em "medidas diferentes". No entanto, a adolescência, com as atribuições e conceitos referendados a ela, é mais recente. É mais abrangente que a puberdade, inclui, além das mudanças biológicas e fisiológicas, as psíquicas e sociais em relação à cultura e à sociedade em que se vive esse período. E as mudanças quanto aos aspectos fisiológicos não podem ser simplesmente concebidas como naturalmente dadas.

Com as características apresentadas e as transformações estabelecidas, geralmente tem-se maior "grau de certeza" sobre o início da adolescência (dadas as alterações fisiológicas, ainda que possa haver diferenças em razão do gênero, da cultura). Mas como caracterizar o fim da adolescência? Apenas com o "fim" do crescimento físico? Esse critério pode ser precário e não dar conta de responder à questão. Isso porque o indivíduo, embora crescido, pode não ter alcançado ainda funções e papéis adultos. Será que o critério comumente utilizado de início do trabalho e da vida profissional responde a essa caracterização, de maneira que o início do período laboral corresponda diretamente, em nossa sociedade, ao fim das transformações, do crescimento físico? Não podemos deixar de mencionar as influências da mídia, dos modelos idealizados de adolescente e de jovem, que repercutem sobre as percepções, sobre as relações estabelecidas com as pessoas que vivenciam estes momentos.

O pesquisador sobre a adolescência, Daniel Becker (2003), salienta que a perspectiva de análise centrada na adolescência unicamente como um problema, como fase de rebeldia, pode ser utilizada para mascarar e encobrir falhas do sistema. Desse modo, se o adolescente não vai bem na escola, ou não quer estudar, é porque resiste ao ensino, porque não se interessa por nada, não sabe o que quer, o que é visto como "próprio da idade". Isso ocorre de maneira a simplificar a problemática existente nas instituições escolares, nos entrelaçamentos da vida, nas políticas de atenção social. Pode ser mais "fácil" estabelecer um rótulo, uma resposta imediata, como a medicalização, do que questionar uma série de problemas advindos do social, das desigualdades econômicas, do escolar, do familiar, do cultural, das políticas.

Compreender o adolescente e o jovem exige considerar que sua constituição, suas características, estão intimamente interligadas às relações produzidas na história da sociedade em que vive.

A TEORIA PSICANALÍTICA DO DESENVOLVIMENTO DA ADOLESCÊNCIA

A abordagem psicanalítica de Sigmund Freud afirma que o indivíduo recebe influência das experiências anteriores em seu desenvolvimento psicossexual.

Em conjunto com as mudanças fisiológicas do amadurecimento sexual caminham as mudanças psicológicas, como o instinto sexual, ou seja, as energias da libido buscam o seu extravasamento. O estudioso das teorias da adolescência Rolf E. Muuss (1976) afirma que, de acordo com a teoria de Freud, há uma correlação entre mudanças comportamentais, como a agressividade, e as mudanças fisiológicas. Em suma, essa teoria caracteriza a adolescência como uma fase de desenvolvimento de confusões, estresse e luto, com destaque para os impulsos sexuais.

Para Freud (1987), a personalidade é marcada por forças de natureza sexual. Assim, a energia psíquica que nos move em direção à busca do prazer é a libido, e esta é de natureza sexual. Ela necessita localizar-se em determinada região do corpo, a fim de obtermos satisfação (boca, ânus, órgãos genitais). Essa energia vem do id entendido "como o elemento da psique que é a fonte de todas as pulsões básicas" que nos levam a satisfazer nossas necessidades (Glassman e Hadad, 2006: 239).

No início da puberdade, em função das alterações biológicas ocorridas, a libido intensifica suas forças em direção às zonas genitais. Com isso, temos o que Freud (1987) definiu por fase genital e que ficou conhecida como crise da adolescência.

Sentimentos e desejos vivenciados nas fases anteriores entram em conflito com as barreiras colocadas pelo superego, entendido como a parte moral da psique, responsável pelo cumprimento das regras e normas. Este age impossibilitando a manifestação dessas energias, que, então, emergem no plano consciente de outra forma, com outra aparência. Pode aparecer uma aversão à autoridade do pai, que tende a ser transferida ao professor e/ou outra autoridade. A possibilidade de satisfação plena da libido é direcionada aos órgãos genitais, podendo representar um ponto de equilíbrio entre seus desejos inconscientes e as exigências da realidade externa (Cunha, 2003).

Costumeiramente, o adolescente se defronta com regras e valores estabelecidos e com a experimentação e ampliação dos laços sociais; os jogos, os esportes, ajudam a combater a angústia própria da crise dessa fase, que pode ser vista como um período transicional de perturbações entre os mundos psicológicos estáveis da infância e da idade adulta.

Muuss (1976: 29), aponta que a adolescência constitui-se, na perspectiva de Freud, num "conflito dinâmico entre as forças instintivas e biológicas do id, e as do superego socialmente orientado".

A psicanalista e doutora em Psicologia Luciana Gageiro Coutinho (2005: s/l), em análise às considerações de Freud acerca da adolescência, retrata a obra *Três ensaios sobre a sexualidade*, de 1905, na qual em razão das transformações da puberdade, a adolescência se relaciona ao "reencontro do objeto". Com isso, a adolescência pode indicar um afastamento dos primeiros objetos de amor (os pais) e ao mesmo tempo um reencontro com estes nas novas relações que se instituem. Ainda que os adolescentes se afastem dos pais e definam outros objetos para as suas fantasias, não ocorre um abandono completo, "mas acaba por enaltecer determinados atributos nos 'novos pais' que remetem aos seus primeiros objetos de amor e identificação".

A autora explica que na adolescência o ideal do eu (como herança deixada pela identificação primária na infância – os pais) é testado, colocado à sabatina. Assim, necessita organizar-se sob uma nova configuração imaginária, pois decorrem novas identificações, em que estas se dão "a partir do encontro de novos objetos, ideias ou projetos que ocupem para estes jovens o lugar de ideais". O ideal do eu envolveria uma fronteira entre o sujeito e o social, de maneira a propiciar que o adolescente se reconheça e se constitua a partir de uma realidade sociocultural, inscrito nos ideais de uma família, de um grupo, de uma classe social, de uma sociedade. A questão dos ideais é apontada como decisiva para o adolescente, haja vista que são eles que irão prover "os meios necessários ao adolescente para elaborar essa passagem da família ao mundo social mais amplo, tal como se dá na nossa sociedade" (Coutinho, 2005: s/l).

A doutora e psicanalista Maria Beatriz Jacques Ramos (2004) explica que a falta de identificações adequadas com adultos confiáveis na família e em outros lugares, como a escola, parece determinar a falta de metas e a dificuldade em sublimar, impedindo o adolescente/jovem de tolerar a frustração e a realidade, tão importantes para limitar a onipotência infantil. Nesse aspecto, quando se vê neles uma imagem e autoestima equivocadas de si, estas podem revelar que as experiências vivenciadas estão fundamentadas em inadequadas ligações com o passado, com aquelas pessoas que poderiam e deveriam ser sustentadoras e frustradoras das necessidades e desejos infantis.

Por outra via, são realizadas discussões, como as de Coutinho (2005: s/l), que trazem à tona, na sociedade atual, a questão do declínio, do enfraquecimento dos grandes ideais culturais, os quais funcionariam como referências "simbólico-imaginárias para o desejo" que podem trazer consequências para a elaboração psíquica do adolescente, como com a exasperação do desamparo e da angústia, com a ameaça de desintegração e despersonalização. "Sem referências que os ajudem a transpor as identificações e idealizações da infância, os adolescentes se veem, muitas vezes, numa impossibilidade de sustentar a função desejante [...]." A autora complementa que, com isso, "[...] em nossa sociedade contemporânea, a 'passagem' adolescente se complica ou simplesmente não se completa jamais".

Freud recebeu algumas críticas por dar ênfase, em sua teoria, aos fatores biológicos e instintivos, relegando as forças sociais e as questões ambientais a uma posição secundária em relação às forças inatas.

Erikson e a adolescência

O psicanalista Erik Erikson (1902-1994), discípulo de Freud (tendo realizado estudos referentes aos estágios psicossexuais), enveredou na busca por compreender as transformações, o desenvolvimento do indivíduo, considerando as suas interações com o seu meio, sejam elas afetivas, culturais, sociais ou históricas. Construiu uma teoria de desenvolvimento enfatizando o psicossocial, na qual contempla as oito idades do homem, desde o seu nascimento até a morte, e considera que ainda que as pulsões básicas sejam sociais, são constituídas por uma base biológica. O indivíduo, ao longo do seu processo de desenvolvimento, estaria absorto em resolver os conflitos conectados à sua percepção e aos relacionamentos que tem com outras pessoas.

A psicóloga portuguesa Viviana Raquel Cascalheira Agudo (2008) entende que Erikson, ao propor as "idades do homem", mesmo apontando uma idade cronológica para o início das fases, admite a possibilidade de largas amplitudes temporais, ainda que a sequência cunhada pelas fases permaneça predeterminada. Considera que cada período tem sua importância por contribuir para a formação da personalidade total do sujeito, sendo cada fase marcada por uma crise, constituindo o desenvolvimento como uma sucessão de fases críticas, de momentos decisivos.

O teórico considera a influência dos fatores sociais, sugerindo que o ambiente também participa da construção da personalidade do indivíduo. Bee (1997) sinaliza que Erikson, na constituição de sua teoria, centraliza-se no surgimento gradativo do senso de identidade, sendo que este principia nos anos iniciais e não está totalmente formado com a adolescência, tendo prosseguimento nos estágios posteriores. A autora explica que em cada estágio de desenvolvimento (do nascimento ao fim da vida) pode ser encontrado um conflito, um dilema, uma determinada tarefa social.

O psicanalista Erikson é conhecido por apontar a adolescência como período de desenvolvimento *da identidade*. Por isso, algumas indagações são muito frequentes: Quem sou eu? O que quero ser? Em que acredito? Como é minha vida? O adolescente vê-se diante da necessidade de definir-se como pessoa com as referências que tem de amigo, trabalhador, estudante, de homem, em uma única imagem, escolhendo estilos de vida, de comportamento, uma formação e educação escolar, uma profissão a seguir e que faz sentido em sua vida.

De acordo com Bock (2004), Erikson caracterizou a adolescência como uma fase especial no processo de desenvolvimento. O mundo de vida entre a infância e a vida adulta, a adolescência, é, portanto, marcado pela confusão de papéis e pelas dificuldades em formar uma identidade própria.

Para Erikson, então, o marco da adolescência (entre 12 e 18 anos) circunscreve-se ao dilema *identidade* x *confusão de papéis*. O autor defendia que o adolescente que almejasse

> alcançar uma identidade sexual madura e uma identidade ocupacional deveria reexaminar sua identidade e os papéis que deveria ocupar. Ele deveria chegar a um senso integrado do *self*, daquilo que gostaria de fazer e ser e de seu papel sexual adequado (Bee, 1997: 63).

Em função desse dilema, Erikson também considera a adolescência a fase mais crítica do ciclo vital, ressalvando, porém, que a crise de identidade pode ocorrer em qualquer fase da vida do indivíduo, manifestando-se por sentimentos incomodativos, por um mal-estar. A resolução bem-sucedida das crises prepara para o enfrentamento de tarefas subsequentes do processo de desenvolvimento.

As relações que os adolescentes estabelecem com os outros adolescentes e com adultos podem gerar dificuldades, angústias, inseguranças, "a confusão de papel pode desencadear uma *crise de identidade* – um termo que é reconhecível por muitas pessoas que nunca ouviram falar de Erikson" (Glassman e Hadad, 2006: 273, grifos no original). Na opinião desses autores, Erikson via a questão da adolescência como uma possibilidade e não como algo inevitável.

Os pesquisadoras e psicanalistas Clara Regina Rappaport, Wagner Rocha Fiori e Claudia Leme Ferreira Davis (2003), ao se reportarem a Erikson, no que tange à questão da identidade, apontam que esta envolve três áreas básicas de definição: a identidade sexual (que permite assumir seu papel sexual); a identidade profissional (que envolve a escolha e realização profissional e a possibilidade de sentir-se produtivo e ativo na sociedade, nas suas relações com o mundo); e a identidade ideológica (significando a reconstrução interna a qual deve caminhar com a reconstrução do mundo, de maneira a posicionar-se diante dele).

Norman Sprinthall e W. Andrews Collins (2003), autores da obra *Psicologia do adolescente*, afirmam que, de acordo com Erikson, o adolescente depara-se com as suas transformações internas, cognitivas e glandulares e, por outro lado, com as regras externas, que em geral são incoerentes e estão em constante mudança. Descobre nessa etapa o relativismo, compreendendo que o que é certo ou errado depende da circunstância.

Assim, o adolescente vivencia a crise e a tensão entre aquilo que sente ser a sua personalidade e aquilo que a sociedade pode aceitar que ele é. Ele passa por incertezas e indagações, em que busca descobrir quem é e o que poderá ser no futuro. As respostas a esses conflitos são obtidas com a tomada de consciência de si e de que está em condições de assumir sua verdadeira identidade. Com isso, tem seu momento de decisão, em que cada um enfrenta e resolve os seus problemas de identidade.

Ainda que a construção da identidade seja feita interiormente pelo indivíduo, faz-se necessária a contribuição das pessoas significativas, com as quais convive e que funcionam como um referencial, como um modelo de identificação. O elemento comum a todas as culturas é que, a fim de adquirir uma identidade forte, o adolescente necessita do reconhecimento consistente de suas realizações e conquistas. Mas, também, precisa aprender a lidar com limites e restrições, assim como ocorre com a criança: "As frustrações que são significativas desafiam a criança, dirigem suas atividades e produzem o aprendizado" (Muuss, 1976: 40).

Em suma, a formação da identidade constitui-se num importante momento para o adolescente, momento de conhecimento de si em suas relações com o outro e com o mundo ao seu redor, de maneira a identificar-se, a reconhecer-se e aos seus valores ideais e projetos de futuro, o que é um processo longo e envolve mudanças contínuas.

Aberastury e Knobel e a adolescência "normal"

A psicanalista argentina Arminda Aberastury e o psiquiatra Maurício Knobel (2000), fundamentados pelo viés da Psicanálise, abordam o que denominam de *síndrome normal da adolescência,* que se constitui numa fase de busca de identidade, necessidade de intelectualizar e fantasiar, atitude social reivindicatória com tendências anti ou associais, constantes mudanças de humor e instabilidade afetiva, separação progressiva dos pais, crises religiosas, tendência grupal e contradições sucessivas. Consideram esse período o mais difícil na vida do indivíduo, com muitas incongruências, instabilidades e desequilíbrios, um período de crise e também doloroso.

Com as rápidas mudanças corporais com que se deflagram nesse período, pode aparecer o que os autores chamam de sentimento de estranhamento em relação ao próprio corpo. As mudanças sentidas e vividas pelos adolescentes têm estreita relação com a forma como viveram com os pais na infância, ou seja, se esta foi uma experiência boa, possibilitará uma elaboração melhor das mudanças sentidas como complexas para o adolescente.

Outra característica bastante forte da adolescência é a tendência grupal. Ocorre uma identificação em massa, com a qual todos se identificam com cada um e em que, muitas vezes, o adolescente se sente mais pertencente ao grupo de parceiros do que ao grupo familiar. Com isso, os adolescentes formam seus grupos, "seus iguais", em busca de uniformidade, que pode converter em alguma segurança e estima pessoal. "O grupo constitui, assim, a transição necessária no mundo externo para alcançar a individualidade adulta" (Aberastury e Knobel, 2000: 37). A experiência grupal poderá permitir ao adolescente, depois de algum tempo, distanciar-se do grupo e caminhar para assumir uma identidade adulta.

Para os autores, além das características individuais, a adolescência tem a marca do meio cultural e histórico. No entanto, a ênfase situa-se sobre os processos e estruturas internas como propulsionadores do desenvolvimento, ou seja, em dependência do indivíduo. Não percebem a adolescência apenas como uma passagem para a vida adulta. Tomam esse período, pois, como uma fase em que a criança entra na adolescência com muitos conflitos e incertezas e precisa sair dela com uma maturidade consolidada, com caráter e personalidades "adultos". "A consequência final da adolescência seria um conhecimento de si mesmo como entidade biológica no mundo, o todo biopsicossocial de cada ser nesse momento de vida" (Aberastury e Knobel, 2000: 30).

No entanto, até chegar a este mundo adulto, passam pelo denominado luto pela infância perdida, que consiste nos lutos pelo corpo infantil, pelos pais da infância que já não mais existem para eles, lutos estes que precisam ser elaborados. O que pode implicar, no entanto, um estado constante depressivo do adolescente, podendo se constituir em algo patológico.

Em suma, os autores consideram esse período vivido pelos adolescentes como sinônimo de crise, de turbulências, por conta de sua busca pela identidade adulta, podendo ser considerados habituais comportamentos tidos como anormais ou patológicos em outros estágios da vida.

Os autores Fumika Peres e Cornélio Rosenburg (1998: 74), professores da USP, ao fazerem uma leitura sobre a adolescência, numa busca por desvelar tal concepção, analisam a questão da *síndrome normal da adolescência,* com a qual se reportam à obra de Knobel e apontam que as terminologias apresentadas podem indicar uma patologização da adolescência, haja vista que a palavra *síndrome* remeteria a algo patológico, associado à noção de desvio, de doença. Assim, são consideradas as possibilidades de determinado grau de conduta patológica na adolescência, trazidas como normais, como parte da evolução dos adolescentes para se alcançar a estabilização da personalidade. Os autores contrapõem e afirmam que tal compreensão parte de uma suposição que "dissocia o indivíduo e sociedade; ao mesmo tempo, parte da noção de natureza adolescente que, por seu processo evolutivo uno, único, traz implícita a ideia contraditória de uma pureza imanente e, ao mesmo tempo, a de uma natureza corruptível do sujeito", no caso do adolescente. O adolescente, em sua convivência com o social, com o mundo adulto, seria, então, corrompido. A preocupação dos autores com as concepções trazidas remete à repercussão de síndrome normal da adolescência e por ela estar "presente em grande parte da literatura sobre a Adolescência e em propostas de intervenção em nível de América Latina, como o modo de enxergar a adolescência como fase crítica" (1998: 75).

A adolescência na perspectiva da Psicologia Comportamental

Para a Psicologia Comportamental, sobretudo, para o chamado behaviorismo (do inglês *behavior*: comportamento, conduta) de Burrhus Frederic Skinner (1904-1990), o que as pessoas fazem em qualquer circunstância depende de uma série de influências que variam em concordância com a situação, ou seja, isto vai depender de sua história de aprendizagem e das condições vigentes. Em suma, o comportamento é específico a um conjunto particular de situações.

Então é possível conhecer os fatores que determinam o comportamento dos adolescentes, e para tanto devemos nos voltar aos fatores que constituem o seu ambiente, ou seja, como agem seus componentes familiares, por exemplo.

Na perspectiva behaviorista, o comportamento do adolescente é produto das recompensas que vier a ter; à medida que sua conduta é recompensada, aumenta a probabilidade de voltar a ocorrer no futuro, por conta do reforçamento que obteve: positivo ou negativo. Somos, portanto, resultantes das interações que mantemos com nosso ambiente.

Os adolescentes com melhor adaptação atual, nessa perspectiva teórica, possivelmente contaram de fato com condições mais favoráveis, pessoais e familiares, em períodos anteriores.

Diferentes variáveis influenciam no risco de desajuste socioemocional e acadêmico dos adolescentes. Assim, ao se pensar no ajustamento atual de adolescentes que, quando crianças, apresentaram dificuldades de aprendizagem, temos que considerar as variáveis ligadas à família, à escola e ao adolescente, além das novas características deste período do desenvolvimento (Santos e Marturano, 1999).

De acordo com esses autores, a dificuldade em se relacionar é uma variável que aumenta a vulnerabilidade do adolescente com problemas na aprendizagem, dada a importância dos relacionamentos com os pares nessa fase do desenvolvimento.

As relações familiares também influem na vida dos adolescentes, pois os sentimentos de apego, nessa fase, devem ser de segurança, a fim de promover a competência social com outros pares, o ajustamento emocional, a autoestima. Salienta-se que a implicação adequada dos pais com a escolaridade dos filhos pode promover não só o envolvimento dos filhos, como também resultados mais positivos no processo de escolarização e maior possibilidade de autoestima.

Piaget e o desenvolvimento cognitivo do adolescente

Piaget explica o pensamento do adolescente através da possibilidade deste em realizar operações, denominadas de *operações formais*, que lhe permitem pensar de modo mais sistemático sobre as suas experiências cotidianas e acerca do ambiente à sua volta.

Nesse sentido, os adolescentes são mais capazes de solucionar problemas, de explicar suas ações e pensamentos do que eram quando crianças; por isso, refletem com maior frequência sobre suas ideias e imaginação, sobre como resolver possíveis problemas futuros (Sprinthall e Collins, 2003).

Enfim, raciocinam de forma mais abstrata e flexível do que concreta. Isso se deve ao pensamento formal, que amplia sua capacidade de resolver problemas, pois se tornam capazes de formular hipóteses, justificar e provar logicamente os fatos, modificar sua maneira de pensar sobre si, sobre seus relacionamentos, sobre o mundo, elaborando planos para o seu e o futuro da sociedade, com muitas ideias que vão para além da situação imediata.

Em suma, o pensamento operatório formal do adolescente, de acordo com a teoria piagetiana, colabora para a resolução sistemática de um problema, para a construção de teorias e para a reflexão sobre o seu próprio pensamento. Reflexão essa que lhe permite fugir do concreto atual, em direção ao abstrato. Daí a necessidade de construir novas teorias acerca de concepções já conhecidas, no meio social, almejando uma concepção das coisas que lhe seja própria e que tenha maior repercussão e sucesso (Piaget e Inhelder, 1976).

Com esses apontamentos, evidenciamos o pensamento formal típico do adolescente, de acordo com a teoria piagetiana, em que as operações formais concedem ao pensamento um novo poder ao libertá-lo do real, na medida em que desenvolve operações independentemente dos objetos, construindo a seu modo as reflexões e teorias, com ideias de transformar o mundo.

Segundo Piaget e Inhelder (1976), o adolescente passa por inúmeras alterações devido ao amadurecimento das faculdades intelectuais e morais, o que provoca um desequilíbrio provisório, que conduz, posteriormente, a um equilíbrio superior.

As estruturas formais colaboram para o equilíbrio, que se estabelece pouco a pouco no sistema de interação entre os indivíduos e o meio físico. Nesse sentido, a compreensão e colaboração dos pais e dos professores são fundamentais para o alcance desse equilíbrio, na medida em que trabalham com projetos futuros, que ajudam a delinear os passos para a concretização destes. Além disso, a educação escolar pode colaborar na discussão das políticas, da participação social, da cidadania.

Piaget esclarece que o desenvolvimento na adolescência é um marco que se estende até a idade adulta, haja vista que, atingido o grau de maturidade mental representado pela oportunidade de realizar operações mentais formais, essa será a forma predominante de raciocínio utilizada pelo adulto. Isso não significa que o indivíduo para de desenvolver-se, mas que ocorrerá uma ampliação de conhecimentos tanto em extensão como em profundidade e que não haverá, por outro lado, a aquisição de novos modos de funcionamento mental.

Psicologia histórico-cultural e adolescência

Como já mencionamos, ao caracterizar a Psicologia histórico-cultural, o homem nasce candidato à humanidade, no entanto, não nasce (não é naturalmente dado a ele) dotado das aptidões e habilidades históricas da humanidade, uma vez que elas se encontram no mundo material, cristalizadas nos objetos, na cultura, nas palavras e nos fenômenos da vida humana, e necessitam ser apropriadas nas relações com este mundo historicamente constituído, para que sejam processadas no seu desenvolvimento, para que se humanize. A partir disso, podemos afirmar que as condições, as possibilidades de acesso, de apropriação desse mundo da cultura e dos objetos, são distintas para diferentes pessoas e, com isso, serão produzidas também diferenças no desenvolvimento delas. Assim, reafirmamos que o desenvolvimento, no caso dos adolescentes, não ocorre naturalmente.

Como salienta Bock (2004: 39), a adolescência é uma construção social que tem suas repercussões na subjetividade e no desenvolvimento do homem moderno.

> [É] significada, interpretada e construída pelos homens. Estão associadas a ela marcas do desenvolvimento do corpo. Essas marcas constituem também a adolescência como fenômeno social, mas o fato de existirem como marcas do corpo não deve fazer da adolescência um fato natural.

A adolescência, portanto, não é tida como um estágio natural do desenvolvimento entre a vida adulta e a infância. É, pois, uma construção social que desencadeia repercussões na subjetividade e no desenvolvimento do homem moderno.

Elkonin (1987: 119), um estudioso da Psicologia histórico-cultural, aponta que, na Psicologia, ainda se considera a entrada na adolescência como o período mais crítico, em que as causas concentram-se nas mudanças em si do organismo e na maturação sexual. O autor indica que o desenvolvimento sexual exerce influência na formação da personalidade, no entanto, não se trata de uma influência primária, direta, por si só, ou seja:

> [...] Como outras mudanças, ligadas ao crescimento das forças intelectuais e físicas da criança, a maturação sexual exerce sua influência de forma mediatizada, através das relações do indivíduo com o mundo circundante, através da comparação de si mesmo com outros adultos e com outros adolescentes [...].

Assim, o autor considera que o desenvolvimento do adolescente no que tange às mudanças físicas, biológicas, mas, sobretudo, às relações sociais empreendidas com o mundo circundante, com seus pares, exerce influência fundamental no desenvolvimento do seu psiquismo, num processo dialeticamente contraditório, com interrupções de continuidade, por conta das novas formações que surgem.

Na adolescência, o que predomina em termos de motivos nas relações sociais é o estabelecimento de *relações pessoais íntimas* entre os adolescentes, ou seja, a *comunicação* e as ações com outros adolescentes são abalizadas por determinadas normas morais e éticas (códigos do grupo), de forma a reproduzir as relações existentes entre os adultos. Na análise da professora e doutora em Psicologia Marilda Gonçalves Dias Facci (2004), o adolescente torna-se crítico em função das reivindicações que lhe são colocadas, das qualidades particulares dos adultos, dos conhecimentos teóricos adquiridos. De acordo com Elkonin (1987: 120), esse modo peculiar de interação se diferencia, pois, "seu conteúdo fundamental é o outro adolescente, como indivíduo com determinadas qualidades pessoais". Essa relação e forma de comunicação possibilita a construção de concepções, de percepções sobre o mundo, sobre a vida, sobre o futuro, sobre si, sobre o sentido pessoal de sua vida, com a constituição da autoconsciência, que se compõe na interiorização da consciência social. "Graças a isso, surgem as premissas para que se originem novas tarefas e motivos da atividade conjunta, a que se converte em atividade dirigida ao futuro e adquire o caráter de atividade profissional de estudo" (Elkonin, 1987: 121).

A atividade de estudo, ponto forte das crianças em idade escolar, continua preponderante nos adolescentes, de maneira que sucede o "domínio da estrutura geral da atividade de estudo, a formação de seu caráter voluntário, a tomada de consciência das particularidades individuais de trabalho e a utilização desta atividade como meio para organizar as interações sociais com os companheiros de estudo" (Facci, 2004: 71).

Na perspectiva da Psicologia histórico-cultural, na adolescência formam-se as funções psicológicas superiores, o pensamento em conceitos e a possibilidade de um maior desenvolvimento do pensamento abstrato, propiciando ao sujeito melhores condições de compreensão da realidade, a constituição de concepções de si e do mundo.

Desenvolvimentos estes que ocorrem em concomitância com as exigências colocadas pela educação escolar, de que aprendam muitos e diferentes conceitos abstratos nas realizações e relações estabelecidas nas diferentes disciplinas de ensino.

Como vimos, o adolescente continua a possuir o estudo como importante atividade, o que torna difícil a definição exata da atividade dominante, como pode ser verificado na relevância e na expectativa voltadas às realizações e sucessos escolares.

O psicólogo Ricardo Eleutério dos Anjos (2012: 9), fundamentado em Elkonin, reportando-se ao período da adolescência, destaca a importância do aumento da independência (que se dá à medida que se ampliem as exigências e responsabilidades), por considerar que contribui para o desenvolvimento de aspectos positivos da personalidade, tais como a tendência a um fim determinado, à constância, à organização e à disciplina. Por outro lado, com poucas exigências e insuficiente responsabilidade pelo trabalho, "[...] a independência do adolescente conduz à formação de aspectos negativos da personalidade (a inconstância, a desorganização, a falta de responsabilidade, a falta de disciplina, etc.)".

Ao pensar no desenvolvimento do adolescente, acreditamos que seja fundamental que se organize uma educação escolar com um ensino sistematizado e intencional, fundamentado em práticas pedagógicas que valorizem o ensino de conhecimentos científicos e técnicos, de maneira a produzir nos adolescentes novas necessidades de assimilação desses conteúdos, com a descoberta do significado do conhecimento científico.

PARTE V
O MUNDO ADULTO E AS CONTRADIÇÕES DO DESENVOLVIMENTO

CONTEXTUALIZANDO O SER ADULTO

É terrível dom a maturidade,
Um dom que nos muda, e coloca no lugar
Da doçura de um élan desinteressado
O inflexível rigor de uma estrela de gelo.
(Carlos Drummond de Andrade)

Como diz a canção do grupo Palavra Cantada, *Toda criança quer*

Toda criança quer
Toda criança quer crescer
Toda criança quer ser um adulto
E todo adulto quer
E todo adulto quer crescer
Pra vencer e ter acesso ao mundo
E todo mundo quer
E todo mundo quer saber
De onde vem
Pra onde vai
Como é que entra
Como é que sai
Por que é que sobe
Por que é que cai
Pois todo mundo quer...

Ou seja, crianças ou adultos, de algum modo queremos ser, ser o que já fomos ou o que ainda não somos; somos movidos por dúvidas, "verdades", curiosidades das coisas e do mundo e esperamos de alguma forma que o mundo possa ser melhor quando formos adultos, mais velhos, avós... Pois todo mundo quer... alguma coisa; ser, viver, por sermos inacabados em cada dia de nossos diferentes dias.

Enfim, chegamos a este ponto do curso da vida. Etapa tão almejada e idealizada por muitos, que quando crianças, adolescentes, sonharam em um dia serem adultos, independentes, autônomos, libertos das autoridades dos pais, capazes de decidir por si sós sobre seu destino, estabilizados, confiantes etc. Por outra via, etapa esta tão esquivada por muitos, que relutam em pensar ou mesmo estar num período a que se atribuem tantas responsabilidades, estar "pronto" para isso, para aquilo, inclusive para envelhecer. Em suma, são muitas expectativas, sejam elas positivas, negativas, e muitos os atributos configurados a este período da vida.

Doutora em Psicologia, a portuguesa Filomena Sousa (2008: 3) esclarece que, ao tomar o adulto como foco de estudo, como uma categoria social, parte-se do pressuposto de que este estágio da vida tem as suas especificidades, características próprias que "devem ser objeto de atenção, de estudo e de intervenção política e social". Complementa a autora que este período não se define como estanque, "mas algo que experimenta a mudança de acordo com o contexto histórico e social em que se enquadra".

Mas, afinal, o que é ser um adulto? Quando se é um adulto?

Adulto seria aquele que conquistou o equilíbrio emocional, financeiro, profissional, a autonomia, a independência? Ou aquele que assume as responsabilidades por seus sentimentos, suas ações e as consequências delas, suas ideias, pelas relações estabelecidas, pela sua vida e pela vida daqueles com os quais convive; que encara as próprias escolhas e as suas repercussões? Seria aquele que aprende e age de forma diferente da criança, do adolescente, por já ter adquirido várias experiências? Aquele com condições de constituir uma família e cuidar dela, casar-se, ser pai, ser mãe, esposo, esposa, ou aquele que tem relacionamentos afetivos mais estáveis? O adulto seria aquele que não tem medos, ou que pelo menos não os demonstra, aquele que não é fraco, que não chora mais, que não tem explosões, sabe lidar com as frustrações e com as inseguranças; é uma pessoa séria, com autoconfiança, autoestima? Aquele que não come porcarias, as batatas fritas, os lanches; aquele que se alimenta de saladas, legumes, que segue uma dieta riquíssima e saudável; que está em pleno vigor físico? O que deixou de ser criança, de fazer brincadeiras, de fazer birra, de assistir a desenhos, de bater a porta do quarto, de fazer coisas escondidas, de fazer maluquices; que aprende e age de maneira diferente da criança, do adolescente? Aquele capaz de tomar decisões fundamentadas em sua experiência e em relação aos valores prementes na sociedade, de resolver problemas? Aquele que assume riscos, que se aventura pela vida, que é flexível em suas escolhas, que sabe esperar; que não está pronto, mas não se esquiva da vida; que consegue "dar a volta por cima" quando tem problemas, quando enfrenta crises, dilemas, instabilidades? Aquele que está experimentando a vida, as profissões, os relacionamentos, buscando o conhecimento e, para tanto, não tem nenhum problema em continuar dependente dos pais? Ou que já está em casa separada dos pais e independente deles? O adulto é aquele que é mais obediente, mais ético, mais ou menos alienado, mais responsável, mais homem, mais mulher, capaz de assumir uma posição, uma opção sexual? É estar pronto para assumir vários papéis? Aquele que tem controle sobre si e age com equilíbrio, mensurando os prós e contras de suas ações; que assume compromissos com a vida política, com os problemas sociais de seu país?

Mas, atender, corresponder ou não a todas as questões citadas e muitas outras, depende apenas do fato de ter adquirido certa maturidade, idade, de ser adulto? Bastaria completar 18 anos, ter uma idade biológica determinada e já estaria dado o salto aquisicional das condições para ser adulto? Todos adquirem num mesmo tempo e condições (materiais, psíquicas, cognitivas, físicas) as qualidades e características estendidas aos adultos; as facilidades e oportunidades para estudar, conquistar um trabalho e vida estável, são as mesmas para todos?

Como as questões encaminham e nos levam a refletir, a referência ao período em que se é adulto envolve muitos desafios, contradições e a procura por muitas respostas, na busca para se enquadrar aos padrões, princípios, normas, cobradas de um adulto "normal", com as ações projetadas para este período da vida. Do contrário, os indivíduos serão objeto de rótulos, adjetivos pejorativos: infantis, loucos, adolescentes, imaturos, inconsequentes. O desafio em ser um adulto pode envolver casar-se, ter filhos, ainda que este "realmente" não seja seu projeto de vida; fazer uma escolha profissional e assumi-la ainda que não se sinta preparado para tal; ou, então, ser irreverente, contestar tais modelos e dizer ainda não, não quero isso pra mim. Talvez, por conta das dúvidas, dos prolongamentos, do encurtamento, ter que trabalhar tão cedo, assumir responsabilidades, uma família, seja considerado difícil definir este percurso da vida. Poderíamos dizer que as concepções de adulto, por um lado, tendem a supervalorizar esse período da vida e, por outro, a desvalorizá-lo, confluindo numa representação positiva e outra negativa.

No entanto, em geral, postula-se em nossa sociedade o início, a entrada do mundo adulto tendo como marca o final da adolescência. De acordo com o Estatuto da Criança e do Adolescente (ECA), a adolescência termina aos 18 anos, quando se atinge a maioridade, quando se é um adulto. Esse período é marcado por uma série de aquisições de direitos, antes restritos ou inconcebíveis, como o de poder adquirir uma carta de habilitação, fazer uso de drogas lícitas, como o álcool, adotar um filho, prestar serviço militar, fazer concursos, casar-se sem consentimento dos pais, encarar o voto obrigatório etc. Talvez, por isso, chegar a esse período seja algo almejado por muitos, ansiosos por realizar muitas coisas que legalmente antes não poderiam fazer.

O professor da Universidade de Ottawa-Canadá, Marc Molgat (2007, apud Agudo, 2008), ao realizar investigação com jovens adultos, sobre os marcos de transição para a idade adulta, verificou que eles os sentiam como "[...] mais do que um processo interno, mas também um que envolve momentos decisivos, como o sair de casa e ter um emprego, e compromissos substanciais, como casar ou ter filhos" (Agudo, 2008: 19). A autora complementa, argumentando que o fato de se ter vivido "um dado acontecimento, considerado marco de transição", não torna uma pessoa um adulto, por outra via, não se pode sopesar que isso não contribua de algum modo para tal e que seria estranho nomear alguém de adulto se não tivesse vivenciado nenhum desses marcos.

A partir de que idade se é adulto, que marcos, mudanças, transformações físicas, psíquicas, sociais, comportamentais, poderiam definir o adulto? Segundo Bee (1997: 388), mesmo para os cientistas existe a dificuldade em demarcar os anos que compreendem a vida adulta, pois não há uma obviedade relativa a esse período. A autora explica que "mudanças físicas e cognitivas, na vida adulta, são mais graduais e variáveis, de um indivíduo a outro, se compararmos à infância". Bee (1997: 388) estabelece o "início da idade adulta, dos 20 aos 40 anos, vida adulta intermediária, dos 40 aos 65 anos, e final da vida adulta, dos 65 anos até a morte".

Algumas concepções de adulto ao longo da história

Os professores doutores Pedro Bendassolli e Maurício Serafim (2007: 51) reportam-se à visão do período iluminista, segundo a qual ser adulto é desenvolver o intelecto, de maneira a que chegue à maturidade, com o "desenvolvimento do discernimento, da autonomia de ideias, da capacidade de decisão própria e da responsabilidade em relação a elas". O adulto idealizado desse período da história seria um ser consciente de seus pensamentos e também responsável por seus atos.

A palavra *adulto* origina-se do termo latino *adultus,* que significa aquele "que terminou de crescer". A pesquisadora da Universidade do Minho em Portugal, Ana Maria Costa e Silva (2003), relaciona tal definição ao resultado de um rol de exigências postuladas e não questionadas, desde metade do século XIX até o final da Segunda Guerra Mundial.

Essa definição alcança os dias atuais, pois constantemente associa-se ao adulto a importância e a necessidade de adquirir a independência financeira, a estabilidade, as condições para manter-se e sustentar os ideais de consumo (casa própria, carro, férias com viagem etc.), lançando-se muitas críticas àqueles que não conseguem sua autonomia financeira, sendo esta símbolo de sucesso no desenvolvimento e na vida, no alcance da maturidade adulta, dela podendo depender a estabilidade na constituição familiar. Sousa (2008: 7) define este modelo tradicional de "adulto padrão" como vinculado à sociedade de produção, em que se apregoa a estabilidade profissional, financeira e familiar, que marcha para uma maturidade que se alcança como definitiva; o adulto instalado, terminado, estático, com uma vida padronizada e linearizada, com capacidade para manter-se estável; "[...] um adulto 'sério' e 'formal' que pode ser ainda remetido para a ideia de 'rotina'".

A autora explica que esse ideal de adulto padrão sofreu alterações após a Segunda Guerra Mundial, com o surgimento de novos significados, verificados especialmente nos anos 1960 e 1970. Com a modernidade avançada, global; as mudanças socioeconômicas resultantes de uma sociedade industrial em expansão; o desenvolvimento e impacto das novas tecnologias da informação; o desenvolvimento da sociedade de consumo e a valorização da individualização, passa-se a questionar a estabilidade e os efeitos do progresso, e o termo adulto adquire novos significados. Assim a ideia de "adulto padrão" perde espaço para a de "adulto inacabado", adulto em perspectiva, flexível, que está em contínuo processo de construção e de desenvolvimento, sempre em busca de novas conquistas. Esse adulto se permite viver a instabilidade, estender os tempos de experimentação do que se poderia ser ou não, que vive, pois "[...] a mobilidade profissional, é o adulto das novas profissões e dos novos modelos conjugais projetados a curto ou médio prazo e que valoriza a sociabilidade com amigos, os cuidados com a saúde, o corpo e a imagem" (Sousa, 2008: 7).

Com esta vertente de adulto inacabado, Sousa (2007: 61) admite a existência de posições distintas, que por um lado identificam o adulto a um processo de construção e, por outro, interrogam-se sobre o sentido desse processo. Nesse aspecto, até meados dos anos 1970, notava-se essencialmente a defesa da perspectiva do otimismo construtivista, com a formulação de uma orientação positiva para todos os homens. Essa concepção, voltada ao estado inacabado do homem, compreendia a possibilidade de ele progredir e de ao mesmo tempo conservar as suas formas juvenis. No entanto, o sujeito, ao se deparar com as características da sociedade industrial, angustia-se, mas, simultaneamente, mantém a esperança e o otimismo. Ainda nos anos de 1960, 1970, a questão da mudança é absorvida como otimismo ingênuo, que desencadeia a percepção de que revelar o medo em mudar pode ser avaliado como uma resistência à mudança. Por volta dos anos de 1990, "[...] o processo de construção ao qual o adulto está sujeito passa a ser questionado segundo uma visão pessimista; a angústia deixa de ser considerada como remanescente, para colocar o adulto perante uma situação, por vezes, desesperante". Na sociedade atual o adulto estaria sujeito à instabilidade, seja no trabalho, seja na família.

Ao modelo de adulto inacabado, Sousa (2008) acrescenta o de "adulto problema", que experimenta o caos vocacional, com rupturas, falta de estabilização no trabalho, dificuldades ou mesmo incapacidade em prever e projetar o futuro e em administrar as crises que porventura possa vivenciar. Nos últimos 30 anos, o adulto em perspectiva e o adulto problema têm caracterizado e direcionado o chamado *adulto inacabado*.

Ao vislumbrarmos o adulto em nossa sociedade, verificamos que a sensação, o reconhecimento pessoal, os pensamentos, a consciência, as ações indicativas do que é ser adulto, podem diferenciar-se muito de pessoa para pessoa, em correlação com as experiências vivenciadas ao longo da vida – de como viveu sua infância, adolescência, as oportunidades de acesso à cultura, as condições materiais etc. A vida adulta, o ser adulto, também relaciona-se com os papéis destinados a homens e mulheres na sociedade onde se vive; com a cultura, com as características da sociedade, com as relações estabelecidas historicamente com o ser adulto presentes nas tradições, nas leis, nos hábitos, nas relações econômicas. Em suma, a sociedade, a cultura, a história da qual a pessoa faz parte e o próprio sujeito que se faz nesse processo poderão definir se uma pessoa é adulta ou não.

Na perspectiva de Sousa (2008: 8), o que predomina na atualidade é a mescla de adultos, a coexistência de diferentes tipos deles, em consonância com o que a autora chama de *adulto híbrido*. "Estabelece-se um paradoxo particular entre a representação tradicional e a representação moderna (otimista ou pessimista) do que é 'ser adulto' e com isso surge a definição de adulto híbrido". Assim temos adulto padrão, adulto inacabado em perspectiva ou adulto problema. Em um estudo com adultos, Sousa (2008: 8) verificou que 41% de seus pesquisados, ao serem questionados sobre o que consideram importante para ser adulto, elencam características de maneira a valorizar componentes do adulto padrão, bem como do adulto inacabado, tais como reflexividade sobre a vida, mas também as rotinas e um salário seguro. Assim, se comparados com o adulto padrão, valorizam menos a conjugalidade e parentalidade e, comparativamente com o adulto inacabado, não consideram tão importante o hedonismo, valorizam, no entanto, a boa condição física, intelectual e emocional. Em suma, a autora nos conduz a pensar que atualmente nos deparamos com um distanciamento no que tange a "uma representação hegemônica que valoriza essencialmente um único tipo de adulto, formal e padronizado".

Um processo de constituição de adulto pode envolver um constante fazer-se e refazer-se e, consequentemente, não corresponder necessariamente a algum tipo imperativo de adulto padrão.

Ser adulto na contemporaneidade

A noção de sujeito surge na modernidade, num momento histórico assinalado por muitas mudanças políticas, econômicas, sociais e culturais, na transição do modo de produção feudal para o modo de produção capitalista, resultando em uma concepção de homem e de mundo diferentes. Com isso, como explicam a psicóloga Soraia Klug Possidônio e a professora doutora Marilda Gonçalves Dias Facci (2011: 260), o homem passa a ser percebido e concebido como um indivíduo livre, produtor e consumidor, sujeito de sua vida, o que "possibilitou que a subjetividade pudesse ser pensada como uma experiência individual privada e universal".

De acordo com as pesquisadoras em Psicologia Nádia Eidt e Lenita Cambaúva (2011), com o desenvolvimento do capitalismo, temos também a constituição e caracterização do homem que se insere e participa desse sistema. Assim, surge a ideia de um sujeito que não depende de forças externas, mas tem sua individualidade em que o que predomina é a sua vontade e ação; não como um ser pensante, mas imbuído do irracionalismo e da fragmentação do conhecimento, com a crítica à ideia de verdade absoluta, de sujeito centrado. Com a concepção pós-moderna de homem, não há um centro de referência com padrões comuns, não há unicidade; o real existente depende da interpretação do sujeito. Assim, todos os homens são ditos iguais em direitos e se desenvolvem por seu próprio esforço. Nessa linha, as relações estabelecidas com uma realidade histórico-social são negadas.

O que de fato se observa é que as relações sociais estão vinculadas às necessidades de mercado e marcadas por desigualdades e hierarquizações, em que imperam as mais diversas exclusões, principalmente no tocante às possibilidades de inserção e participação dos indivíduos na sociedade a partir de suas condições socioeconômicas. Os indivíduos não possuem mais lugares preestabelecidos no mundo onde poderiam se situar, com isso, devem lutar "livremente", com suas próprias forças e riscos, a fim de se colocar numa sociedade cada vez mais desigual, seletiva econômica e socialmente. Para o filósofo e pedagogo Galdêncio Frigotto (1998), são justificadas a exclusão e a desigualdade como essenciais à competitividade e, nesse processo, o indivíduo desempregado é acusado de incompetência e pouco esforço pessoal, o que resulta em sua exclusão. Deslocam-se as responsabilidades sociais para o plano pessoal, e os indivíduos devem adquirir competências e habilidades para se tornarem competitivos e empregáveis e buscar requalificação para, assim, ter um lugar no mercado.

Ao identificarmos essas características da sociedade e do indivíduo que se constitui nas relações sociais, situamos também o adulto, que vivencia os dilemas de ter que ser produtivo e estável profissionalmente e vivenciar a exclusão do mercado de trabalho, por exemplo. Como esclarece Sousa (2007), na sociedade pós-moderna os adultos refletem a sua existência num panorama de dilemas, de oposições e de dialética, em que tem de reinventar-se constantemente. Além disso, nas discussões com referência ao adulto, como analisa a doutora em Psicologia educacional Marta Kohl de Oliveira (1999: 61), este é tomado como um ser abstrato, apontado como universal, a partir de um estereótipo historicamente contextualizado e em correspondência a um indivíduo "ocidental, urbano, branco, pertencente às camadas médias da população, com um nível instrucional relativamente elevado e com inserção no mundo do trabalho em ocupações razoavelmente qualificadas".

Desse modo, um conjunto de valores e ideais são difundidos e tomados como verdades naturais e indissociáveis da condição humana, como padrões e obrigações a serem seguidos. Somos influenciados e constituídos pelas condições socioculturais e econômicas do momento histórico no qual nos encontramos. Assim, em tese, de acordo com o que em geral se espera de um adulto, este estaria pronto, com suas capacidades individuais plenas desenvolvidas, com maturidade física, sexual, emocional, cognitiva e social.

Contudo, como afirma a professora e pesquisadora de Psicologia Marília Gouvêa Miranda (1999), o sujeito não é mecanicamente determinado, tem papel ativo nesse processo e, na medida em que é constituído, também é constituinte da sociedade, ainda que reconheçamos suas dificuldades em tornar-se sujeito nesse processo, em nossa sociedade excludente e desigual. Em suma, a constituição do homem está atrelada às relações sociais que este estabelece com uma realidade histórico-social determinada.

O adulto e o culto da adolescência

Ainda que, como vimos, sejam esperadas dos adultos certas condutas próprias ao período do curso da vida em que se encontram, como ter concluído seus estudos, casar, ter filhos, um trabalho estável e com condições para gerir-se e à sua família, dentre outras, é possível encontrar uma variedade de adultos, com ações que nem sempre condizem com esse padrão determinado como "politicamente correto".

Uma das questões discutidas na atualidade refere-se à perspectiva de que muitos adultos resistem em "tornar-se adulto", ou seja, desejam e agem como adolescentes, causando em muitos certa indignação. A psicóloga Maria Tereza Maldonado, autora do livro *Maturidade*, em entrevista a Mariana Sgarioni (2006), explica que convivemos na cultura do transitório, do descartável. Desse modo, muitas pessoas têm dificuldades em assumir compromissos a longo prazo, haja vista que isso pode exigir renúncias, tolerância e o que ela chama de maturidade emocional; permanecem mais tempo sob o teto dos pais, estendem seus anos de estudo, postergam ou não concretizam o casamento. Esse fenômeno, comumente chamado de adultescência, com grande valorização da juventude, em geral, verifica-se nas classes mais abastadas, cujos pais possibilitam aos filhos maiores possibilidades de manter o estilo de vida juvenil indefinidamente.

Malu Fontes (2006), doutora em Comunicação e Cultura Contemporânea, indica que a expressão "adultecentes" surgiu na Inglaterra no final dos anos de 1980 e se relaciona às pessoas entre os 20 e 40 anos, adultas, maduras, em geral inseridas no mercado de trabalho etc., mas que se vestem, se comportam e agem conforme um estilo de vida próprio do adolescente. A autora esclarece que, já nos anos 2000, o conceito incorporou uma categoria do tipo irmão mais novo, a expressão "kidults", ou seja, uma criança-adulto, que aponta para as "pessoas maduras que contestam ou até mesmo negam, com seus comportamentos e aparências, as noções de maturidade e autonomia" (Fontes, 2006: 9). Assim, é possível notar uma infantilização da cultura contemporânea, que se propaga pela universidade, mídia, literatura, cinema e arte.

Bendassolli e Serafim (2007: 50), da Fundação Getulio Vargas, opinam que atualmente vivemos uma inversão, em que adultos têm se "tornado crianças" e experimentam uma tutela excessiva sobre si mesmos, com outros adultos realizando escolhas para eles, como as peças de roupa que irão vestir, o curso de graduação que irão fazer, o parceiro amoroso com que se relacionarão. O adulto deseja ser tutelado. Além disso, o adulto "depende agora de conselhos e recomendações vindos de outro alguém: de um consultor de moda, de um agente imobiliário, da mídia em geral, de conselheiros amorosos ou sexuais, de um 'coach', de um mentor e assim por diante".

Os autores indicam que podemos verificar em nossa sociedade o sintoma social de infantilização do adulto, em uma espécie de negação geracional, em que adultos, pais, as figuras de autoridade rejeitam seu papel. São tecidas algumas possíveis explicações a essa negação ao amadurecimento. Há a tendência de esse ser malvisto, com o destaque dado pela sociedade à incessante busca e ao desejo da eterna juventude, amadurecer pode indicar o início da decadência do corpo, tão valorizado nos dias atuais. "Essa redução ao corpo, que não leva em consideração o amplo escopo do que é ser humano (pensar, sentir, agir, etc.), transforma a maturidade em uma fase que se deve evitar ao máximo" (Bendassolli e Serafim, 2007: 52). O filósofo e professor Pedro Braga (2008) complementa que há uma busca excessiva pelo rejuvenescimento. E o mercado produtivo e os especialistas em juventude lucram muito com isso, através das cirurgias plásticas, lipoaspirações, dietas; tratamentos e a grande diversidade de cremes para a pele e o cabelo; a medicalização, enfim, o sujeito é bombardeado por convites para fugir e negar os traços da vida.

Bendassolli e Serafim (2007) citam, ainda, como exemplo do que chamam de negação geracional, os pais que receiam se impor diante dos filhos, com os quais "optam" por igualar-se nos modos de se vestir, nos lugares a frequentar, nos valores, na linguagem etc.

A sociedade contemporânea, diga-se, a sociedade de consumo, apresenta, de acordo com Fontes (2006: 2), o fascínio pelo novo, isso de maneira "[...] que extrapola os limites do ato de consumir em si e se estende às esferas da vida privada e às práticas cotidianas". A adolescência é eleita como o ideal cultural (os seus aspectos positivos, como a jovialidade, a energia, são idealizados), assim a lógica de mercado e o conjunto de práticas culturais enobrecem a juventude como valor cultural de referência. "Interpretável como [...] uma faixa etária privilegiada, na qual podem ser inscritos os mitos das possibilidades infinitas, a juventude é a metáfora ideal da contemporaneidade, um tempo marcado pelo fluxo incessante de informações, mudanças, instabilidades e transformações [...]". A autora indica ainda que o ideal etário da juventude da cultura contemporânea pode ser resultado do fato de que os jovens, no século XX, representavam a maioria do ponto de vista demográfico. Contraditoriamente, vivemos em paralelo com um grande aumento na proporção de idosos no início do século XXI.

Acreditamos que nossa sociedade seja constituída por muitos adultos diferentes, com opções, estilos de vida e "maturidades" diversas. Talvez possamos falar em tendências de comportamento, principalmente se considerarmos a cultura, a sociedade, as desigualdades econômicas, a realidade e as condições em que tais adultos se constituíram historicamente e continuam a se constituir. Como defende Vygotsky (2004: s/l), "não pode ser dito que a composição das personalidades humanas representa algo homogêneo e uniforme em um dado momento histórico" e "as várias contradições internas que são encontradas nos diferentes sistemas sociais encontram sua expressão tanto no tipo de personalidade quanto na estrutura da psicologia humana naquele período histórico".

Psicologia do Desenvolvimento do adulto

Como vimos na primeira parte deste livro, a Psicologia do Desenvolvimento, em sua história de constituição, se debruçou muito mais sobre o estudo da infância e da adolescência, em que são investigados os mais diversos aspectos do desenvolvimento, do que sobre as outras fases da vida. No entanto, a partir da metade do século XX, tais estudos tiveram algumas mudanças em suas tendências. Entre as quais se encontram o intuito e a necessidade em voltar-se para a vida como um todo, ou seja, também passaram a constituir seu foco de estudos as transformações ocorridas na fase adulta e na velhice. Como afirma a doutoranda da Universidade de Coimbra Teresa Sousa Machado (2005), até bem pouco tempo atrás, comumente se encontravam referências acadêmicas centradas em materiais voltados para a infância e a adolescência e praticamente uma ausência delas quando se tratava de adultos.

Uma das explicações para a parca existência de estudos sobre o desenvolvimento humano posterior à adolescência talvez tenha relação com o que Oliveira (2004) aponta, no sentido de que, muitas vezes, a vida adulta é representada como um período de estabilidade e ausência de transformações importantes. Houve também, na própria Psicologia do Desenvolvimento, mudanças no sentido de, de acordo com Machado (2005: 2), passar a considerar todo o curso da vida, de modo a reconhecer que "quer o adulto, como o adolescente não são certamente desprovidos de passado, mas também não estão irremediavelmente presos ao passado mais ou menos longínquo e antecipam um futuro".

A autora explicita que, mesmo deparando-se no século XVIII com obras que se dedicaram a estudar o desenvolvimento ao longo da vida, como a do psicólogo alemão Tetens, de 1777, os estudos acerca do adulto, como hoje os entendemos, iniciam seu incremento nos anos 1960 e 1970. Machado (2005: 3) destaca que "os diferentes modelos que vão surgir salientam a integração de diversas variáveis que, em cada momento da vida, podem interferir no curso do desenvolvimento". E, além disso, ao refletir sobre o estudo do desenvolvimento do adulto, há o desafio e a recusa de muitos teóricos em enveredar pela ortodoxia da decadência universal e gradual auferida com a idade.

Por outro lado, em relação aos estudos realizados com idosos e até mesmo com adultos, pode haver uma preocupação demasiada com o que falta, com o que se mantém, deixando de considerar outras questões que também são importantes: "os psicólogos estão muitas vezes absorvidos em demonstrar a presença ou ausência da mudança. E, com frequência, ignoram a questão de saber se a mudança faz ou não faz a diferença" (Schaie e Willis, 1991, apud Machado, 2005: 17).

As doutoras em Psicologia, Maria de Fátima de Souza Santos e Renata Lira dos Santos Aléssio, e a mestre em Psicologia, Cíntia Maria da Cunha Albuquerque (2007), ao voltarem-se à Psicologia do Desenvolvimento nas sociedades ocidentais, destacam que a concepção de desenvolvimento é marcada pelo progresso e maturidade, abalizados por uma perspectiva evolucionista (segundo a qual o desenvolvimento segue um caminho predeterminado, numa sequência fixa de padrões de crescimento), que se ancora em ideais de eficiência e produtividade.

Em relação às mudanças relacionadas com o desenvolvimento do adulto, Oliveira (2004: 217) considera inadequado o fato de, ao se tratar desse estágio psicológico, destacar-se a ausência de mudanças importantes, o que contraria inclusive a ideia de desenvolvimento, assim como a sua caracterização como um período de estabilidade. Ressalta que os adultos estão em geral em plena atividade, pois trabalham, estudam, constituem família e contribuem para a educação dos filhos, se relacionam com muitas pessoas, organizam e colocam em prática projetos individuais e coletivos, dentre outros, e "aprendem em diferentes dimensões da vida. [...] Todas essas características trazem, em si, potencial para profundas transformações". Transformações essas que não podem ser negligenciadas e desconsideradas como potenciais de desenvolvimento; o homem está em constante processo de aprendizagem.

É importante considerar que o adulto está inserido no mundo do trabalho e das relações interpessoais de modo diferente daquele da criança e do jovem. "A principal modalidade de inserção da pessoa adulta na cultura é o trabalho e essa seria a categoria fundamental de análise no processo de construção de uma psicologia do adulto" (Oliveira, 2004: 223).

A preocupação com a universalização de um desenvolvimento adulto deve considerar aspectos da história cultural e da história individual das pessoas e que estas são sujeitos nesse processo de desenvolvimento, com sua multiplicidade de possibilidades. A crítica está no fato de que a Psicologia tem tido dificuldades em formular, satisfatoriamente, uma Psicologia do adulto. "Na verdade, as teorias psicológicas são menos articuladas e complexas quanto mais avançamos no processo de desenvolvimento da pessoa: sabemos muito sobre bebês, bastante sobre crianças, menos sobre jovens e quase nada sobre adultos" (Oliveira, 2004: 217).

A partir dos anos 1990, os estudos sobre o adulto têm ampliado o interesse de muitos pesquisadores, em função das várias pressões sociais sobre o modelo que relaciona a transição para o mundo adulto à aquisição da estabilidade, seja ela financeira, profissional ou familiar. A mudança e a pressão por outros olhares advêm de transformações sociais e econômicas, de relacionamentos, tais como: o crescimento das aspirações à mobilidade social; a modificação na organização familiar e matrimonial; a possibilidade de postergar e programar o momento de ter filhos; o aumento da possibilidade da longevidade; da ampliação dos anos que se passa na escola e a necessidade de formação contínua; o aumento do consumo, da informação e do acesso ao lazer e ao hedonismo; as mudanças correlatas aos modos de entrada à vida profissional, que apontam com menos frequência para um emprego estável (Teixeira, 2001).

No entanto, há ainda a representação do desenvolvimento do adulto aliada à concepção de mundo abalizada pelas atividades econômicas de produção e trabalho. Nessa perspectiva, de acordo com Santos, Aléssio e Albuquerque (2007: 112-3), o período entre a infância e a vida adulta seria destinado a preparar e capacitar para a vida produtiva (o trabalho, a maturidade, a responsabilidade, a estabilidade) e ao social, de maneira a valorizar nos estágios de desenvolvimento as características que dariam condições para esse tipo de vida. "As mudanças de cada etapa são representadas como sequência de avanços em direção ao progresso, que encontra na idade adulta uma configuração ou contorno mais estável." As autoras estendem sua análise à Psicologia do Desenvolvimento e enfatizam que essa ciência contribuiu e contribui para a perspectiva apresentada anteriormente. Como exemplo, citam a Psicanálise, quando propõe que o adulto "normal" seria aquele capaz de amar e trabalhar.

TEORIAS DO DESENVOLVIMENTO DO ADULTO

Vale a pena lembrar que, embora haja uma vasta diferença entre nós no que diz respeito aos fragmentos que conhecemos, somos todos iguais no infinito da nossa ignorância.
(Karl Popper)

PSICANÁLISE: OLHARES SOBRE O ADULTO E A MATURIDADE

Sigmund Freud, ao vislumbrar o adulto, sua vida mental, toma-o como reflexo, uma continuidade (sob outra perspectiva) da vida infantil, carregada de conflitos não resolvidos. Bendassolli e Serafim (2007: 52) entendem que, com base em Freud, o adulto seria alguém capaz de responsabilizar-se por seus próprios desejos, de superar a onipotência infantil, presumindo que as pessoas, o mundo estaria à sua inteira disposição, dispostos e prontos a satisfazer todas as suas necessidades e imperativos, de maneira a minimizar suas frustrações. Em suma, "o adulto seria, então, reflexo da quantidade de frustrações que, em vez de levá-lo ao desalento, o confrontaram com suas próprias limitações e o fizeram crescer".

Freud define a fase genital, que tem início com a puberdade, como o estágio final do desenvolvimento psicossexual (quando o indivíduo chega à maturidade), com a energia da pulsão centrada nos genitais. De acordo com Glassman e Hadad (2006: 247), Freud deu pouca atenção à fase genital, ainda que esta abranja a maior parte da vida, em constante busca por tentar entrar num "acordo com os resíduos da infância, como um complexo de Édipo não resolvido", e a tarefa de desligar-se, de separar-se dos pais, que resultará em deixar de ser criança e passar a ser membro efetivo da comunidade social.

Segundo os pesquisadores em Psicologia Daniella Machado de Oliveira e Leopoldo Pereira Fulgencio (2010), o psicanalista Donald Woods Winnicott (1896-1971), que tem sido considerado atualmente um clássico da teoria psicanalítica, ao tratar do desenvolvimento, reporta-se à teoria pessoal de amadurecimento afetivo e leva em conta o processo de amadurecimento psíquico. O amadurecimento compreende uma linha que segue da dependência absoluta do início da vida (que dependerá do ambiente, no caso a mãe, suficientemente boa que atende, na medida exata, às necessidades do bebê, do ser em desenvolvimento) à independência relativa da maturidade. Nesse processo, são muito importantes as integrações, as conquistas que contribuirão para o amadurecimento pessoal. As fases de amadurecimento postuladas por Winnicott são: a da dependência absoluta (mais ou menos os quatro primeiros meses de vida do bebê); a da dependência relativa (incluindo, entre outras, a fase do desmame, do uso do objeto e da conquista do "eu sou"); a fase rumo à independência (também chamada de fase do concernimento); seguindo-se a fase edípica; o período da latência; a adolescência; a fase de maturidade e a velhice.

Ana Maria Frota (2006: 54), doutora em Psicologia Escolar e do Desenvolvimento Humano, apoiada nessa perspectiva, afirma que há uma tendência inata ao amadurecimento na constituição humana, com tendência à integração do ser em um todo unitário, a uma busca contínua e precária. Assim, para o amadurecimento, seriam necessários dois fatores: "a tendência inata ao amadurecimento que envolve a constituição de um si-mesmo unitário e integrado e a existência de um ambiente que possibilite e facilite este processo".

Contudo, o homem não é determinado na concepção ou no nascimento. Ou seja, ele é lançado no mundo, no que poderíamos chamar de vir a ser, constituído como incompleto e aberto, sempre estando por ser acabado. O amadurecimento presume-se numa conquista diária a fim de continuar a ser; num plano para a existência.

Para se chegar à fase de maturidade o ambiente deve possibilitar as condições adequadas, deve ser suficientemente bom, firme e seguro. Por exemplo, o ambiente deve se colocar de maneira a amparar o adolescente no seu amadurecimento, ou seja, reconhecer sua condição de imaturidade, de necessidade de enfrentamento, de agrupamento, seu sentimento de irrealidade, em que busca ser alguém e constituir-se em um eu dentro de um grupo. "De fato, existe somente uma cura real para a adolescência: o amadurecimento. Isso e a passagem do tempo resultam, no final, no surgimento da pessoa adulta" (Winnicott, 2005: 163).

Segundo Frota (2006: 53), Winnicott aponta a necessidade e relevância de se compreender o processo geral de amadurecimento do ser humano, do desenvolvimento emocional, com o intuito de poder conhecer, prevenir e curar as patologias psíquicas. Para ele, ao tratarmos da saúde da psique, devemos avaliá-la em relação ao crescimento emocional, à sua maturidade, pensados desde a gestação, em confluência com o seu meio ambiente. "O autor não deixa dúvidas ao afirmar que todos os fenômenos humanos, sejam eles sadios ou não, sempre mantêm relação com o crescimento e amadurecimento." A constância no ritmo do desenvolvimento seria um indicativo de saúde emocional.

O processo de crescimento emocional, na acepção de Winnicott, incide em fases, com idas e vindas, que não cessam e ocorrem enquanto o sujeito estiver vivo, desenvolvendo-se num movimento em espiral. "Sendo assim, qualquer estágio do desenvolvimento é alcançado e perdido inúmeras vezes. Por isso, em qualquer momento da vida, o indivíduo pode reviver períodos vividos, ou lançar-se para o futuro" (Frota, 2006: 53).

Para as pesquisadoras em Psicologia Clínica Marina Fibe de Cicco, Maria Lucia S. C. Paiva e Isabel Cristina Gomes (2005: 54), Winnicott, entende a maturidade "como sinônimo de saúde, dando-lhe o *status* de processo (um ir e vir) que acompanha o indivíduo ao longo de toda sua vida, denominando esse estado de maturidade relativa". Como um dos processos pelos quais passa o indivíduo, os autores citam o casamento, que exige maturidade dos cônjuges em se constituírem como indivíduos separados de seus pais, em uma ruptura para com os pais e a família de origem e um prolongamento da ideia orientadora da estrutura familiar.

Essa possibilidade de o indivíduo se perceber como um ser isolado, e à parte de seus pais e da família de origem, advém da vivência de situações disruptivas, desalojadoras, as quais contêm a origem da possibilidade de desinstalar o indivíduo, permitindo uma reinstalação, construída em suas relações com o outro e com o mundo. A reinstalação de si mesmo, como processo, tem início com o rompimento dos absolutos da infância e alarga-se pela vida inteira, com a compreensão de um ser que habita em um mundo, vendo-se como um sujeito de possibilidades, aberto, incompleto e precário na sua condição humana. "Reinstalar-se no mundo talvez seja o mesmo que poder imprimir uma marca pessoal na vida, uma vez que agora o indivíduo é capaz de criar a si e ao mundo a partir do que de mais próprio ele pode ter: sua condição de humanidade" (Frota, 2006: 63). Em suma, a maturidade, o ser adulto, abarca a possibilidade de tomar a vida nas próprias mãos, atentar-se a si como um ser de possibilidades.

A maturidade em uma perspectiva psicodinâmica

A partir de uma abordagem psicodinâmica (que tem Freud como pioneiro), busca-se compreender como a personalidade é adaptada pela experiência passada e pelo funcionamento da mente. São diversos os teóricos que a assumem e, de acordo com Glassman e Hadad (2006), apesar de suas diferenças, têm em comum a ênfase nas experiências principais da infância quando intentam compreender a personalidade adulta.

O professor e psicanalista Flávio Fortes D'Andrea (2012), numa leitura psicodinâmica, destaca que a fase da chamada maturidade compreende o período que decorre mais ou menos dos 20 aos 50 anos, envolvendo do fim da adolescência ao climatério. Questões muito prementes da existência do ser humano são evidenciadas, como as responsabilidades em relação à sociedade e a si mesmo.

Nosso jovem adentra na fase adulta, ou seja, no período comumente compreendido como de maturidade, na medida em que tem uma identidade formada e que "é capaz de viver intimamente com um membro do sexo oposto, está definido profissionalmente e está apto a associar-se com outras pessoas em condições de igualdade" (D'Andrea, 2012: 109).

Assim, o autor divide esse período de maturidade em:

- *adulto-jovem* (20 aos 35 anos), com grandes responsabilidades consigo mesmo e com a sociedade, como o ajustamento profissional, o casamento e a paternidade;
- *meia-idade* (35 aos 50 anos), período em que as pessoas colhem os resultados dos investimentos vitais, têm o clímax de seu desenvolvimento, a maturidade propriamente dita. Na concepção do teórico, é o momento de colher os frutos que plantou, ou

seja, o conjunto de características que conseguiu formar e que o definem, em relação a si e ao mundo, "como uma pessoa realizada". Essas características estão em sincronia com um adequado desenvolvimento do ego, "implicando numa adequada adaptação ao princípio da realidade e num harmônico entrosamento com o superego" (D'Andrea, 2012: 131). O autor complementa que a maturidade do adulto dependerá da capacidade do sujeito em aprender com a própria experiência, bem como com a daqueles com quem convive, de maneira a aguentar o sofrimento que acompanha esses aprendizados. Os conhecimentos adquiridos nesse processo devem ser transmitidos com um mínimo de dúvida e incertezas. "Em nenhuma outra época da vida, a condição finita do ser humano é percebida tão realisticamente como na meia-idade" (D'Andrea, 2012: 132); percebe-se isso através dos traços físicos, como as rugas, com as fragilidades na saúde. As perdas podem desencadear reações depressivas, por conta de um ego amadurecido que prevê o fim de sua existência;

- *climatério (por volta dos 50 anos):* exerce influências marcantes na personalidade do adulto, principalmente no sexo feminino, quando ocorre a diminuição da atividade glandular sexual e modificações físicas peculiares, que perturbam o equilíbrio do aparelho psíquico; tem-se a segunda recapitulação dos processos psicossexuais da infância. "Então, desejos não satisfeitos, fixações e conflitos ressurgem ameaçando o indivíduo, que se vê, assim, presa da ansiedade. Por outro lado, há uma percepção de que esta é a última oportunidade para a solução de problemas não resolvidos nas diversas fases do desenvolvimento" (D'Andrea, 2012: 137). Esse período requer a reformulação de atitudes em relação a si mesmo, repercutindo no interior da personalidade.

Erik Erikson e o desenvolvimento psicossocial do adulto

Em relação a teóricos na Psicologia do Desenvolvimento, Agudo (2008) destaca que Erikson é um grande precursor, quando se trata da teoria do desenvolvimento na idade adulta, por ser o primeiro autor a estipular fases dentro dessa idade, considerando, pois, a vivência de períodos distintos desse período, destacando a idade adulta e a idade adulta jovem. Para Erikson, a personalidade continua a sofrer modificações na idade adulta e, por isso, "[...] sua teoria foi precursora de visões modernas no estudo do desenvolvimento humano" (Glassman e Hadad, 2006: 272). No entanto, ainda de acordo com os autores, têm ocorrido contestações questionando "[...] até que ponto é universal a sequência e a duração dos estágios" (Glassman e Hadad, 2006: 275).

Intimidade x isolamento (18 a 30 anos aproximadamente)

Desde o final da adolescência, o sujeito enfrenta o desafio do conflito da intimidade com o isolamento. A intimidade constitui-se na capacidade do indivíduo em fundir sua identidade com a de outras pessoas, sem receio de que isso possa prejudicar sua personalidade (D'Andrea, 2012), ou seja, ele estaria mais preparado para as relações íntimas, para as amizades, para as relações sexuais, para o amor, para o casamento; "[...] para entregar-se a ligações às quais será fiel, mesmo que elas lhe imponham compromissos e sacrifícios" (Barros, 2002: 95). Se o sujeito temer perder sua identidade nas relações estabelecidas, então procurará evitar a intimidade, numa forte sensação e tendência ao isolamento e distanciamento, "a isolar-se e, se necessário, a destruir as forças e pessoas que sente como perigosas para si próprio e que parecem invadir indesejadamente as relações íntimas" (Agudo, 2008: 10).

D'Andrea (2012: 125), amparado em Erikson, cita o exemplo de uma experiência comum dessa fase, o casamento, que, quando fracassado, tende a fortalecer os conflitos da personalidade e a incitar os sentimentos de isolamento, que podem vir, de algum modo, à tona nas participações sociais do indivíduo; já o casamento bem-sucedido geraria uma "reorganização de certos aspectos da personalidade e essa reorganização influenciará positivamente na cristalização da maturidade". Todavia, nem todas as pessoas se casam e nem todas as pessoas que se mantêm solteiras são neuróticas ou não alcançaram a maturidade.

O desafio consiste em construir intimidade, ou seja, laços duradouros, que envolvem o cuidado, a confiança e o compartilhamento. Isso não significa, todavia, que uma pessoa não possa ou não necessite de isolamento por períodos mais curtos, o que pode acontecer, sem que seja considerado algo negativo.

Generatividade x estagnação (30 aos 60 anos)

De acordo com Erikson, a generatividade constitui a tarefa principal, o desafio que se interpõe à idade adulta. A concepção de generatividade está em concomitância com a necessidade que o adulto tem em envolver-se, cuidar e orientar as gerações mais novas, implicando uma compreensão do desenvolvimento proativo da idade adulta. Envolve, pois, "o papel de cuidado do outro como tarefa de desenvolvimento" (Rebelo e Borges, 2009: 99). Esse outro pode ser alguém de parentalidade (biológica ou não) ou, mesmo, a sociedade, onde possa contribuir ou se sentir responsável pelo seu desenvolvimento, bem como o das crianças, dos adolescentes (das gerações mais novas). O adulto estaria motivado a transmitir os conhecimentos, as experiências adquiridas ao longo da vida, a realizar um trabalho criativo; tem interesse em deixar descendência; há uma necessidade intrínseca em ser necessário às pessoas e à sociedade.

D'Andrea (2012: 141) acrescenta que, nesta fase, o sujeito depara-se com o conflito entre a *fecundidade* (envolve a continuidade do processo de desenvolvimento transmitido através de gerações, a procriação, a transmissão de conhecimento e experiências, obras artísticas, as produções que foi capaz de realizar nos variados setores de sua vida) e a *estagnação* (não conseguir transmitir positivamente aos filhos a sua experiência de vida; as pessoas de meia-idade solteiras têm maiores chances de estagnação, especialmente se não se casaram em razão de conflitos intrapsíquicos).

Quando o adulto não consegue sentir-se necessário, útil, incorre no que Barros (2002), apoiada em Erikson, aponta como sensação de estagnação e de infecundidade. A autora alerta para o fato de que querer ter filhos, por exemplo, não garante a generatividade e, ainda, que não querer ter filhos não elimina a possibilidade de exercer a generatividade, com o cuidado, por exemplo, de outras pessoas, de crianças, exercendo a função como professores, tias, escritores de livros infantis etc.

PSICOLOGIA HISTÓRICO-CULTURAL E DESENVOLVIMENTO DO ADULTO

Como vimos em capítulos anteriores, a Psicologia histórico-cultural, ao tecer suas considerações acerca do desenvolvimento, defende que este se constitui com a apropriação dos objetos da cultura, nas e pelas relações estabelecidas com o mundo, com as pessoas, com o desenvolvimento das forças produtivas, de que o sujeito social faz parte. Como asseveram Possidônio e Facci (2011), a formação do ser humano está vinculada ao desenvolvimento da consciência, que depende das suas condições de vida. E o desenvolvimento da consciência está conectado à apropriação da cultura, que se efetiva nas relações sociais. As mediações promovidas nestas relações acarretam a aprendizagem (do uso da linguagem, dos instrumentos etc.) e o desenvolvimento humano.

Esse processo de apropriação da cultura, da experiência acumulada, permite a aquisição das qualidades, das características humanas, e a constante criação de novas aptidões humanas.

Assim, o ser humano, ao se relacionar com a realidade, busca atender às suas necessidades de sobrevivência, bem como às postas naquela relação e o faz por meio de uma atividade principal. Como vimos, no primeiro ano de vida da criança, a atividade principal, pela qual ela se relaciona com o mundo e atende às suas necessidades de sobrevivência física e psíquica, é a de comunicação emocional, ou seja, a de contato emocional com o adulto. À medida que a criança vai alcançando novas aquisições, novos aprendizados, estabelece formas cada vez mais complexas de relação com o mundo. "Por meio da atividade, o indivíduo atua sobre a natureza, sobre as coisas e sobre as pessoas. Na atividade, o indivíduo desenvolve e realiza suas propriedades internas, intervém como sujeito em relação às coisas e como personalidade em relação às pessoas" (Petrovski, 1985: 142-3).

No entanto, a passagem de um estágio a outro, com o domínio de atividades diferentes, ou seja, o desenvolvimento humano, não ocorre naturalmente com o tempo, a partir de uma suposta natureza humana universalmente concebida e destituída do complexo de relações constituídas histórica e culturalmente e das condições concretas de vida. Como afirma Vygotski (1996), a periodização do desenvolvimento não advém das mudanças verificadas no corpo do sujeito ou por indicadores externos do desenvolvimento, mas por passar a existir algo novo no psiquismo (que é reequipado), proveniente das condições materiais, num processo de mudanças revolucionárias, conflitos, retrocessos. Num processo ativo de adaptação.

No caso do adulto, devemos considerar que o seu psiquismo difere do da criança, pelo processo de desenvolvimento percorrido até constituir-se em adulto, em razão das experiências já vivenciadas, das atividades de estudo concretizadas ao longo dos anos, ou seja, da educação escolar, das relações estabelecidas com o outro, com a cultura, da metamorfose da criança em adulto, determinadas a partir de um modo particular de vivência em condições concretas de vida históricas e sociais. Como aponta a professora e doutora em Psicologia Graziela Lucchesi da Silva (2011: 256), fundamentada em Vigotski, é o "mundo criado pelo trabalho e pela luta de inumeráveis gerações humanas que fornece ao homem o que ele possui de verdadeiramente humano mediante o processo de apropriação efetivada no curso do desenvolvimento de relações reais do sujeito com o mundo".

Quando se trata do adulto, o meio pelo qual este se desenvolve, ou seja, a atividade principal que domina neste período da vida é o trabalho, considerada como vital.

Ao longo da história de trabalho, como explicam Martins e Eidt (2010: 681), o homem, através de suas aptidões, do conhecimento humano adquirido, do saber-fazer, produziu objetivações (intelectuais e materiais), exteriorizou suas capacidades, como os produtos em si, "[...] a linguagem, as relações entre os homens, bem como as formas mais elevadas de objetivações, como a arte, a filosofia e a ciência". Além disso, as autoras explicam que esse processo é cumulativo, ou seja, nele "[...] há riqueza humana acumulada, produzida por várias gerações anteriores". Barroco (2007) acrescenta que, na produção material de vida, os sujeitos apropriam-se do que já foi produzido e criam novas formas de se relacionarem e de estarem no mundo, de entendê-lo e de transformá-lo. "Na medida em que o ser humano altera o mundo externo pelo uso de instrumentos e da linguagem, a relação inversa também se estabelece: os símbolos e os objetos criados pelo homem acabam por modificar seu psiquismo e seu comportamento" (Martins e Eidt, 2010: 676). "Com efeito, tudo o que há de especificamente humano no psiquismo forma-se no decurso da vida" (Leontiev, 1978: 239).

Por meio de sua atividade, o homem precisa se humanizar, apropriando-se do que já foi construído ao longo da história de sua constituição. Com o trabalho, atividade realizada pelo adulto, e com suas formas de organização, como a sua divisão social, o homem desenvolve novas necessidades e motivos de comportamento e outras atividades psíquicas, exigindo novos aprendizados, movimentações em seu desenvolvimento e a realização de atividades intencionais, planejadas.

De acordo com o filósofo húngaro George Lukács (1979: 87), "[...] o trabalho é antes de mais nada [...] o ponto de partida da humanização do homem, do refinamento das suas faculdades, processo no qual não se deve esquecer o domínio sobre si mesmo".

Entretanto, como afirma Miranda (1999), as condições concretas pelas quais o processo de desenvolvimento se efetiva não garantem que o adulto seja, de fato, um homem pleno e pronto para assumir a condição de sujeito. As objetivações do sujeito, seu trabalho, podem não significar para ele possibilidades de constituição e reconhecimento. O trabalho na sociedade capitalista de produção não se estabelece para o trabalhador como uma forma de realização de suas capacidades e de suas necessidades, de forma a produzir outras que, para ele, são estranhas.

O indivíduo não se realiza, não se reconhece no seu trabalho e não obtém os proventos necessários para o modelo de condição de vida, de consumismo exigidos, para suprir as "suas" necessidades, então é culpabilizado por sua incapacidade, por estar à margem do poder de consumo, de inserção social, de realização, torna-se um "adulto problema". O adulto bem-sucedido seria então aquele que acumula bens materiais, que corresponde aos prazos e objetivos a serem alcançados, como adulto capaz, independente, estável. Com isso, o sentido de ser pode ser substituído pela necessidade e valorização de possuir objetos, de ter, dando a falsa sensação de que isso completaria o sujeito.

Referindo-se às possibilidades de apropriação das conquistas do desenvolvimento humano, explica Leontiev (1978: 274-5) que elas não são acessíveis a todos em razão "[...] da desigualdade econômica, da desigualdade de classes e da diversidade consecutiva das suas relações com as aquisições que encarnam todas as aptidões e faculdades da natureza humana, formadas no decurso de um processo sócio-histórico". Para ele, além da concentração da riqueza material, a classe dominante concentra também a riqueza intelectual, limitando o acesso e a apropriação das formas mais elevadas de produção humana, como a ciência, a arte, a filosofia.

Desse modo, ainda que as criações humanas pareçam existir para todos, apenas uma minoria tem as possibilidades materiais de acesso a elas, à riqueza humana. E ideologicamente "[...] os homens que constituem a massa da população [...] têm de contentar-se com o mínimo de desenvolvimento cultural necessário à produção de riquezas materiais nos limites das funções que lhes são destinadas" (Leontiev, 1978: 276).

Após essas considerações, concluímos que o ser humano, em razão das condições desiguais, próprias de uma sociedade de classes capitalista, pode ter seu desenvolvimento, como indica Silva (2011: 258), empobrecido, restrito, limitado e "[...] esvaziado desde a infância, resultando em uma *metamorfose cultural alienada da universalidade do gênero humano*" (grifos da autora).

Assim, as características do adulto estão relacionadas ao aprendizado, à apropriação da cultura constituída historicamente. Nesse aspecto, para a Psicologia histórico-cultural, as condutas do homem e suas capacidades cognitivas estão imbricadas com a sua história educativa, ocorrida em determinado contexto social e histórico. Vigotski (2001) afirma que o sujeito, neste caso, o adulto, desenvolve sua subjetividade e sua humanização num contexto educativo. Além disso, como afirmam Vygotsky e Luria (1996), o adulto é produto do contexto social e histórico, de maneira que sua essência encontra-se na essência das condições sociais. Desse modo, o intuito de compreender o pensamento e o comportamento do adulto requer que sejam contemplados e estudados como frutos de um longo e complexo processo do desenvolvimento desde a criança, constituída sob determinadas condições sociais. Com isso, deve-se levar em conta que o estudo do desenvolvimento "[...] coincide com o estudo da pessoa concreta, imersa numa trama de relações sociais e num sistema político e econômico, e outra coisa não é senão o estudo da história objetivada particularmente em cada indivíduo" (Martins e Eidt, 2010: 682).

PARTE VI
DO PROCESSO DE ENVELHECIMENTO: OS IDOSOS EM DESENVOLVIMENTO

CONTEXTUALIZANDO A VELHICE

Tudo o que nele existia era velho, com exceção dos olhos que eram da cor do mar, alegres e indomáveis.
(Ernest Hemingway)

VELHICE: PERCEPÇÕES E RELAÇÕES QUE A CONSTITUEM

Ao partir do princípio de que todas as pessoas (mais novas, mais velhas) desenvolvem-se, de algum modo, em decorrência de uma multiplicidade de fatores, contextualizaremos o desenvolvimento do idoso.

O olhar e as relações estabelecidas com a velhice vão sendo delimitados ao longo da história pela cultura, pelas políticas, pelas condições de existência, pela totalidade concreta da estrutura social, pelas concepções de mundo, de homem, de homem produtivo. Portanto, a velhice é composta por papéis e imagens antagônicos, de sabedoria, de acúmulo de conhecimentos, de degradações, de perdas, de conquistas, de improdutividade.

A concepção de velhice, ou daquele que vivencia esse período, o idoso, é em geral envolta por uma série de estigmas sociais, de concepções negativas, difundidas na sociedade, na história, na cultura, e subjetivadas pelo sujeito (o olhar do outro sobre nós reflete em nossa autoestima, na percepção de nós mesmos). Os idosos, por muito tempo na história das ciências e na história dos homens, permaneceram (por vezes ainda permanecem) ocultos ou nivelados pela incapacidade, pela inutilidade, pelo declínio, o que tornou "inviável" debruçar-se sobre eles, por fim, "quem gosta de passado é museu", como se diz.

Mas afinal, teria a velhice um tempo certo para começar, para terminar? De acordo com a professora de Serviço Social Solange Teixeira (2008: 22), são tomados como velhos aqueles que conseguiram alcançar os 60 anos, dentro de uma perspectiva demográfica individual. Numa visão biológica, são consideradas as mudanças que se traduzem nos declínios físicos e, paralelamente a isso, a autora menciona a importância de também levar em conta a coexistência de "fenômenos de natureza biopsíquica, social e econômica", nas diferentes formas de envelhecer.

As características da velhice poderiam ser universalizadas? A sensação e o sentimento de estar envelhecendo surgem para todos do mesmo modo e ao mesmo tempo? Quantos já não se sentiram tão "velhos", muito antes de estar no período que se convencionou ser da velhice, ou quantos se sentem impregnados de características atribuídas à juventude, ao adulto, quando já cognominados socialmente de idosos? "É cada sujeito que inaugura o seu *tempo de ser velho* quando este lhe é imposto pela sociedade, por sua cultura, pelo organismo biológico – e opera com ele, de acordo com aquilo que sua própria história determina" (Amendoeira, 2003: 959; destaques da autora).

Uma cultura negativa da velhice (em suas manifestações simbólicas e concretas) opõe-se às possibilidades de desenvolvimento. Como conciliar conceitos tratados como antagônicos? O que desenvolveria uma pessoa usualmente "portadora" da crescente limitação imposta pela falta, pelo adoecimento, pela natureza biológica?

No imaginário social mistificou-se a juventude, de maneira que ela é considerada ideal, o melhor momento da vida que, como tal, deve ser reproduzido, copiado por outras etapas da vida (como na fase adulta, na velhice). A mítica de sua energia, de sua vivacidade é reverenciada e tomada como algo próprio dessa fase, que deve ser estendida à velhice, como se este período não pudesse ser constitutivo dessas características, daí a ideia de importar esse simbólico da juventude. Assim, os idosos são agraciados com elogios remanescentes desse ideal de juventude: "Nossa como você ainda está tão bem, tão cheio de energia!" Para não precisar dizer: "Como você ainda não está tão velho!"

Os idosos vivenciam contraditoriamente, por um lado, ideais culturais de juventude, de cultuamento ao corpo, da estética perfeita e, por outro, deparam-se com um corpo visivelmente marcado pelo tempo, um todo delineado por espaços que lhes restringem as ações, por se acreditar que já não servem mais à sociedade, ou por não ter condições para tal. São sabedorias que deixam de ter consistência ou relevância; inserção social limitada e fadada ao isolamento. Um tempo de realizações e de contribuições que se apagam, ainda que escancarados pelas linhas do tempo no corpo, no psíquico. De acordo com a psicóloga representante do Conselho Federal de Psicologia Clara Goldman (2009: 21), no que se refere à relação da velhice com o corpo, este por si só não se mostra como predicado da velhice, no entanto, esta última, como estigma instala-se "no corpo e passa a inquietar o idoso, onde se expressa o sentimento de um corpo imperfeito, em declínio, enfraquecido, enrugado, extrapola a visão do corpo, ampliando para a personalidade, o papel social, econômico e cultural do idoso".

As características do corpo se estenderiam então para outras esferas da vida, como a social, a política, a econômica, a psíquica. O sociólogo britânico Mike Featherstone (1998) diz que o corpo é apreendido por meio de códigos culturais, os quais estruturam nossa percepção, nossa reação a ele. Complementa com a ideia de que, dentro de uma cultura do consumismo, presta-se mais atenção ao aspecto das pessoas, haja vista que o corpo é uma forma de dar poder. O corpo e as relações estabelecidas por meio dele necessitam ser abarcados como uma construção social, devendo ser compreendidos no interior da cultura que os produz.

E com isso se percorrem mais vias de embelezamento com o qual o mercado se abastece continuamente, inventa, reinventa e as possibilidades são cada vez maiores de "sentir-se bem, de sentir-se bonito", de ser notado positivamente. Em nossa sociedade de consumo, um dos sentidos infligidos à saúde do corpo é o de que ele é um bem a ser adquirido, um padrão a ser obtido. Como reflete Fontes (2006), dispara-se o ideal de que "as qualidades físicas" são poderosos instrumentos de fortalecimento da identidade, de reconhecimento cultural, de *status* e ascensão social e de felicidade. São criadas práticas sociais com a prerrogativa de que o indivíduo, além de assumir o controle sobre seu próprio corpo, deveria transformá-lo num instrumento perfeito. Caso isso não ocorra, se o indivíduo perder o controle sobre seu corpo, com a fuga e o desvio do padrão ideal, ele e o seu corpo passam a provocar nas pessoas e na sociedade os sentimentos de vergonha e de repulsa, de distanciamento.

Assim, cresce o mercado de consumo de bens e serviços, em favor de reparar as marcas do envelhecimento, projetando, de acordo com Debert (2011), um corpo jovem na concretude do corpo envelhecido e negando a velhice progressiva como um aspecto do avanço da idade cronológica, o que pode impedir e conturbar a criação social de uma estética da velhice. Aliada a isso, temos a suposição de que uma "boa aparência" é sinônimo de bem-estar. Assim, aqueles que mantêm seu corpo em "dia" (regularmente vigiado e com boa aparência) viverão mais. Além da vigilância constante do corpo, é muitas vezes repassada ao indivíduo a responsabilidade pela sua própria saúde, como se esta dependesse apenas dele, excluindo as demais dimensões a ela vinculadas, como a econômica.

Muitas conquistas e perdas são parte da realidade ao longo da vida, mas no período da velhice podem-se intensificar as perdas em razão de situações reais, concretas, e pela sensação do próprio sujeito relacionada às cobranças definidas pela cultura, pela sociedade, enquanto ideais de homem, de corpo, de produtividade; e ainda pelas limitações de possibilidades de inserção social, de aprendizado, de desenvolvimento impostas pela sociedade. Comumente são atribuídas essas e outras características apenas às mudanças biológicas ocorridas durante o processo de envelhecimento, como se elas estivessem desvinculadas da cultura, do social, das múltiplas dimensões com as quais estão relacionadas.

Postuladas essas reflexões preliminares, passaremos a caracterizar os idosos e a velhice como um período de desenvolvimento vivenciado por eles, tangenciado pelo significado do processo de envelhecimento em nossa cultura e pelas condições socioeconômicas sob as quais vivem. Deparamo-nos, pois, com o desafio de fortalecer uma cultura positiva do idoso, de novas necessidades para além das forjadas na sociedade de consumo; de potencialidades e de possibilidades de inserção ativa na sociedade; num processo de envelhecimento que possa abranger diversas velhices, dadas as também diferentes formas de ser, de estar numa sociedade de desigualdades e de exclusões como a nossa. Assim, os idosos podem desenvolver-se, experimentar percepções de "amadurecimento", de crescimento, podem vivenciar um bem-estar físico, social e psíquico, ampliando sua qualidade de vida, numa velhice feliz, amparados para além do biológico por condições sociais, políticas, econômicas, culturais.

O IDOSO EM PERSPECTIVA DE DESENVOLVIMENTO

O envelhecimento da população incorpora um processo, um conjunto de transformações ocorridas ao longo da história da humanidade e do homem situado em determinado tempo e lugar. Ao reconhecer que uma grande parte da população pode e está envelhecendo, nos deparamos com o desafio de propiciar as condições psicológicas, sociais, culturais, econômicas, políticas para que o idoso tenha boas condições de vida. A ampliação do fenômeno da longevidade e o aumento progressivo da população idosa (segmento de maior crescimento da população) trouxeram desafios que convertem o envelhecimento em tema imperativo no século XXI.

As preocupações em torno da velhice vêm crescendo mundialmente, de maneira a formar novos profissionais especializados, advindos de diferentes campos; a abranger maiores estudos e pesquisas nas mais diversas áreas (como a Medicina, a Farmacologia, a Psicologia, as Ciências Sociais), na busca por explicar e melhor conhecer essa etapa da vida, no que se refere ao seu desenvolvimento, às suas potencialidades, seus interesses, sua saúde. Bem como a formulação de documentos, de leis, de políticas, de ações, visando alargar as informações disponíveis em torno de sua caracterização, a definição de direitos, a proteção, o cuidado, o desenvolvimento e a criação de novas alternativas de vida, dentre outras questões. Tais preocupações, por outro lado, refletem e também vêm contribuindo para o prolongamento da vida dos idosos em cerca de duas décadas.

A Organização Mundial da Saúde (OMS) organizou em Madri (Espanha), no ano de 2002, a Segunda Assembleia Mundial das Nações Unidas sobre o Envelhecimento, tendo como intuito desenvolver uma política internacional para o fenômeno em relação ao século XXI. Dessa Assembleia, resultou o documento *Envelhecimento ativo: um marco político*. Deu seguimento à primeira Assembleia Mundial sobre o Envelhecimento, realizada 30 anos antes, em 1982, que resultou no Plano de Ação Internacional de Viena sobre o Envelhecimento, abarcando a necessidade de ações na área de saúde, bem-estar social, segurança de renda e emprego, educação, dentre outras, além de veicular a necessidade de coleta e análise de dados de pesquisa sobre os idosos (OMS, 2002).

De acordo com a OMS (2002), é possível perceber a grande expansão nos números de pessoas que tem 60 anos. Explicita que entre 1970 e 2025, espera-se que a população mundial mais velha aumente uns 694 milhões, ou seja, um crescimento de 223%. Com isso, estima-se que, em 2025, serão cerca de 1,2 bilhão e, em 2050, 2 bilhões de pessoas com mais de 60 anos no mundo. As explicações para essas projeções de contínuo crescimento populacional giram em torno do aumento da longevidade, dos avanços da medicina, da decrescente taxa de natalidade, de uma nutrição melhor, dos cuidados com a saúde, do ensino, do bem-estar econômico. Uma das características desse crescimento é que a maioria dos idosos (70%) vive em países em desenvolvimento. Por outro lado, 69 milhões de pessoas possuem mais de 80 anos e a sua maioria vive em regiões mais desenvolvidas. Na maioria dos países, o número de pessoas acima dos 80 anos deve quadruplicar até 2050.

No Brasil, o aumento da longevidade, das expectativas de vida, deve-se a uma acentuada ampliação das melhorias gerais da qualidade de vida. Assim, de uma expectativa de vida de 45,5 anos em 1940, passamos para 72,7 anos em 2008, ou seja, 27,2 anos a mais, e continuaremos a elevar a esperança de vida da população ao nascer, chegando em 2050 ao patamar de 81,29 anos (IBGE, 2008). Entre 1980 e 2009, a esperança de vida aos 60 anos, para ambos os sexos, cresceu de 16,39 anos para 21,27 anos, indicando que em 2009 uma pessoa que completasse 60 anos esperaria viver em média até os 81,27 anos. Em relação a como são afetadas essas estimativas no homem e na mulher, o IBGE aponta que, entre 1980 e 2009, a vida média masculina de quem ultrapassa os 60 anos passou de 75,17 para 79,55 anos, e a feminina, dos 77,63 para 82,83 anos (IBGE, 2010).

Em relação aos idosos mais velhos, a pesquisa do IBGE (2007) apontou que, no Brasil, a população de idosos com 100 anos ou mais chega a 11.422 pessoas, sendo que 7.950 são mulheres e 3.472 são homens, e que há grande concentração desses idosos em quatro capitais: São Luís (144), seguida de Natal (118), Maceió (93) e Manaus (89).

Em suma, a tendência é que os idosos se tornem cada vez mais numerosos em relação às pessoas mais jovens. A previsão é de que o número de idosos brasileiros triplique de 2012 até 2050, passando de 21 milhões para 64 milhões de pessoas. Segundo essas estimativas, a dimensão de pessoas mais velhas no total da população brasileira deixaria os 10%, em 2012, para alcançar os 29%, em 2050 (BBC Brasil, 2012).

Os números são expressivos e, no caso da população idosa, percebemos o movimento que eles contêm. Isso necessariamente, e não apenas isso, justificaria a preocupação científica, política, de qualidade de vida em relação a ela. As minorias ou os segmentos populacionais que estagnaram ou que diminuíram em seu crescimento também devem estar no foco dos debates, dos programas, das políticas, das ciências em prol do seu desenvolvimento. É preciso, além de reconhecer os números, que haja esforços em busca de conhecer as transformações, as necessidades e as condições vivenciadas pela velhice. De acordo com Fontes (2006), constata-se um quadro que exige da cultura, dos Estados, das políticas governamentais e das sociedades como um todo novas percepções e ações para com esse cenário demográfico.

Além disso, constata-se que homens e mulheres que atualmente estão com 60 anos ou mais, como assevera a doutora em Antropologia Social Mirian Goldenberg (2011: 8-9), contribuíram, na década de 1960 e nas posteriores, para importantes transformações da sociedade, dentre elas a grande entrada das mulheres nas universidades e no mercado de trabalho, as mudanças no comportamento sexual, o uso da pílula anticoncepcional, os novos modelos de casamento e de família, a lei do divórcio. "Essa geração colocou em questão todo um conjunto de valores vigentes na sociedade brasileira, relativos à sexualidade, ao corpo, ao casamento e à família." Assim, em relação a nossos idosos, com sua história pessoal e coletiva, temos a tarefa de compreender como está sendo constituída a sua velhice.

Goldenberg (2011: 10), ao se referir ao modo como os idosos experimentam a velhice, descreve essa etapa como "um momento de importantes perdas de capital (particularmente no que se refere ao corpo, à sexualidade e à conjugalidade), mas também como uma etapa de vida de extrema liberação das pressões sociais e de descoberta de desejos [...]".

Outro fator associado à velhice e à vida como um todo é o de que, com o envelhecimento, as pessoas podem experimentar, sentir, dentre outras coisas, tristezas, desilusões, perdas, frustrações sem encontrar espaços de busca de sentido, de significado, de compreensão, de elaboração de tais experiências, que podem ser novas para elas. O problema disso é a crescente medicalização colocada e assimilada como um grande potencial para resolver e enfrentar os problemas da vida, do cotidiano da velhice. Por outro lado, quais são os espaços de acolhimento das questões subjetivas e também objetivas relativas às experiências de vida do idoso?

Envelhecimento:
concepções e relações sócio-históricas

Ao nos voltarmos para o processo de envelhecimento, se nos detivermos às diferentes culturas das diversas sociedades, também encontraremos modos distintos de perceber, de representar, de significar e de se relacionar com a velhice. Haja vista que essa é uma construção social, uma produção histórica, assim como os demais "tempos da vida". Cada sociedade, em razão de sua cultura, dos ideais socioeconômicos, da história de relações constituídas com a velhice, poderá dispensar cuidados, proteção, definir direitos, papéis, responsabilidades, valores. Em muitos países do oriente e de culturas indígenas, o idoso permanece ativo, é valorizado pelo seu conhecimento e sabedoria adquiridos ao longo da vida, e ocupa papéis de importância na família e na comunidade. Já na sociedade ocidental, mais comumente, nos deparamos com a contradição de almejarmos uma vida mais longa ao mesmo tempo que renunciamos às marcas do envelhecimento e da velhice.

Assim, em algumas culturas, as pessoas mais velhas têm um *status* positivo, são valorizadas pela sua experiência, são percebidas como alguém que se deve respeitar. Featherstone (1998) cita que no Japão, por exemplo, uma mulher muito velha é apreciada como uma bonequinha, como um bichinho de pelúcia e pode vivenciar uma espécie de segunda infância, com a liberdade de fazer coisas que provavelmente não teria em outras idades.

No entanto, ao recorrer à história de relações e de compreensões sobre a velhice, as informações encontradas são poucas, fato esse que tem uma das explicações recorrentes na pouca atenção que muitas culturas estendem aos idosos. Para Debert (1997), há uma precariedade de dados disponíveis. Encontram-se etnografias que tratam da experiência de envelhecimento em sociedades primitivas, as quais revelam que a solidão não é uma característica dessa experiência, ainda que não se possa afirmar, por outro lado, que ser velho se mostre uma experiência gratificante para todos que vivenciam esse processo, o que estaria relacionado com as possibilidades de poder e prestígio que ocuparam em tais sociedades ao longo da vida.

De acordo com o pesquisador russo Alexandr Tolstij (1989), ao refletir sobre as idades da vida do homem, aponta que, inicialmente, em sociedades primitivas, o auge do desenvolvimento, o degrau mais importante da vida era o homem adulto, pois continha a experiência que permitia a sobrevivência, sabia como matar uma fera, onde e quando amadureciam os frutos. Com o envelhecimento, perdia suas forças, tão importantes nesse período da história e, com isso, suas habilidades e conhecimentos se mostravam inúteis. Eram abandonados à própria sorte, mortos, contribuindo para que aquelas sociedades tivessem poucos velhos. O autor também se reporta à Grécia Antiga, onde, ainda que o idoso fosse desprestigiado pela sua condição física, a velhice era associada à sabedoria, convertendo o sujeito num ser de vida ativa, uma figura importante, com participação no governo do país, no direcionamento da educação dos jovens.

Na Idade Média, na qual predominavam os desígnios em recuperar a juventude e prolongar a vida, a busca pelo elixir da eterna juventude, a velhice tendia a ser tomada como algo a ser evitado, como algo feio; há uma paixão pelo rejuvenescimento. Na sociedade moderna, a partir do século XIX, os idosos foram sendo favorecidos pelo êxodo rural, pela Revolução Industrial e pelas descobertas científicas. A velhice ainda é vista como uma enfermidade, mas paulatinamente passa a ter uma conotação diferente, mais científica; é estudada com maior interesse no final do século XIX e início do século XX, de maneira a ser considerada um período em que os idosos gozam de direitos como as outras pessoas e são possuidores de características próprias que não se reduziriam a processos de desintegração.

As relações com os grupos etários, a partir do século XIX, vão tomando corpo, de maneira a especificar as diferenciações entre as idades, os espaços referidos a cada uma, as características, as funções. Enfim, como aponta a psicóloga Luna Rodrigues Freitas Silva (2008: 157), tem início a organização e divisão do curso da vida em estágios mais formais. E, ao longo desse processo histórico, vemos incorporada e reconhecida a velhice nos estágios da vida, por conta "[...] de uma tendência contínua em direção à segregação das idades na família e no espaço social", no campo do trabalho, no mercado de consumo, nas instituições, nas esferas de intimidade. Já no século XX, é possível verificar uma mais clara definição das faixas etárias, dos períodos de transição entre elas, bem como a "[...] institucionalização de ritos de passagem, como o ingresso na escola e na universidade e a aposentadoria".

Na cultura ocidental, a designação de *velho* é conferida àquele que experimenta o processo da velhice e de todas as características negativas que o acompanham, como o declínio físico, a degeneração e a incapacidade produtiva, sobretudo quando se trata de velhos pobres.

Já o termo *terceira idade* surgiu na década de 1970 na França, com a criação das Universidades de Terceira Idade, que propunham o ajuste entre atividades acadêmicas e atividades de lazer e convivência. De acordo com Debert (1997, s/l), entre os pesquisadores da velhice o termo foi utilizado com o intuito de apoiar-se numa expressão relativa às pessoas de mais idade, sem, contudo, denotar uma idade cronológica em específico, mas por não conter esta expressão um sentido pejorativo.

A velhice, ao se tornar uma questão pública, passa a ser alvo de uma série de intervenções e orientações do Estado, bem como de instituições privadas e, com isso, busca-se uma homogeneização da sua representação. Então, emerge a categoria cultural de *pessoas idosas,* "[...] que impõe outro recorte à geografia social, autorizando a colocação em prática de modos específicos de gestão". Desse modo, a partir dos anos 1970, universalizam-se direitos, como o da aposentadoria, correspondendo, como diz Debert (1997), a uma inatividade remunerada. Silva (2008) também participa dessa discussão ao propor que a velhice dos trabalhadores foi conjugada à invalidez, à impossibilidade de produzir, em que ser aposentado é ser de fato incapaz, inválido e ocioso. Essas associações à velhice vêm sendo recentemente desfeitas, pois a aposentadoria contribui também para a caracterização da velhice como uma categoria política. Ou seja, o aposentado é um sujeito detentor de direitos, de privilégios sociais legítimos. Além disso, é possuidor de uma renda mensal, que pode permitir determinados consumos.

A cultura, nossas percepções, as regras sociais, se modificam ao longo da história e muitas vezes as assimilamos como se fossem naturais, ou seja, como se sempre existissem tais como se mostram. Em relação à aposentadoria, por exemplo, Featherstone (1998) indica que esta surge e se fortalece no final do século XIX. Até então não era comum imaginar que uma pessoa, depois de determinada idade, não trabalhasse mais; em algumas sociedades as pessoas trabalhavam até, literalmente, caírem mortas.

A velhice passa então a representar, por essa possibilidade econômica (independência), um momento, um tempo para o lazer, para as atividades livres, para a satisfação pessoal. De maneira a significar metaforicamente uma *terceira idade* que não é sinônimo de doença, de declínio, de pobreza, mas constituída por uma experiência singular. Com esta perspectiva surgem práticas e preocupações da sociedade indicadoras de uma sensibilidade no que diz respeito à experiência do processo de envelhecimento, com o intuito de rever estereótipos negativos e de que pudessem ser ampliadas experiências bem-sucedidas desse processo (Debert, 1997).

Assim, a categoria terceira idade importou transformações na representação sobre a velhice, podendo esta compreender *não apenas* a decadência e degeneração física (pois esses conceitos não se diluíram completamente na percepção da sociedade) dos velhos pobres aposentados, mas também uma série de atributos positivos, como os que conferem a essa etapa de vida poder curtir o tempo livre, os momentos de lazer, a realização pessoal, os novos projetos e os que foram sendo postergados; experimentar novos hábitos, novos aprendizados etc.

A disseminação e a aceitação do termo *terceira idade* favoreceram a incorporação de novas exigências, novas necessidades de inserção social e cultural, novos estilos de vida, abrindo um mercado específico de consumidores. Os membros desse grupo em ascensão, ou seja, da velhice, buscam recursos nos especialistas, no mercado e, de acordo com Silva (2008: 163), "[...] cultivam o individualismo e a intimidade psicológica que favorecem o investimento dos sujeitos em identidades específicas. Essas características fazem dela [da velhice] o grupo da população mais 'interessado' na invenção da terceira idade".

Nessa esfera, esses novos componentes da terceira idade, aposentados, que se colocam como diferenciados por sua cultura, seus modos de vida, seu poder aquisitivo, não se ajustam à qualificação de velho, tão pejorativamente difundida. Aderem, como explica Silva (2008), ao termo *idoso*, menos taxativo, estereotipado e "capaz de incorporar" as qualidades agregadas desse novo grupo social, com os ideais de viver bem a vida. Os problemas dos velhos passam a ser cogitados como necessidades dos idosos.

Além disso, são encontradas denominações que intuem abranger uma maior diversidade de idosos pelas várias faixas etárias que acometem a velhice. Assim, além das variedades encontradas em eufemismos como "a melhor idade", "a idade de ouro", verifica-se também uma divisão do processo de envelhecimento em jovens idosos, idosos medianamente idosos e idosos muito idosos (velhos-velhos). A velhice, com isso, teria uma perspectiva de "começo do processo, meio e fim", com a tentativa de talvez indicar uma não uniformidade do processo como um todo. De qualquer modo, essa segmentação também não compreenderia heterogeneidades?

A indagação que surge é se o termo idoso realmente se alastrou para todas as camadas e estratos sociais, ou limitou-se, nas entrelinhas, aos pertencentes a uma determinada elite socioeconômica, enquanto os pobres, os excluídos, continuam sendo os velhos. Poderia haver a coexistência entre as referidas identidades etárias no imaginário cultural, incorporando as diferentes classes?

Acreditamos que o processo de velhice pode ser difícil de ser definido, na medida em que abarca as relações da forma como o sujeito se vê, se sente, com o modo como é percebido pelos familiares, pela sociedade, pela cultura em que vive e também a maneira como estes interagem com o idoso. Como afirma a psicóloga e psicanalista Miriam Altman (2011: 194), "a velhice se apresenta de maneira múltipla e diversificada. Não existe 'a velhice', mas velhices".

PSICOLOGIA: CONTRIBUIÇÕES PARA A COMPREENSÃO DO DESENVOLVIMENTO DA VELHICE

As horas vespertinas conhecem aquilo que a manhã jamais suspeitou.
(Provérbio sueco)

A Psicologia na história de desenvolvimento da velhice

De acordo com o que delineamos em capítulos anteriores, os estudos acerca do desenvolvimento humano centravam-se muito mais na busca pela compreensão da infância e da adolescência. Essa centralização manteve por muito tempo o adulto e o idoso à margem de maiores interesses e preocupações. A velhice não era contemplada, não era estudada como uma fase de desenvolvimento da vida.

António M. Fonseca (2007: 277), da Universidade Católica de Portugal, esclarece que, na primeira metade do século XX, prevaleciam (ainda que já pudessem ser encontradas algumas que se diferenciavam) concepções que abreviavam o desenvolvimento ao encadeamento "crescimento-estabilidade-declínio" e ainda predominavam os que se debruçavam sobre os períodos da infância e da adolescência. Já na segunda metade do século XX, surgiram concepções com perspectivas multidisciplinares aludindo a conceitos diferenciados de desenvolvimento.

Os estudos do desenvolvimento humano a partir do século XX tiveram, portanto, algumas mudanças no que tange às suas tendências. Uma delas é a de abranger em suas pesquisas as transformações ocorridas para atingir a velhice.

Assim, no final do século XX, como mostra Maria das Graças Sobreira Leal (2009), doutora em Psicologia na área do envelhecimento e coordenadora do curso de aperfeiçoamento em Gerontologia Social e do curso para cuidadores de idosos do Instituto Sedes Sapientiae/SP, os estudos sobre as chamadas idades mais avançadas passam a ser foco de interesse. Conceitos e investigações realizados por psicólogos, antes direcionados aos adultos, são estendidos para a velhice e são levantadas questões acerca dos fatos antecessores da velhice ao longo da vida.

Para a psicóloga e professora da Unicamp Anita Liberalesso Neri (2004: 70), uma das explicações para a conversão de interesses da Psicologia e também de outras áreas, no que tange aos estudos e tratamentos referidos à velhice, é que, durante o século XX, houve a ampliação do envelhecimento populacional na Europa Ocidental e nos Estados Unidos, em razão do que a autora chama de progresso social, com o aumento de idosos ativos, saudáveis. Além disso, o crescimento do número de "idosos com maior poder político, criou condições para que pesquisadores e praticantes de várias profissões, entre as quais a psicologia, passassem a investir mais na pesquisa e na intervenção com esse segmento".

O interesse da área médica, nos séculos XVIII e XIX, pelo corpo como sede de doenças, resulta com o tempo na definição do corpo envelhecido, na degeneração do corpo. Silva (2008: 158) indica que "gradualmente a velhice passa a ser entendida como um estado fisiológico específico, cujas principais características se agrupam sob o signo da senescência". Com o surgimento da medicina moderna o processo (invariável) de envelhecimento tem uma conotação clínica, com limites biológicos invencíveis, em que a velhice resguarda no corpo a degeneração, o declínio, o adoecimento rumo à morte. A preocupação pela *senescência* (compreende o envelhecimento e morte das células) leva ao surgimento, em 1910, nos Estados Unidos, da disciplina de Geriatria, que se especializa em estudar o corpo dos *velhos*, apontando as suas características biológicas, de degeneração, e também os tratamentos indicados aos que passavam por este processo. Com isso, diferenciava-se cientificamente, por conta do saber médico, a velhice (enquanto decadência física) de outras etapas da vida, numa identificação da velhice com a doença.

A perspectiva de velhice da área médica passa a expandir-se pelos diversos segmentos da sociedade embasando a representação sobre ela, inclusive dos idosos que a vivenciavam, de maneira a se difundir dentro do imaginário cultural e para outros campos de saber. Passa a manter "[...] os discursos do Estado, a formulação de políticas assistenciais e a formação de outras disciplinas como a gerontologia", caracterizando-se esta como área de saber multidisciplinar, interdisciplinar e especializado, envolvendo, por exemplo, as Ciências Sociais e a Psicologia, em referência aos aspectos biopsicossociais da velhice, dispondo-se a realizar a descrição e explicação das mudanças do processo de envelhecimento (Silva, 2008: 159). Para Debert (1997), a *gerontologia* colaborou para a construção do idoso como um problema social.

O interesse da Psicologia do Desenvolvimento pelo processo de envelhecimento, no século XX, para o psicólogo alemão e pesquisador do desenvolvimento humano, Paul B. Baltes (1995), refere-se à busca por decifrar as repercussões das experiências da infância e da adolescência, das consequências dessas fases na velhice, e ao fato de que psicólogos se dedicaram a estender seus conceitos e estudos para a vida adulta e velhice.

Vilma Maria Barreto Paiva (1986), da Universidade Federal do Ceará, complementa dizendo que, já no início do século XX, emergem estudos na Psicologia interessados neste estágio de desenvolvimento, os quais se detêm nas transformações fisiológicas e suas perdas para o organismo, em relação às deteriorações características desse período, seguindo, assim, a tendência propagada, como vimos, pela área médica.

Em 1922, G. Stanley Hall, já no final de sua velhice, publica a obra *Senescence: the Hall of Life*. Para Tamara K. Hareven (1999: 14), da Universidade de Delaware/USA, Hall buscou decifrar os processos psicológicos peculiares ao envelhecimento, bem como a sua significação social. "Em vez de ver a velhice como um período de declínio e decadência, ele a via como um estágio de desenvolvimento em que as paixões da juventude e os esforços de uma carreira atingiam fruição e consolidação." Hall salientava que com a velhice havia o desenvolvimento de uma maturidade que permitia uma sabedoria que apenas a idade poderia permitir.

No entanto, a velhice continuou associada a limitações e deficiências. Paiva (1986) exemplifica isso com a obra de Charles Telford e James Sawrey, de 1976, intitulada *O indivíduo excepcional*. Seu último capítulo é dedicado à velhice, de maneira a apresentá-la, numa perspectiva comportamental, como uma fase pouco produtiva.

No entanto, na década de 1970, aparecem as contribuições da perspectiva do *life-span* de Paul B. Baltes (1939-2006), estimado como um autor significativo nos estudos sobre a velhice, por considerar que o desenvolvimento humano é um processo que se estende ao longo de toda a vida, através da ocorrência de mudanças desenvolvimentais. Trouxe novos olhares, sobretudo sobre o desempenho intelectual dos idosos; concebe o envelhecimento como um processo heterogêneo e multideterminado. A Psicologia passou a incluir a velhice no processo de desenvolvimento humano como uma fase para além de perdas, declínios, incapacidades, também de ganhos, conquistas (Almeida e Cunha, 2003; Neri, 2006).

Neri (2004) declara que a partir da década de 1960, a Psicologia tende a ampliar e aprimorar a descrição e explicação acerca do *envelhecimento,* entendido como o processo da *velhice,* fase vivenciada, e dos *idosos,* definidos pelos sujeitos, os quais vivenciam essa fase, o processo de envelhecimento, em razão dos critérios da sociedade.

A Psicologia e os especialistas da área de humanas passam a cooperar para que sejam especificados os desejos, as condições de vida, as necessidades psicológicas e culturais dos sujeitos que envelheciam. Sujeitos estes da terceira idade, que, como explica Silva (2008: 162-3), passaram a ser tomados como sujeitos de demandas diferentes de consumo, de hábitos sociais e culturais, de lazer. Essas ciências "[...] contribuíram para a consolidação de um estilo de vida específico, baseado em um repertório de condutas e em uma linguagem inéditos que influíram na formação da nova identidade etária". Ampliam-se com isso as oportunidades de participação social e cultural das pessoas da terceira idade, concretizadas, por exemplo, com a organização de espaços e universidades para elas; com a prestação de serviços diferenciados, como casas de repouso, academias, dentre outros.

É possível encontrar na literatura, como indica Neri (2004: 71), a tendência de estudos interdisciplinares com pessoas acima de 75 anos e centenárias. Como diz a autora: "Esses conhecimentos marcaram o início de uma nova era na psicologia, na qual a disciplina passou a descrever e explicar sistematicamente as condições que presidem a mudança e a continuidade do desenvolvimento na velhice [...]." No entanto, no que se refere à Psicologia no Brasil, esta "[...] não apresenta produção volumosa, de longo prazo, contínua, sistemática e característica sobre a velhice".

Perspectiva psicanalítica de velhice

Freud não se dedicou especificamente a estudar o idoso, inclusive não acreditava muito no tratamento dele com a Psicanálise, ao reconhecer que com muita idade (depois dos 50 anos) não era interessante passar por um processo de análise, pela dificuldade em colher resultados; é claro que essa visão está circunscrita a um momento na história em que o idoso não tinha a representação que tem hoje. Como destaca Altman (2011), contudo, Freud abordou temas expressivos que ajudam a pensar o envelhecimento. Dedicou-se a estudar o luto (reação, sofrimento pela perda de uma pessoa, de um "objeto" amado), o que pode ajudar a compreender as perdas vivenciadas pela velhice.

A psicanalista Ligia Py (2004: 122) explica que, para o sujeito elaborar o luto de maneira bem-sucedida, exige-se que seja realizada uma atividade psíquica intensa, a fim de vincular sua libido a algum outro objeto e desvincular-se do objeto perdido. A autora relaciona esse processo de luto ao envelhecimento em que aquele se configura como um árduo processo psíquico que o sujeito idoso vivencia, "implicando a necessidade de elaboração do vínculo afetivo com aquilo que sente perdido e que o social soberanamente glorifica: o corpo jovem e a beleza; o poder e o *status* do trabalho e, ainda, pessoas do seu convívio que começam a morrer". A psicanalista Maria Cristina Reis Amendoeira (2003: 965) especifica que as possibilidades de formar um luto patológico são bem maiores, pelas muitas perdas vividas, podendo desencadear, por exemplo, a depressão: "Pode ocorrer uma perda absoluta da capacidade e do prazer de viver [...]."

É fundamental que o idoso possa deslocar sua energia, seus investimentos, em outros objetos, fora do eu, externos, como ao realizar atividades em outras instituições, como voluntário, por exemplo, dedicar-se a aprender e desenvolver uma nova habilidade, a adquirir novos conhecimentos, como condição para a manutenção de sua subjetividade, a fim de evitar maiores processos de sofrimento e depressivos. A possibilidade de continuar a se vincular afetivamente a pessoas, a novos objetos, é muito importante para esse processo, para dar novo sentido à vida.

De acordo com D'Andrea (2012), a percepção acerca da velhice é composta por preconceitos e contradições. Além disso, a relação das pessoas mais velhas com os mais jovens é regida por exigências, negação, receios pelo que lhes aguarda no futuro. Por conta destas e outras questões a pessoa idosa necessitará de um ego relativamente forte, a fim de tolerar as tensões resultantes das transformações internas, bem como as advindas das pressões externas. Amendoeira (2003: 970) acrescenta a ideia de que as crises vivenciadas na velhice podem colaborar "para fortalecer e enriquecer o caráter com novas organizações e transformações. E o tratamento psicanalítico pode auxiliar a entrada na velhice como um processo de crescimento, um novo ato psíquico de um sujeito em desenvolvimento".

Erikson:
a integridade do ego x desespero (acima de 60 anos)

Como já discutimos em capítulos anteriores, Erikson, ao estudar o desenvolvimento, centra-se nos conflitos psicossociais. Assim, indica oito estágios do desenvolvimento humano, nos quais há um jogo de forças, constitutivo e necessário para o processo de crescimento do sujeito. Os conflitos de cada período são importantes na constituição do ego e continuarão tendo alguma importância, pois o ego desenvolve-se por todo o curso da vida; cada período da vida tem seus desafios, seus dilemas e suas conquistas. Tal processo de desenvolvimento ocorre num sujeito social, ou seja, que se constitui numa família, numa comunidade, em instituições como a escola, que imprimem novas demandas sociais. Erikson destaca, pois, a influência da sociedade sobre o desenvolvimento da personalidade, considerando as transformações psicossociais. E para ele, na velhice, o conflito psicossocial básico é o da *integridade do ego* x *desespero*.

As características desse período estão em correlação com as dos anteriores, ou seja, as pessoas que resolveram "satisfatoriamente" suas crises terão condições de enfrentar a crise final. Desse modo, como afirma D'Andrea (2012), nessa fase, a integridade do ego é importante e necessária para as demandas de adaptação às mudanças pessoais e sociais, sendo que tal *integridade* decorrerá dos saldos positivos agregados nas fases anteriores do processo de desenvolvimento da personalidade. Todavia, se durante o desenvolvimento da personalidade os dilemas, os conflitos, não se resolveram positivamente, as situações internas e externas que geram uma dependência do idoso reavivam os conflitos das primeiras fases do desenvolvimento que estiveram reprimidos até então. Com um ego mal integrado, não é nada fácil lidar com essas revivências, adicionadas ainda à falta de apoio do meio, o que leva o sujeito a experimentar o *desespero*.

O ambiente social se faz ainda mais importante para subsidiar a superação dos conflitos, além das histórias pessoais de cada um. Daí a importância de que as convivências com os idosos constituam-se em apoios consistentes para que se sintam mais seguros, não apenas no ambiente familiar, mas também de maneira que eles possam contar com políticas culturais, de integração e de valorização. Sem os apoios familiares, sociais, a velhice pode se tornar uma etapa difícil de viver.

As psicólogas e pesquisadoras Priscilla Melo Ribeiro de Lima, Vera L. Decnop Coelho e Isolda de Araújo Günther (2011: 265) explicam que retomar os dilemas de etapas anteriores do desenvolvimento pode permitir integrar as formas maduras das forças psicossociais, utilizando-se de um grande senso de sabedoria: "Assim, o idoso é desafiado a se inspirar em sua trajetória existencial e extrair dali os componentes que precisa para enfrentar a morte."

Com isso, o idoso é convidado a retomar seu passado, de maneira a lidar com ele de forma positiva, reconhecendo suas falhas (se e quando houver), suas ações e realizações, em relação a si, ao outro e à sociedade. Essa retomada pode ser fortalecida, se o sujeito teve ao longo de sua vida as condições para desenvolver a integridade de seu ego, numa vida com "qualidade". Em qualquer etapa de seu desenvolvimento, o reconhecimento social, pessoal e a influência dos pares, dos grupos dos quais participa, são primordiais para o fortalecimento do sentimento de pertencimento e de valorização pessoal.

Ao mesmo tempo, faz-se mister conseguir lidar com a questão de que o passado não pode ser agora alterado e que pode surgir o desespero nessas avaliações vitais; é importante conseguir equilibrá-lo, apoiando-se no senso de integridade. Lima, Coelho e Günther (2011), apoiadas em Erikson, salientam que essa pode não ser tarefa fácil, essencialmente quando o ambiente psicossocial proporcionado ao sujeito não foi adequado e saudável. No entanto, nunca é tarde demais para rever conflitos não resolvidos, pois sempre há a possibilidade para tal e, então, para adquirir a força psicossocial perdida.

As novas situações vivenciadas pelo idoso podem não ser tão simples, como o fato de distanciar-se do seu trabalho, dos grupos com os quais se relacionava, do *status* que usufruía ao aposentar-se e, com isso, necessitar conviver mais com o parceiro, com os seus familiares. Principalmente, como explica D'Andrea (2012: 147-8), se o trabalho constitui-se ao longo de anos em uma forma de evitar a intimidade entre o casal ou, ainda, entre os próprios familiares, cria-se uma lacuna nas relações intrafamiliares, de modo que os conflitos interpessoais são mascarados pelas atividades profissionais, são suprimidos e evitados. Com a aposentadoria há o risco e a possibilidade de que aqueles venham à tona, com as manifestações mais acentuadas das características pessoais, pois em alguns momentos, "[...] tornam-se o único recheio para o vazio existencial". A saída encontrada por alguns pode ser percorrer o caminho anterior, ou seja, dedicar-se a atividades que ocupem seu tempo e continuando a manter distância da convivência do casal: "[...] continuam neuroticamente apartados, utilizando o escudo das novas ocupações".

A necessidade de ficar juntos por mais tempo pode ser também um momento de muitas descobertas, de si, do outro, de novos prazeres, de novos fazeres (com a descoberta e desenvolvimento de potencialidades) numa coparticipação da velhice. Além disso, pode constituir-se no exercício dos cuidados, da proteção dos familiares, com os netos, dividindo momentos de alegria, compartilhando experiências. A participação em novos desafios e projetos pode ser muito importante para o envolvimento com a fase da vida com a qual o idoso se depara, alimentando a força psicossocial da possibilidade de desenvolvimento e realização na velhice.

Tais situações exigem um ego integrado e forte, a fim de resolver os conflitos interpessoais, e a aposentadoria pode ter um grande peso, podendo ser experimentada "como algo ameaçador que deixa o indivíduo exposto a um novo tipo de reação de separação que pode reavivar-lhe antigos sentimentos de isolamento ou predispô-lo a uma ansiedade antecipatória à última e definitiva separação que é a morte" (D'Andrea, 2012: 148).

Acreditamos que tais vulnerabilidades e possibilidades de desenvolvimento relacionam-se com os papéis desempenhados ao longo da vida, de homem, de mulher, de trabalhador, de pai, de mãe, de idoso, em comunhão com as determinações culturais vivenciadas sobre tais papéis.

Em suma, é um momento de retomada da vida laboral, do papel desempenhado na família, com os filhos, com seus próprios pais, num reavivamento da fase anterior à velhice, de geratividade x estagnação. Além disso, é possível gratificar-se com as conquistas realizadas pelos filhos e netos, dedicar-se à família e/ou à comunidade, às atividades de lazer, a outras atividades que foram postergadas e aos talentos resguardados. "É essencial reforçar os sensos de 'geratividade', 'realização' e 'competência' desenvolvidos durante as fases anteriores do desenvolvimento" (Lima, Coelho e Günther, 2011: 265).

As autoras trazem ainda outra questão com que se depara o idoso no processo de envelhecimento, como a provável perda gradativa da autonomia e do domínio do corpo, ocasionando a dependência de outras pessoas (familiares e profissionais), que pode resultar em vergonha, por não ter mais o mesmo domínio sobre o próprio corpo. A relação com o corpo está presente durante o percurso da vida e, assim, "capacidades comportamentais e sentimentos de autodeterminação e de desamparo permanecem conectados ao corpo e reaparecem em situações de danos devidos a doenças ou ferimentos, às mudanças corporais na puberdade [...]" (Lima, Coelho e Günther, 2011: 266), bem como por conta das perdas físicas e psíquicas ocasionadas pelo processo de envelhecimento. Ao idoso interpõem-se mudanças físicas e psíquicas que podem resultar em limitações e na necessidade em lidar com as expectativas sociais às quais está sujeito e com dependência de um cuidador, por exemplo, e ainda precisa lidar com os sentimentos gerados a partir disso, como o de desamparo, de insegurança, medo; é preciso sabedoria.

A velhice segundo a Psicologia Desenvolvimental do ciclo da vida

Paul B. Baltes, em sua obra extensa junto com seus colaboradores e continuadores, ao discorrer sobre a *Psicologia Desenvolvimental do ciclo da vida (life-span)*, defende que o desenvolvimento (inclusive o cognitivo) é um processo que incide em todo o curso da vida, através da ocorrência de mudanças desenvolvimentais, não se apoiando, no entanto, em nenhuma condição especial de maturidade como princípio geral. A partir dessa perspectiva, não há períodos mais ou menos importantes; o sujeito pode desenvolver habilidades que o auxiliem em sua capacidade adaptativa durante toda sua existência. Além disso, o desenvolvimento é tomado como um processo heterogêneo, multifuncional e multidirecional (se constitui a partir da dinâmica entre crescimento e declínio; mudanças podem assumir diferentes direções num mesmo período do desenvolvimento) e tem influências de fatores socioculturais (Baltes, 1987, apud Silva e Günther, 2000).

A Psicologia do ciclo de vida entende que o desenvolvimento ocorre por meio de oscilações permanentes e dinâmicas de ganhos e perdas desenvolvimentais, em que aquele "[...] define-se como uma mudança na capacidade adaptativa do organismo". Ao delinear o desenvolvimento, considera a vida dos sujeitos integrada aos fatores sociais e históricos e as influências relacionadas à idade cronológica e ao contexto (Fonseca, 2007). Em suma, o desenvolvimento individual emana da relação dinâmica entre fatores biológicos, históricos e culturais e envolve a respectiva evolução ao longo do tempo.

A perspectiva da Psicologia Desenvolvimental do ciclo da vida reconhece como indicadores da condição geral de saúde no processo de envelhecimento três tipos de categorias: *normal*, em que são consideradas as modificações típicas do envelhecimento; *patológico*, evidenciado pelas doenças, pelas alterações na funcionalidade e na continuidade do desenvolvimento; e *ótimo ou saudável*, apoia-se no ideal sociocultural de excelente qualidade de vida, relativo à funcionalidade física e mental, à improbabilidade de doenças e de incapacidade e, ainda, à possibilidade de uma vida ativa. O envelhecimento saudável estaria vinculado a um potencial de desenvolvimento que durante todo o curso da vida é preservado pelo sujeito. Esse tipo de envelhecimento seria marcado pelo equilíbrio entre as limitações e potencialidades, sendo que estas podem ser ampliadas, melhoradas, com intervenções, como a educação escolar, que implica a aquisição de novas aprendizagens. As três categorias elucidadas podem constituir-se de maneira a estar juntas, sobrepostas em certos momentos do curso da vida, portanto não é indicado tomá-las de forma rígida (Baltes, 1987, apud Scoralick-Lempke e Barbosa, 2012).

Ainda de acordo com os mesmos autores, é importante que haja na sociedade estratégias, atividades e estímulos que possibilitem ao idoso um processo de envelhecimento equilibrado entre as decadências provenientes desse processo e os acréscimos adquiridos com as atividades proporcionadas.

Fonseca (2007) especifica que a diminuição de recursos, sejam biológicos, sociais, materiais, que em geral acompanha o processo de envelhecimento, pode pressionar e levar o sujeito a eleger objetivos e fazer uso dos recursos funcionais de que dispõe, a fim de realizar outras ações em outros contextos, oportunizando a utilização e expansão de suas capacidades e competências.

Tem-se, então, a necessidade de proporcionar aos idosos atividades e ambientes diversificados de lazer, de socialização, de novos aprendizados provenientes da educação escolar ou de novas habilidades, permitindo novas experiências sociais e enriquecendo suas possibilidades de desenvolvimento integral, de modo a fortalecer o equilíbrio entre os seus declínios (os recursos disponíveis na pessoa) e os benefícios proporcionados pelas atividades citadas (recursos do ambiente), visando ao desenvolvimento e à vida saudável. O idoso terá a tarefa adaptativa de selecionar metas e objetivos mais relevantes, otimizar recursos e contrabalançar perdas. Isso pode ocorrer por meio do empenho dos familiares, da comunidade, das políticas sociais, em razão das necessidades da vida humana. A interdependência entre os recursos do sujeito e os recursos do ambiente em prol do equilíbrio entre os declínios e os ganhos, durante o desenvolvimento vital, é denominada por Baltes de teoria SOC (*seleção, otimização e compensação*).[1]

Outra questão trazida por Neri (2009: 107-8) relaciona-se à importância da afetividade para a velhice. O que o idoso vivencia subjetivamente é "um conjunto de necessidades que existem em continuidade ao longo de toda a vida, com diferentes formas de manifestação, diferentes relações com a adaptação individual e diferentes contribuições à cultura" e da cultura. A autora explica a importância da intensidade e da frequência dos afetos positivos vivenciados pelos idosos a fim de promover maior inclinação em acionar os recursos psicológicos, subsidiando o enfrentamento das experiências e afetos negativos. "Quanto mais afetos positivos, mais fortalecidos se tornam os idosos para enfrentar estresse, dor física, ansiedade e o ônus físico e psicológico do cuidado."

A perspectiva *life-span*, como indicam os professores e pesquisadores da Universidade Federal de Juiz de Fora Natália Nunes Scoralick-Lempke e Altemir José Gonçalves Barbosa (2012), tem se tornado foco de interesse de pesquisadores, no que tange aos aspectos relacionados ao funcionamento saudável na velhice – físico, social e intelectual. Para tanto, os autores destacam a educação, dentre as estratégias disponíveis em favor da promoção do desenvolvimento, em função de seus indiscutíveis subsídios para todos aqueles âmbitos.

As mudanças e perdas genético-biológicas das capacidades cognitivas, do funcionamento neurológico, sensorial e psicomotor afetam a capacidade de adaptação do indivíduo. No entanto, de acordo com a teoria desenvolvimental, as mudanças ao longo da vida irão depender muito mais das oportunidades oferecidas pela cultura, incorrendo na otimização do desenvolvimento. Agregada a essa questão está a da plasticidade, ou seja, do potencial de mudança do sujeito e de sua flexibilidade para vivenciar situações novas (Scoralick-Lempke e Barbosa, 2012). Como explicita Neri (2006), os limites da plasticidade individual dependem das condições históricos-culturais, as quais refletem a organização do curso de vida do sujeito.

Em suma, o envelhecimento requer mais a presença da cultura a fim de compensar as perdas do idoso, pois a ascensão à boa qualidade de vida ultrapassa os limites da responsabilidade pessoal e deve ser vista como uma iniciativa sociocultural.

Psicologia histórico-cultural: possibilidades de neoformações na velhice

A Psicologia histórico-cultural, ao orientar seu olhar e seus estudos ao desenvolvimento, rompe com a ideia de percurso, de ciclo natural e universal, composto por períodos estanques, haja vista que considera que estes se modificam de acordo com o momento histórico, com as condições socioeconômicas e culturais de cada sujeito. Enfatiza as condições históricas e concretas, bem como as múltiplas formas de apropriação de tais condições que influenciam a vida em suas diferentes etapas. A compreensão do desenvolvimento a partir de períodos deve estar alicerçada pela ideia de que estes são construídos historicamente na, pela e com a sociedade, a fim de facilitar a compreensão dos momentos ao longo da vida do homem.

Cada estágio é caracterizado por novas formações, que produzem mudanças psíquicas, orgânicas, sociais e nas relações produzidas consigo mesmo e com o outro, de maneira a promover o desenvolvimento; o organismo se reorganiza e modifica a própria direção do desenvolvimento. Essas novas formações são provocadas pelas atividades que o sujeito realiza com o meio, com os objetos da cultura, pelas exigências postas ao indivíduo. Cada período do desenvolvimento humano é caracterizado por uma atividade principal ou dominante, que reflete a maneira como o homem mais se relaciona com a realidade, com outros sujeitos.

Ao buscarmos na Psicologia histórico-cultural a definição ou mesmo demarcação de uma atividade principal para velhice não a identificamos. Haja vista que em seus estudos os autores clássicos dessa perspectiva teórica pensaram o desenvolvimento humano até a vida adulta, de maneira a concentrar-se mais na explicação e compreensão da infância e da adolescência. Assim, são encontrados poucos estudos no que se refere à velhice. Tolstij (1989) propõe-se a realizar um estudo das idades do homem e neste inclui a velhice, para a qual busca compreender seus fenômenos psicológicos e delinear algumas ideias. Para o autor, o idoso converteu-se em uma figura importante na estrutura social, de que são indicativas as relações do idoso com o *trabalho* nesse estágio da vida, apontando que o seu término não pode significar o rompimento ou o fim da vida social, pois as pessoas de idade avançada podem continuar a participar da sociedade na medida de suas possibilidades e de outras formas.

Com o processo de industrialização capitalista, o trabalho assalariado passa a ser valorizado, o foco está na produtividade, haja vista que a sociedade capitalista explora o trabalho e estigmatiza o chamado não trabalho, o qual é associado à preguiça, ao parasitismo. O idoso na sociedade capitalista pode ser representado como uma ameaça à ordem do sistema, quando perde o "valor de uso". É apreendido como não mais produtivo pelo capital, por acreditar que ele já não possui mais as condições e características exigidas pelo sistema para ser produtivo (expropriação dos meios de produção); é considerado incapaz para o trabalho. No entanto, o sistema o absorve como útil através do consumo, criando uma série de necessidades de bem-estar ligadas à aquisição de produtos, de serviços.

Tolstij (1989: 203, tradução nossa) afirma que o afastamento do trabalho, no período da aposentadoria, coloca o homem na situação de "inutilidade obrigada", com a qual pelos anos de vida dedicada em geral ao trabalho não está acostumado. "Isso aguça o contraste entre a falta de atividade própria e a vida ativa da sociedade." Por muito tempo de sua vida o sujeito encontrou sua expressão no trabalho e, nesta fase, depara-se com as possibilidades de afastamento de sua ocupação, o que pode gerar crises, principalmente ao serem valorizados em nossa sociedade os indivíduos produtivos, que têm uma atividade laboral. Desse modo, deprecia-se o sujeito aposentado, principalmente aquele que tem uma remuneração mais baixa, tem pouco poder de consumo e que depende dos benefícios sociais, da saúde e de outros setores. A aposentadoria, na perspectiva de Maria de Fátima de Souza Santos (1990), psicóloga e professora da Universidade Federal de Pernambuco, comumente é vivenciada como a perda do próprio sentido da vida, em que a pessoa sente como se tivesse rompido com o social, ou seja, uma morte social.

De acordo com a Psicologia histórico-cultural, a passagem de um período de desenvolvimento a outro é marcada, delimitada, pelo que Elkonin (1987) chama de crise. Assim, o fim e o estabelecimento de uma nova atividade na vida do sujeito são delimitados por uma crise. A crise no desenvolvimento humano que talvez pudesse delimitar a passagem da vida adulta para a velhice parece ser construída pela aposentadoria. O psicólogo e pesquisador Clayton Washington dos Reis (2011), em pesquisa com idosos, verifica que o momento de crise que poderia marcar a transição entre a vida adulta e a velhice é a saída do mercado de trabalho, ou seja, a chegada da aposentadoria.

Com isso, o sujeito necessita neste estágio de vida buscar e encontrar novos sentidos, significados, projetos de vida, realizando outras atividades não apenas com o sentido de ocupar seu tempo livre, mas principalmente por se constituir na oportunidade para outras relações, outros espaços sociais, novos aprendizados, novas motivações, fortalecer as amizades e os vínculos. Todavia, isso não pode ser pensado como um movimento restrito ao sujeito, como se fosse um problema individual e que dependesse apenas de sua vontade. Oportunidades precisam ser geradas na família, na comunidade, nas políticas públicas, nos programas sociais e educacionais.

Reis (2011), ao realizar estudo sobre a velhice fundamentado na Psicologia histórico-cultural, levanta a possibilidade de que a atividade trabalho seja considerada a que norteia o desenvolvimento do idoso. Na pesquisa de Reis (2011: 132), averigua-se que o idoso continua a se relacionar com a atividade trabalho. "E essa atividade parece efetivamente guiar o desenvolvimento humano, sobretudo porque ela está presente na vida do idoso, seja de forma direta ou de forma indireta". O autor explica que o tema trabalho está presente na fala, mesmo entre aqueles idosos que não exercem uma atividade laboral remunerada. Em todas as situações, os idosos mantinham alguma relação com o trabalho, ainda guiavam sua vida por ele, seja para dizer o que já fez, o que faz ou o que não faz mais. Como afirma Vigotski (1996), na vida adulta, o homem tem como atividade principal o trabalho. Relaciona-se, portanto, com a realidade, apropria-se dela, por meio da atividade laboral, e poderia supor-se, de algum modo, que esta atividade também se estenderia à velhice.

A velhice não pode ser entendida unicamente por suas mudanças físicas, psicológicas e sociais, deve ser também vista pela interação dessas mudanças conjugadas à história de alterações ocorridas, à cultura, às condições concretas e às relações que o sujeito tem com essas mudanças, com o seu desenvolvimento.

Precisamos ouvir, conhecer nossos idosos e suas necessidades, seus modos de ser e de vivenciar a velhice, suas características psíquicas constituídas num processo de envelhecimento socioeconômico, de maneira a refletir sobre os padrões de velhice, de não velhice aos quais estão submetidos e, muitas vezes, sentem-se obrigados a corresponder (a um único modo de viver a velhice), a fim de não serem excluídos pela sociedade. As exigências colocadas com a experiência do envelhecimento, de, por exemplo, aprender uma técnica, outra habilidade, de desempenhar uma nova atividade, de se relacionar com uma pessoa diferente do seu grupo, podem provocar novas necessidades, novos movimentos, novas aprendizagens e promover desenvolvimento.

O mundo artístico, da ciência, das relações sociais, dos objetos da cultura – fontes de disposições das qualidades humanas – deve estar disponível na sociedade para os idosos, independentemente de sua classe social. De maneira que os idosos possam se relacionar com o mundo mediados por outros sujeitos, pela linguagem, podendo, assim, apropriar-se dos objetos (percebê-los, realizar atividades com eles) e reproduzir o seu uso social, recriá-los, numa articulação dialética do processo de apropriação e de objetivação, criando ações, novos objetos e novas formas de ser na sociedade.

NOTA

[1] Para conhecer mais dessa teoria, consultar A. L. Neri, "O legado de Paul B. Baltes à Psicologia do Desenvolvimento e do envelhecimento", em *Temas em Psicologia*, v. 14, n. 1, pp. 17-34, 2006.

BIBLIOGRAFIA

ABERASTURY, A.; KNOBEL, M. *Adolescência normal*: um enfoque psicanalítico. Porto Alegre: Artes Médicas, 2000.
ABRÃO, Maria Sílvia. *Sistema nervoso e encéfalo (1)*: cérebro, cerebelo e bulbo, 12 set. 2005a. Disponível em: <http://educacao.uol.com.br/disciplinas/ciencias/sistema-nervoso-e-encefalo-1-cerebro-cerebelo-e-bulbo.htm>. Acesso em: 27 out. 2013.
_____. *Sistema nervoso e encéfalo (3)*: neurônios, 12 set. 2005b. Disponível em: <http://educacao.uol.com.br/disciplinas/ciencias/sistema-nervoso-e-encefalo-3-neuronios.htm>. Acesso em: 27 out. 2013.
AGUDO, V. R. C. *A transição para a idade adulta e os seus marcos*: que efeito na sintomatologia depressiva? 66 p. Lisboa, 2008. Dissertação (Mestrado em Psicologia Integrada) – Faculdade de Psicologia e de Ciências da Educação, Universidade de Lisboa.
ALCHIERI, J. C. Aspectos instrumentais e metodológicos da avaliação. In: ANDRADE, V. M.; SANTOS, F. H. dos; BUENO, O. F. A. *Neuropsicologia hoje*. São Paulo: Artes Médicas, 2004, pp. 13-36.
ALMEIDA, A. M. O.; CUNHA, G. G. "Representações sociais do desenvolvimento humano". *Psicologia: Reflexão e Crítica*, 16(1), 2003, pp. 147-55.
ALTMAN, M. O envelhecimento à luz da psicanálise. *Jornal de Psicanálise*. São Paulo, v. 44, n. 80, jun. 2011. Disponível em: <http://pepsic.bvsalud.org/scielo.php?script=sci_arttext&pid=S0103-58352011000100016&lng=pt&nrm=iso>. Acesso em: 21 nov. 2013.
AMBRÓZIO, C. et al. *Neuropsicologia*: teoria e prática, 2005. Disponível em: <http://www.proec.ufpr.br/enec2005/links/saude.htm#22>. Acesso em: nov. 2013.
AMENDOEIRA, M. C. R. "Vicissitudes da psicanálise em idosos". *Revista Brasileira de Psicanálise*, v. 37 (2/3), 2003, pp. 959-71.
ANJOS, R. E. A periodização do desenvolvimento psicológico na infância: contribuições da psicologia histórico-cultural para a educação escolar. *Revista Conexão Eletrônica*, v. 9, n. 1/2, 2012. Disponível em: <www.aems.com.br/conexao/.../A%20PERIODIZAÇÃO%20DO%20DES...>. Acesso em: out. 2013.
ANDRADE, Vivian Maria. Das bases históricas da neuropsicologia à avaliação neuropsicológica. In: CRUZ, Roberto Moraes; ALCHIERI, João Carlos; SARDÁ Jr., JAMIR J. (orgs.). *Avaliação e medidas psicológicas*: produção do conhecimento e da intervenção profissional. São Paulo: Casa do Psicólogo, 2002.
ARAÚJO, L. F. A.; CARVALHO, V. A. M. L. Aspectos sócio-históricos e psicológicos da velhice. *MNEME - Revista de Humanidades*. Rio Grande do Norte, v. 6, n. 13, 2005. Disponível em: <www.cerescaico.UFRN.br/mneme>. Acesso em: nov. 2013.
ARIÈS, P. *História social da criança e da família*. 2. ed. Rio de Janeiro: Editora LCT, 1981.

ASBAHR, F. S. F.; NASCIMENTO, C. P. "Criança não é manga, não amadurece: conceito de maturação na teoria histórico-cultural". *Psicologia: Ciência e Profissão*, 33 (2), 2013, pp. 414-27.

ASSOCIAÇÃO BRASILEIRA DE NEUROPSICOLOGIA (Abranep). Disponível em: <https://www.facebook.com/pages/Abranep-Associa%C3%A7%C3%A3o-Brasileira-de-Neuropsicologia/172366742879449?sk=info>. Acesso em: nov. 2013.

BALTES, P. B. Prefácio. In: NERI, A. L. (org.). *Psicologia do envelhecimento*: uma área emergente. Campinas: Papirus, 1995, pp. 9-12.

BARROCO, Sônia Shima Mari. *A educação especial do novo homem soviético e a psicologia de L. S. Vigotski*: implicações e contribuições para a psicologia e a educação atuais. 414 p. Araraquara, 2007. Tese (Doutorado) – Programa de Pós-Graduação em Educação Escolar, Universidade Estadual Paulista.

BARROS, C. S. G. *Pontos de Psicologia do Desenvolvimento*. 12. ed. São Paulo: Ática, 2002.

BBC BRASIL. *Em dez anos, mundo terá mais de 1 bilhão de idosos, diz ONU*. 1º out. 2012. Disponível em: <www.bbc.co.uk/portuguese/noticias/.../121001_populacao_idosa_dg.sht...>. Acesso em: nov. 2013.

BEAR, Mark F.; CONNORS, Barry W.; PARADISO, Michael A. *Neurociências*: desvendando o sistema nervoso. 3. ed. Porto Alegre: Artmed, 2010.

BECKER, D. *O que é adolescência*. 13. ed. São Paulo: Brasiliense, 2003. (Coleção Primeiros Passos).

BEE, H. *A criança em desenvolvimento*. Trad. Rosane Amador Pereira. São Paulo: Harbra: Harper&Row do Brasil, 2006.

_____. *O ciclo vital*. Trad. Regina Garcez. Porto Alegre: Artes Médicas, 1997.

BELSKY, J. *Desenvolvimento humano*: experienciando o ciclo da vida. Trad. Daniel Bueno. Porto Alegre: Artmed, 2010.

BENDASSOLLI, P. F.; SERAFIM, M. C. Fator humano: bebezões a bordo. *GV Executivo*, v. 6, n. 1, jan./fev. 2007. Disponível em: <rae.fgv.br/sites/rae.fgv.br/files/artigos/4710.pdf.>. Acesso em: nov. 2013.

BIAGGIO, A. *Lawrence Kohlberg*: ética e educação moral. 2. ed. São Paulo: Moderna, 2006.

_____. *Psicologia do Desenvolvimento*. 22. ed. Petrópolis: Vozes, 2011.

_____; MONTEIRO, J. K. Psicologia do Desenvolvimento no Brasil e no mundo. In: MOURA, M. L. S.; CORREA, J.; SPINILLO, A. *Pesquisas brasileiras em Psicologia do Desenvolvimento*. Rio de Janeiro: Eduerj, 1998, pp. 15-32.

BOCK, A. M. B. As influências do Barão de Munchausen na Psicologia da Educação. In: TANAMACHI, E. R.; ROCHA, M. L.; SOUZA, M. P. R. *Psicologia e educação*: desafios teóricos-práticos. São Paulo: Casa do Psicólogo, 2000, pp. 11-33.

_____. "A perspectiva sócio-histórica de Leontiev e a crítica à naturalização da formação do ser humano: a adolescência em questão". *Cad. Cedes*. Campinas, v. 24, n. 62, abr. 2004, pp. 26-43. Disponível em: <http://www.cedes.unicamp.br>. Acesso em: set. 2013.

_____; FURTADO, O.; TEIXEIRA, M. L. T. *Psicologias*: uma introdução ao estudo da psicologia. 14. ed, São Paulo: Saraiva, 2008.

BRAGA, P. O que é ser adulto hoje? *Revista Querubim* – revista eletrônica de trabalhos científicos nas áreas de Letras, Ciências Humanas e Ciências Sociais, ano 4, n. 7, 2008. Disponível em: <www.cidadesp.edu.br/old/mestrado.../o_que_e_ser_adulto_hoje.pdf>. Acesso em: out. 2013.

BRONFENBRENNER, U. *A ecologia do desenvolvimento humano*: experimentos naturais e planejados. Porto Alegre: Artes Médicas, 1996.

BUENO, Orlando Francisco Amodeo; OLIVEIRA, Maria Gabriela Menezes. Memória e amnésia. In: ANDRADE, Maria Vivian; SANTOS, Flavia Heloísa dos; BUENO, Orlando F. A. *Neuropsicologia hoje*. São Paulo: Artes Médicas, 2004, pp. 135-63.

CADERNO BRASIL/UNICEF. *Situação Mundial da Infância*. Brasil (DF), jan. 2008.

CALLIGARIS, C. *A adolescência*. São Paulo: Publifolha, 2000. (Folha Explica).

CAMPOS, D. M. S. *Psicologia e desenvolvimento humano*. Rio de Janeiro: Vozes, 1997.

CASTRO, L. R. de. Uma teoria da infância na contemporaneidade. In: _____ (org.). *Infância e adolescência na cultura do consumo*. Rio de Janeiro: NAU, 1998, pp. 16-43.

CASTRO-CALDAS, Alexandre. Neuropsicologia da linguagem. In: ANDRADE, Maria Vivian; SANTOS, Flavia Heloísa dos; BUENO, Orlando F. A. *Neuropsicologia hoje*. São Paulo: Artes Médicas, 2004, pp. 165-208.

CHAVES, Márcia L. F. Memória humana: aspectos clínicos e modulação por estados afetivos. *Psicologia USP*, v.4, n. 1-2, 1993, pp. 139-69. Disponível em: <http://www.revista.usp.br/psicousp/article/view/34475/37213>. Acesso em: nov. 2013.

CHRISTANTE, Luciana. Os novos astros do cérebro, 2010. *Revista Unesp Ciência*, n. 5, fev. 2010, pp. 18-23. Disponível em: <http://www.unesp.br/aci_ses/revista_unespciencia/acervo/05/neurociencia-reloaded.> Acesso em: nov. 2013.

CIASCA, Sylvia Maria; GUIMARÃES, Inês Elcione; TABAQUIM, Maria de Lourdes. Neuropsicologia do desenvolvimento: aspectos teóricos e clínicos. In: MELLO, C. B.; MIRANDA, M. C.; MUSZKAT, M. *Neuropsicologia do desenvolvimento*: conceito e abordagens. São Paulo: Memnon, 2005, pp. 14-25.

CICCO, M. F. de; PAIVA, M. L. S. C.; GOMES, I. C. *Família e conjugalidade*: o sintoma dos filhos frente à imaturidade do casal parental. *Psicologia Clínica*. [on-line]. Rio de Janeiro, v. 17, n. 2, 2005 pp. 53-63. Disponível em: <http://dx.doi.org/10.1590/S0103-56652005000200005.www.scielo.br/scielo.php?pid=S0103-56652005000200005&script...>. Acesso em: out. 2013.

COLE, M.; COLE, S. *O desenvolvimento da criança e do adolescente*. Trad. M. Lopes. Porto Alegre: Artmed, 2004.

CONSELHO FEDERAL DE PSICOLOGIA (CFP). Resolução nº 13, de 14 de dezembro de 2007. Institui a consolidação das resoluções relativas ao título profissional de especialista em Psicologia e dispõe sobre normas e procedimentos para seu registro. Disponível em: <http://site.cfp.org.br/resolucoes/resolucao-n-13-2007/>. Acesso em: nov. 2013.

_____. Resolução nº 2, de 3 de março de 2004. Reconhece a Neuropsicologia como especialidade em Psicologia para finalidade de concessão e registro do título de especialista. Disponível em: <http://site.cfp.org.br/wp-content/uploads/2006/01/resolucao2004_2.pdf>. Acesso em: nov. 2013.

_____. Resolução nº 2, de 24 de março de 2003. Define e regulamenta o uso, a elaboração e a comercialização de testes psicológicos e revoga a Resolução CFP nº 025/2001. Disponível em: <http://site.cfp.org.br/resolucoes/resolucao-n-2-2003/>. Acesso em: nov. 2013.

_____. Edital CFP nº 2, de 6 de novembro de 2003. Disponível em: <http://www2.pol.org.br/satepsi/cd_testes/pdf/editalcfp_testespsi2003_n2.pdf>. Acesso em: nov. 2013.

_____. Sistema de Avaliação de Teste (Satepsi). Disponível em: <http://www.pol.org.br/satepsi/sistema/admin.cfm:. Acesso em: nov. 2013.

COSENZA, R. M. Bases estruturais do sistema nervoso. In: ADRADE, V. M.; SANTOS, F. H. dos; BUENO, O. F. A. *Neurologia hoje*. São Paulo: Artes Médicas, 2004, pp. 37-59.

COUTINHO, L. G. O adolescente e os ideais: questões sobre um mal-estar contemporâneo. *Simpósio Internacional do Adolescente*, 2, 2005, São Paulo. Disponível em: <http://www.proceedings.scielo.br/scielo.php?script=sci_arttext&pid=MSC0000000082005000200021&lng=en&nrm=abn>. Acesso em: 28 nov. 2013.

CRESPIN, G. *A clínica precoce*: o nascimento humano. São Paulo: Casa do Psicólogo, 2004. (Coleção 1ª infância).

CRICK, Francis. *A hipótese espantosa*: busca científica da alma. Lisboa: Instituto Piaget, 1998.

CUNHA, M. V. Freud, psicanálise e a educação. In: CUNHA, M. V. *Psicologia e educação escolar*. 3. ed. Rio de Janeiro: DP&A, 2003.

D'ANDREA, F. F. *Desenvolvimento da personalidade*: enfoque psicodinâmico. 19. ed. Rio de Janeiro: Bertrand Brasil, 2012.

DAVIDOFF, L. L. *Introdução à Psicologia*. Trad. Lenke Perez. 3. ed. São Paulo: Makron Books, 2001.

DAVIM, R. M. B. et al. "Adolescente/adolescência: revisão teórica sobre uma fase crítica da vida". *Rev. Rene*, Fortaleza, v. 10, n. 2, abr./jun. 2009.

DEBERT, G. G. Velhice e tecnologias do rejuvenescimento. In: GOLDENBERG, M. (org.). *Corpo, envelhecimento e felicidade*. Rio de Janeiro: Civilização Brasileira, 2011, pp. 65-82.

_____. A invenção da terceira idade e a rearticulação de formas de consumo e demandas políticas. *Revista Brasileira de Ciências Sociais*, v. 12 n. 34, 1997, pp. 39-56. Disponível em: <http://www.anpocs.org.br/portal/publicacoes/rbcs_00_34/rbcs34_03>. Acesso em: out. 2013.

_____. Pressupostos da reflexão antropológica sobre a velhice. In: DEBERT, G. G. (org.). *Antropologia e velhice*. Campinas: IFCH/Unicamp, 1994, pp. 7-30. (Textos Didáticos, 13).

DESSEN, M. A.; COSTA JUNIOR, A. L. (orgs.). *A ciência do desenvolvimento humano*: tendências atuais e perspectivas futuras. Porto Alegre: Artmed, 2005.

EIDT, N. M.; CAMBAÚVA, L. G. Capitalismo, pós-modernidade, neoliberalismo e a subjetividade fragmentada. In: FACCI, M. G.; MEIRA, M. E. M.; TULESKI, S. C. *A exclusão dos "incluídos"*: uma crítica da Psicologia da Educação à patologização e medicalização dos processos educativos. Maringá: Eduem, 2011, pp. 37-60.

ELKIND, D. *Sem tempo para ser criança*: a infância estressada. Trad. Magda França Lopes. 3. ed. Porto Alegre: Artmed, 2004.

ELKONIN, D. B. Desarrollo psíquico de los niños. In: SMIRNOV, A. A. et al. *Psicología*. México: Grijalbo, 1960.
_____. Sobre el problema de la periodización del desarrollo psíquico en la infancia. In: DAVIDOV, V.; SHUARE, M. (org.). *La psicología evolutiva y pedagógica en la URSS* (antología). Moscou: Progresso, 1987, pp. 125-42.
FACCI, M. G. D. "A periodização do desenvolvimento psicológico individual na perspectiva de Leontiev, Elkonin e Vigotski". *Cad. Cedes*. Campinas, v. 24, n. 62, abr. 2004, pp. 64-81.
FANELLI, Daniele. Múltiplas inteligências, ago. 2007. *Scientific American*. Disponível em: <http://www2.uol.com.br/vivermente/reportagens/multiplas_inteligencias.html>. Acesso em: nov. 2013.
FARIA, S. M.; LEÃO, I. B. Adolescência: um conceito de estágio de desenvolvimento psicossocial definido historicamente. *V Simpósio Internacional: O Estado e as políticas educacionais no tempo presente*. Universidade Federal de Uberlândia, 6 a 8 dez. 2009. Disponível em: <http://www.simposioestadopoliticas.ufu.br/imagens/anais/pdf/EP04.pdf>. Acesso em: out. 2013.
FEATHERSTONE, M. "A velhice e o envelhecimento na pós-modernidade". *Revista A Terceira Idade*, n. 14, ago. 1998, pp. 4-17.
FEIXA, C. A construção histórica da juventude. In: CACCIA-BAVA, A.; PÀMPOLS, C. F.; CANGAS, Y. G. *Jovens na América Latina*. Trad. Augusto Caccia-Bava. São Paulo: Escrituras, 2004.
_____. De jóvenes, bandas e tribus: antropología da juventud. 2. ed. Barcelona: Ariel, 1999.
FERRARI, Marcio. Howard Gardner, o cientista das inteligências múltiplas, 2012. *Revista Nova Escola*. Disponível em: <http://revistaescola.abril.com.br/historia/pratica-pedagogica/cientista-inteligencias-multiplas-423312.shtml?page=0>. Acesso em: nov. 2013.
FERREIRA, A. A. L.; ARAUJO, S. F. "Da invenção da infância à psicologia do desenvolvimento". *Psicologia em Pesquisa*, UFJF, v. 3, n. 2, jul./dez. 2009, pp. 3-12.
FERREIRA, Aurélio Buarque de Holanda. *Novo Aurélio, século XXI*: o dicionário da Língua Portuguesa. 3. ed. Rio de Janeiro: Nova Fronteira, 1999.
FIOCRUZ/ENSP. Nuvem de fumaça: exposição mostra como publicidade escondeu os malefícios do cigarro. *Revista Radis Comunicação e Saúde*, n. 91, mar. 2010, p. 2. Disponível em: <http://www6.ensp.fiocruz.br/radis/sites/default/files/radis_91.pdf>. Acesso em: nov. 2013.
FONSECA, A. M. Subsídios para uma leitura desenvolvimental do processo de envelhecimento. *Psicol. Reflex. Crit.*, v. 20, n. 2, 2007, pp. 277-89. Disponível em: <http://www.scielo.br/scielo.php?pid=S0102-79722007000200014&script=sci_arttext>. Acesso em: nov. 2013.
FONTES, M. O lugar da velhice na sociedade de consumo. *Anais de Intercom* – Sociedade Brasileira de Estudos Interdisciplinares da Comunicação XXIX Congresso Brasileiro de Ciências da Comunicação – UnB, set. 2006, pp. 1-12.
FRANCO, V.; ALBUQUERQUE, C. Contributos da psicanálise para a educação e para a relação professor – aluno. *Centros de Estudos em Educação, Tecnologias e Saúde*, Instituto Politécnico de Viseu, 2010. Disponível em: <http://www.ipv.pt/millenium/Millenium38/13.pdf>. Acesso em: ago. 2013.
FREUD, S. *Três ensaios sobre a teoria da sexualidade*. Rio de Janeiro: Standard Brasileira/Imago, 1976, v. VII.
_____. Três ensaios sobre a sexualidade infantil. *ESB*. v. VII, Rio de Janeiro: Imago, 1987.
_____. O ego e o id. *Obras psicológicas completas de Sigmund Freud*: edição standard brasileira. Rio de Janeiro: Imago, 1996, v. XIX, pp. 15-82.
FRIGOTTO, G. Educação, crise do trabalho assalariado e do desenvolvimento: teorias em conflito. In: _____. (org.). *Educação e crise do trabalho*: perspectivas de final de século. 8. ed. Petrópolis: Vozes, 1998, pp. 25-54.
FROTA, A. M. A reinstalação do si-mesmo: uma compreensão fenomenológica da adolescência à luz da teoria do amadurecimento de Winnicott. *Arquivos Brasileiros de Psicologia*, v. 58, n. 2, 2006, pp. 51-66. Disponível em: <http://www.psicologia.ufrj.br/abp/>. Acesso em: ago. 2013.
_____. "Diferentes concepções da infância e adolescência: a importância da historicidade para sua construção". *Estudos e Pesquisas em Psicologia*, UERJ, RJ, v. 7, n. 1, abr. 2007, pp. 147-60.
GARDENAL, Isabel. *A ritalina e os riscos de um genocídio do futuro*, 5 ago. 2012. Disponível em: <http://www.unicamp.br/unicamp/noticias/2013/08/05/ritalina-e-os-riscos-de-um-genocidio-do-futuro>. Acessado em: nov. 2013.
GARDNER, Howard. *Estruturas da mente*: a teoria das inteligências múltiplas. Porto Alegre: Artes Médicas Sul, 1994.
_____. *Inteligência*: um conceito reformulado. Rio de Janeiro: Objetiva, 2000.

_____. *Inteligências múltiplas*: a teoria na prática. Porto Alegre: Artmed, 1995, reimpressão 2012.
GAUER, Gustavo; GOMES, Cristiano Mouro Assis; HAASE, Vitor Geraldi. Neuropsicometria: modelo clássico e análise de Rasch. In: MALLOY-DINIZ, Leandro F. et al. *Avaliação neuropsicológica*. Porto Alegre: Artmed, 2010, pp. 22-30.
GAZZANIGA, Michael; IVRY Richard B.; MANGUN, George R. *Neurociência cognitiva*: a biologia da mente. 2. ed. Porto Alegre: Artmed, 2006.
GINDRI, G. et al. Métodos em reabilitação neuropsicológica. Seção V, *Métodos em neuropsicologia*, 2012, pp. 343-75. Disponível em: <www.nnce.org/Arquivos/Artigos/2012/gindri_etal_2012.pdf>. Acesso em: nov. 2013.
GLASSMAN, W. E.; HADAD, M. *Psicologia*: abordagens atuais. Trad. Magda França Lopes. 4. ed. Porto Alegre: Artmed, 2006.
GOLDENBERG, M. Apresentação. In: _____ (org.). *Corpo, envelhecimento e felicidade*. Rio de Janeiro: Civilização Brasileira, 2011, pp. 7-19.
GOLDMAN, C. Abertura. Envelhecimento e subjetividade: desafios para uma cultura de compromisso social. *Conselho Federal de Psicologia* (CFP) Brasília: Conselho Federal de Psicologia, 2009, pp. 17-23.
GOLEMAN, Daniel. *Inteligência emocional*: a teoria revolucionária que redefine inteligência. Rio de Janeiro: Objetiva, 1995.
GOUVEA, M. C. S. A escrita da história da infância: periodização e fontes. In: SARMENTO, M.; GOUVEA, M. C. S. (orgs.). *Estudos da infância*: educação e práticas sociais. 2. ed. Rio de Janeiro: Vozes, 2009, pp. 97-118.
GROSSMAN, E. A adolescência através dos tempos. *Adolesc. Latinoam* [on-line], v. 1, n. 2, jul./set. 1998, pp. 68-74. Disponível em: <http://ral-adolec.bvs.br/scielo.php?script=sci_arttext&pid=S1414-71301998000100003&lng=pt&nrm=iso>. Acesso em: out. 2013.
HAASE, V. G.; LACERDA, S. S. Neuroplasticidade, variação interindividual e recuperação funcional em neuropsicologia. *Temas Psicol*. v. 12, n. 1, 2004, pp. 28-42. Disponível em: <pepsic.bvsalud.org/scielo.php?pid=S1413-389X2004000100004>. Acesso em: nov. 2013.
HAREVEN, T. K. Novas imagens do envelhecimento e a construção social do curso da vida. Dossiê Curso da Vida Adulta e Gerações. *Cadernos Pagu*, n. 13, 1999, pp. 11-35. Disponível em: <www.ifch.unicamp.br/pagu/sites/www.ifch.unicamp.br.../n13a02.pdf>. Acesso em: nov. 2013.
HERCULANO-HOUZEL, Suzana. Uma breve história da relação entre cérebro e a mente. In: LENT, Roberto (coord.). *Neurociência da mente e do comportamento*. Rio de Janeiro: Guanabara Koogan, 2008, pp. 1-17.
HEYWOOD, C. *Uma história da infância:* da Idade Média à época contemporânea no Ocidente. Trad. Roberto Cataldo Costa. Porto Alegre: Artmed, 2004.
HILLESHEIM, B.; GUARESCHI, N. M. F. De que infância nos fala a Psicologia do Desenvolvimento? Algumas reflexões. *Psic. da Ed*. São Paulo, 25, 2º sem. 2007, pp. 75-92. Disponível em <http://pepsic.bvsalud.org/scielo.php?script=sci_arttext&pid=S1414-69752007000200005&lng=pt&nrm=iso>. Acesso em: 20 set. 2013.
HORGAN, John. *A mente desconhecida*: por que a ciência não consegue replicar, medicar explicar o cérebro humano. São Paulo: Companhia das Letras, 2002.
IBGE. *Em 2009, esperança de vida ao nascer era de 73,17 anos*. 1º dez. 2010. Disponível em: <http://saladeimprensa.ibge.gov.br/noticias?view=noticia&id=1&idnoticia=1767&busca=1&t=2009-esperanca-vida-nascer-era-73-17-anos>. Acesso em: nov. 2013.
_____. *IBGE encontra 11,4 mil pessoas com 100 anos ou mais de idade nos municípios em que fez contagem*. 21 dez. 2007. Disponível em: <http://saladeimprensa.IBGE.gov.br/noticias?view=noticia&id=1&idnoticia=1065&busca=1&t=ibge-encontra-11-4-mil-pessoas-100-anos-mais-idade-municipios-que>. Acesso em: nov. 2013.
_____. *IBGE: população brasileira envelhece em ritmo acelerado*. 27 nov. 2008. Disponível em: <http://saladeimprensa.ibge.gov.br/noticias?view=noticia&id=1&idnoticia=1272&busca=1&t=ibge-populacao-brasileira-envelhece-ritmo-acelerado>. Acesso em: nov. 2013.
INTERNATIONAL NEUROPSYCHOLOGICAL SOCIETY (INS). Society Information. 2103. Disponível em: <http://www.the-ins.org/society-information>. Acesso em: nov. 2103.
KANDEL, Eric R.; SCHWARTZ, James H.; JESSELL, Thomas M. *Fundamentos da neurociência e do comportamento*. Rio de Janeiro: Guanabara Koogan, 2000.

KLEIM, J. A.; JONES, T. A. Principles of Experience-Dependent Neural Plasticity: Implications for Rehabilitation After Brain Damage, 2008. *Journal of Speech Language and Hearing Research,* 51, pp. S225-S239. Disponível em: <http://homepage.psy.utexas.edu/HomePage/Faculty/Jones/JonesBio/KleimJSLHR08.pdf>. Acesso em: nov. 2013.

KOHAN, W. O. "Infância e educação em Platão". *Educação e Pesquisa.* São Paulo, v. 29, n. 1, jan./jun. 2003, pp. 11-26.

KREBS, R. J. *Desenvolvimento humano:* teorias e estudos. Santa Maria: Casa Editorial, UFSM, 1995.

KRISTENSEN, Christian Haag; ALMEIDA, Rosa Maria Martins de; GOMES, William Barbosa. Desenvolvimento histórico e fundamentos metodológicos da neuropsicologia cognitiva. *Revista Psicologia: Reflexão e Crítica,* 14(2), 2001, pp. 259-74. Disponível em: <http://www.scielo.br/pdf/prc/v14n2/7853.pdf>. Acesso em: nov. 2013.

KUPFER, M. C. M. *Freud e a educação:* o mestre do impossível. São Paulo: Scipione, 2002.

LA TAILLE, Y. *Moral e ética:* dimensões intelectuais e afetivas. Porto Alegre: Artmed, 2006.

LAPLANCHE, J. L.; PONTALIS, J. B. *Vocabulário de Psicanálise.* 3. ed. Lisboa: Moraes Editores, 1976.

LEAL, Maria das Graças Sobreira. Psicologia do envelhecimento. In.: BARROSO, Áurea Eleotério Soares (org.). *Perspectiva biopsicológica do envelhecimento.* São Paulo: Secretaria Estadual de Assistência e Desenvolvimento Social: Fundação Padre Anchieta, 2009, pp. 39-59.

LEFRANÇOIS, G. R. *Teorias da aprendizagem:* o que a velha senhora disse. Trad. Vera Magyar. São Paulo: Cengage Learning, 2008.

LEITE, D. M. A criança na família contemporânea. In: LEITE, D. M. (org.). *O desenvolvimento da criança.* 3. ed. São Paulo: Ed. Unesp, 2010, pp. 21-52.

LEITE, H. A.; SILVA, R.; TULESKI, S. C. "A emoção como função superior". *Interfaces da Educação.* Paranaíba, v. 3, n. 7, 2013, pp. 37-48.

LENT, Roberto. A estrutura do sistema nervoso. In: LENT, Roberto (coord.). *Neurociência da mente e do comportamento.* Rio de Janeiro: Guanabara Koogan, 2008, pp. 19-42.

LEONTIEV, A. N. *O desenvolvimento do psiquismo.* Trad. Manuel Dias Duarte. Lisboa: Livros Horizonte, 1978.

LEVIN, E. *Rumo a uma infância virtual?* A imagem sem corpo. Trad. Ricardo Rosenbusch. Rio de Janeiro: Vozes, 2007.

LEZAK, M. D. *Neuropsychology assessment.* 2nd edition. New York: Oxford University Press, 1995.

LIMA, P.; COELHO, V.; GÜNTHER, I. A. "Envolvimento vital: um desafio da velhice". *Geriatria & Gerontologia.* 5(4), 2011, pp. 261-68.

LOPES, Reinaldo José. "Pesquisa descobre neurônio Halle Berry". *Folha de S.Paulo.* 23 jun. 2005. Disponível em: <http://www1.folha.uol.com.br/fsp/ciencia/fe2306200501.htm>. Acesso em: nov. 2013.

LORDELO, E. R. Contexto e desenvolvimento humano: quadro conceitual. In: LORDELO, E. R.; CARVALHO, A. M. A.; KOLLER, S. H. (orgs.). *Infância brasileira e contextos de desenvolvimento.* São Paulo: Casa do Psicólogo; Salvador: Ed. UFBA, 2002, pp. 5-18.

LOURENÇO, O. M. *Psicologia de desenvolvimento moral:* teoria, dados e implicações. 3. ed. Coimbra: Almedina, 2006.

LUKÁCS, G. *Os princípios ontológicos fundamentais de Marx.* São Paulo: Ciências Humanas, 1979.

LURIA, A. R.; YODOVICH, F. I. *Linguagem e desenvolvimento intelectual na criança.* Trad. José Cláudio de Almeida Abreu. 2. ed. Porto Alegre: Artes Médicas, 1987.

_____. *Fundamentos de neuropsicologia.* Rio de Janeiro: Livros Técnicos e Científicos; São Paulo: Edusp, 1981.

MACEDO, L. O modelo de Piaget sobre as regulações sensório-motoras. In: MOURA, M. L. S. (org.). *O bebê do século XXI e a psicologia em desenvolvimento.* São Paulo: Casa do Psicólogo, 2004, pp. 135- 204.

MACHADO, T. S. "Psicologia do Desenvolvimento e estudo da cognição no adulto". *Encontro: Revista de Psicologia,* Santo André, UNIA, 9 (11), 2005, pp. 41-55.

MADER, Maira Joana; THAIS, Maria Emília Rodrigues de Oliveira; FERREIRA, Maria Gabriela Ramos. Inteligência: um conceito amplo. In: ANDRADE, Maria Vivian; SANTOS, Flavia Heloísa dos; BUENO, Orlando F. A. *Neuropsicologia hoje.* São Paulo: Artes Médicas, 2004, pp. 61-76.

MADUREIRA, A. F. A.; BRANCO, A. U. "A pesquisa qualitativa em Psicologia do Desenvolvimento: questões epistemológicas e implicações metodológicas". *Temas em Psicologia da SBP,* 9 (1), 2001, pp. 63-75.

MARGOTTO, L. R. "Psicologia, educação e exclusão: algumas justificativas para o uso dos testes de aptidão na década de 1920". *Revista Interação.* São Paulo, 18 (9), dez. 2004, pp. 153-75.

MARTINS, L. M.; EIDT, N. M. "Trabalho e atividade: categorias de análise na psicologia histórico-cultural do desenvolvimento". *Psicologia em Estudo.* Maringá, v. 15, n. 4, out./dez. 2010, pp. 675-83.

MELLO, C. B.; MIRANDA, M. C.; MUSZKAT, M. *Neuropsicologia do desenvolvimento*: conceitos e abordagens. São Paulo: Memnon, 2005.

_____; XAVIER, Gilberto Fernando. Desenvolvimento da memória: influências do conhecimento de base e do uso de estratégias. In: MELLO, C. B.; MIRANDA, M. C.; MUSZKAT, M. *Neuropsicologia do desenvolvimento*: conceitos e abordagens. São Paulo: Memnon, 2005, pp. 106-26.

MELLO, S. A. "Infância e humanização: algumas considerações na perspectiva histórico-cultural". *Perspectiva*. Florianópolis, v. 1, n. 25. jan./jun. 2007, pp. 83-104.

MELVIN, L.; WOLKMAR, F. R. *Aspectos clínicos do desenvolvimento na infância e adolescência*. Trad. Gabriela Giacomet. 3. ed. Porto Alegre: Artes Médicas, 1993.

MIRANDA, Mônica Carolina; MUSZKAT, Mauro. Neuropsicologia do desenvolvimento. In: ANDRADE, Vivian Maria; SANTOS, Flavia Heloísa dos; BUENO, Orlando F. A. *Neuropsicologia hoje*. São Paulo: Artes Médicas, 2004, pp. 211-24.

MIRANDA, M. G. "Psicologia do desenvolvimento: o estudo da construção do homem como ser individual". *Educativa*. Goiânia, v. 2, 1999, pp. 45-62.

MORTON, J. B. Estimulação cognitiva (funções executivas) – síntese. In: TREMBLAY, R. E.; BOIVIN, M.; PETERS, RDeV (eds.). *Enciclopédia sobre o desenvolvimento na primeira Infância* [on-line]. Montreal, Quebec: Centre of Excellence for Early Childhood Development e Strategic Knowledge Cluster on Early Child Development, jan. 2013. Disponível em: <http://www.enciclopedia-crianca.com/documents/sintese-estimulacao-cognitiva-funcoes-executivas.pdf>. Acesso em: nov. 2013.

MOTA, M. E. da. "Psicologia do Desenvolvimento: uma perspectiva histórica". *Temas em Psicologia*, v. 13, n. 2, 2005, pp.105-11.

MOURA, M. L. S.; RIBAS, A. F. P. Evidências sobre características de bebês recém-nascidos: um convite a reflexões teóricas. In: MOURA, M. L. S. (org.). *O bebê do século XXI e a psicologia em desenvolvimento*. São Paulo: Casa do Psicólogo, 2004, pp. 21-60.

MUIR J. L. *Attention and stimulus processing in the rat*. Cognitive Brain Res., 1996, 3: pp. 215-25.

MÜLLER, V. R. "Aspectos da construção do conceito de infância". In: MÜLLER, V. R.; MORELLI, A. J. (orgs). *Crianças e adolescentes*: a arte de sobreviver. Maringá: Eduem, 2001, pp. 5-46.

MUSZKAT, Mauro. Desenvolvimento e neuroplasticidade. In: MELLO, C. B.; MIRANDA, M. C.; MUSZKAT, M. *Neuropsicologia do desenvolvimento*: conceitos e abordagens. São Paulo: Memnon, 2005, pp. 26-45.

MUUSS, R. E. *Teorias da adolescência*. Trad. Instituto Wagner de Idiomas. Belo Horizonte: Interlivros, 1976.

NAÇÕES UNIDAS. *Um mundo para as crianças*. As metas das Nações Unidas para o milênio. Relatório do Comitê Ad Hoc Pleno da vigésima sétima sessão especial da Assembleia Geral. Suplemento n. 3 (A/S-27/19/Rev.1). Nova York, 2002.

NAHAS, Tatiana Rodrigues; XAVIER, Gilberto Fernando. Atenção: mecanismos e desenvolvimento. In: MELLO, C. B.; MIRANDA, M. C.; MUSZKAT, M. *Neuropsicologia do desenvolvimento*: conceitos e abordagens. São Paulo: Memnon, 2005, pp. 46-76.

NAVAS, A. L. G. P. Neurologia e linguagem. In: MELLO, C. B.; MIRANDA, M. C.; MUSZKAT, M. *Neuropsicologia do desenvolvimento: conceito e abordagens*. São Paulo: Memnon, 2005, pp. 93-105.

NERI, A. L. "Contribuições da psicologia ao estudo e à intervenção no campo da velhice". RBCEH: *Revista Brasileira de Ciências do Envelhecimento Humano*, Passo Fundo, jan./jun. 2004, pp. 69-80.

_____. "O legado de Paul B. Baltes à Psicologia do Desenvolvimento e do Envelhecimento". *Temas em Psicologia*, v. 14, n. 1, 2006, pp. 17-34.

_____. Saúde e envelhecimento: prevenção e promoção. As necessidades afetivas dos idosos: In: *Conselho Federal de Psicologia* (CFP). *Envelhecimento e subjetividade*: desafios para uma cultura de compromisso social. Brasília: Conselho Federal de Psicologia, 2009, pp. 103-10.

NICOLELIS, Miguel. *Muito além de nosso eu*: a nova neurociência que une cérebro e máquinas e como ela pode mudar nossas vidas. São Paulo: Companhia das Letras, 2011.

NOGUEIRA, I. S. C. Políticas de atendimento à infância no Brasil: da colonização à Lei de Diretrizes e Bases da Educação – um árduo caminho. In: NOGUEIRA, I, S. C.; SANTOS, V. L. F. (orgs.). *Políticas públicas para a Educação no Brasil*: infância, conselhos de educação e formação de educadores. Curitiba: CRV, 2012, pp. 7-32.

NÓRTE, C.; BICHALHO, P. "Da busca pela verdade ao fomento da intolerância: análise das implicações do 'cérebro homossexual' na produção de subjetividade". *Revista de Psicologia da Gepu*, 1 (3), 2010, pp. 48-64.

OLIVA, A. D. "A noção de estado inicial e concepções de desenvolvimento: problemas e necessidades de definições empíricas dos termos". In: MOURA, M. L. S. (org.). *O bebê do século XXI e a Psicologia em Desenvolvimento*. São Paulo: Casa do Psicólogo, 2004, pp. 61-110.

OLIVEIRA, D. M.; FULGENCIO, L. P. Contribuições para o estudo da adolescência sob a ótica de Winnicott para a educação. *Psicologia em Revista*. Belo Horizonte, v. 16, n. 1, abr. 2010. Disponível em: <http://pepsic.bvsalud.org/scielo.php?script=sci_arttext&pid=S1677168201000010006&lng=pt&nrm=iso>. Acesso em: 10 nov. 2013.

OLIVEIRA, M. K. de. Ciclos de vida: algumas questões sobre a psicologia do adulto. *Educação e Pesquisa*, v. 30, n. 2, maio/ago. 2004, pp. 211-29, Universidade de São Paulo Brasil. Disponível em: <http://www.redalyc.org/articulo.oa?id=29830202>. Acesso em: set. 2013.

_____. Jovens e adultos como sujeitos de conhecimento e aprendizagem. *Revista Brasileira de Educação*, n. 12, set./out./nov./dez. 1999. Disponível em: <www.ekolhumana.com.br/upload.../Jovens_adultos_aprendizagem.pdf>. Acesso em: set. 2013.

OMS (Organización Mundial de la Salud). "Envejecimiento activo: un marco político". *Revista Española de Geriatría y Gerontología*. Espanha, n. 37 (S2), 2002, pp. 74-105.

OZELLA, S. Adolescência: uma perspectiva crítica. In: CONTINI, M. L. J. (coord.). *Adolescência e Psicologia*: concepções, práticas e reflexões críticas. Rio de Janeiro: Conselho Federal de Psicologia, 2002, pp. 16-24.

PAIVA, V. M. B. "A velhice como fase do desenvolvimento humano". *Revista de Psicologia,* 4(1), 1986, pp. 15-23.

PASQUALINI, J. C. A perspectiva histórico-dialética da periodização do desenvolvimento infantil. *Psicologia em Estudo*. Maringá, v. 14, n. 1, jan./mar. 2009, pp. 31-40.

PATTO, M. H. S. *A produção do fracasso escolar*: histórias de submissão e rebeldia. São Paulo: T. A. Queiroz, 1990.

PAULA, Giovana Romero et al. Neuropsicologia da aprendizagem. *Revista Psicopedagogia*, São Paulo, v. 23, n. 72, 2006. Disponível em: <http://pepsic.bvsalud.org/scielo.php?pid=S0103-84862006000300006&script=sci_arttext>. Acesso em: nov. 2013.

PAULO, Gustavo Vargas. *Duas diferentes perspectivas para o estudo da consciência na filosofia contemporânea da mente*. Marília, 2012. Dissertação (Mestrado) – Programa de Pós-graduação em Filosofia, Unesp.

PERES, F.; ROSENBURG, C. P. Desvelando a concepção de adolescência/ adolescente presente no discurso da saúde pública. *Saúde e Sociedade* 7(1), 1998, pp. 53-86. Disponível em: <www.scielo.br/pdf/sausoc/v7n1/04.pdf>. Acesso em: set. 2013.

PETROVSKI, A. *Psicología general*: manual didáctico para los institutos de pedagogía. Moscou: Progresso, 1985, pp. 139-69.

PIAGET, J. *A construção do real na criança*. 2. ed. Trad. Alvaro Cabral. Rio de Janeiro: Zahar, 1975.

_____. *Seis estudos de Psicologia*. Trad. Maria Alice Magalhães e Paulo Sergio Lima Silva. 24. ed. Rio de Janeiro: Forense Universitária, 2007.

_____; INHELDER, B. *A psicologia da criança*. Trad. Octavio Mendes Cajado. Rio de Janeiro: Difel, 2006.

_____; _____. *Da lógica da criança à lógica do adolescente*. São Paulo: Pioneira, 1976.

PILETTI, N. *Psicologia educacional*. 17. ed. São Paulo: Ática, 2006.

PINTO, M. A infância como construção social. In: PINTO, M.; SARMENTO, M. J. (orgs.). *As crianças*: contextos e identidades. Braga: Centro de Estudos da Criança, 1997, pp. 33-73.

POLONIA, A. C. et al. *Módulo III*: desenvolvimento e aprendizagem. Brasília: Universidade de Brasília, 2007.

POSSIDÔNIO, S. K.; FACCI, M. G. D. A influência da classe especial na constituição da subjetividade dos alunos: uma análise a partir da Psicologia histórico-cultural. In: FACCI, M. G.; MEIRA, M. E. M.; TULESKI, S. C. *A exclusão dos "incluídos"*: uma crítica da Psicologia da educação à patologização e medicalização dos processos educativos. Maringá: Eduem, 2011, pp. 37-60.

POSTMAN, N. *O desaparecimento da infância*. Trad. Suzana Menescal de Alencar Carvalho e José Laurenio de Melo. Rio de Janeiro: Graphia, 1999.

PRIMI, Ricardo. Avaliação psicológica no Brasil: fundamentos, situação atual e direções para o futuro. *Psic.: Teor. e Pesq.* Brasília, v. 26, n. especial, 2010, pp. 25-35. Disponível em: <http://www.scielo.br/scielo.php?script=sci_arttext&pid=S0102-37722010000500003&lng=en&nrm=iso>. Acesso em: nov. 2013.

PY, L. Envelhecendo e subjetividade. In: _____ et al. (orgs.). *Tempo de envelhecer*: percursos e dimensões psicossociais. Rio de Janeiro: Nau, 2004, pp. 109-36.

Quadros, E. A. *Psicologia e desenvolvimento humano*. Curitiba: Sergraf, 2009.
Ramos, M. B. J. "Narcisismo e adolescência: as (im)possibilidades de aprender". *Estud. Psicanal.*, n. 27, 2004, pp. 49-59.
Rapaport, D. A psicanálise como uma Psicologia do Desenvolvimento. In: Leite, D. M. (org.). *O desenvolvimento da criança*. 3. ed. São Paulo: Ed. Unesp, 2010, pp. 165-214.
Rappaport, C. R.; Fiori, W. R.; Davis, C. *Psicologia do desenvolvimento*. São Paulo: EPU, 2003, v. 4: A idade escolar e a adolescência.
Raposo, D. M. S. P.; Günther, I. A. O ingresso na universidade após os 45 anos: um evento não normativo.*Psicolologia em Estudo*. Maringá, v. 13, n. 1, mar. 2008. Disponível em: <http://www.scielo.br/scielo.php?script=sci_arttext&pid=S1413-73722008000100015&lng=en&nrm=iso>. Acesso em: out. 2013.
Rebelo, P. V.; Borges, G. F. Contributos para o estudo do desenvolvimento do adulto: reflexões em torno da generatividade. *Práxis Educacional*. Vitória da Conquista, v. 5, n. 7, jul./dez. 2009, pp. 97-114.
Reis, C. W. *A atividade principal e a velhice*: contribuições da psicologia histórico-cultural. 167 f. Maringá, 2011. Dissertação (Mestrado) – Programa de Pós-Graduação em Psicologia, Universidade Estadual de Maringá.
Rezende, Rodrigo. *Brilho eterno do neurônio da lembrança*: novo estudo pode causar revolução na ciência da memória, ago. 2005. Disponível em <http://super.abril.com.br/ciencia/brilho-eterno-neuronio-lembranca-445825.shtml>. Acesso em: nov. 2013.
Ribeiro, F. J. L.; Bussab, V. S. R.; Otta, E. De colo em colo, de berço em berço. In: Moura, M. L. S. (org.). *O bebê do século XXI e a psicologia em desenvolvimento*. São Paulo: Casa do Psicólogo, 2004, pp. 229-84.
Rizzini, I. Salvar a criança. In: Rizzini, I. *O século perdido*: raízes históricas das políticas públicas para infância no Brasil. 2. ed. São Paulo: Cortez, 2008, pp. 83-119.
Rizzoli, M. C. Literatura com letras e sem letras na educação infantil. In: Faria, A. L. G.; Mello, S. A. (orgs.). *Linguagens infantis*: outras formas de leitura. Campinas: Autores Associados, 2009, pp. 5-20.
Rosa, G. *Grande Sertão*: veredas. Rio de Janeiro: Nova Aguilar, 1994.
Rose, N. Como se deve fazer a história do eu? *Educação e Realidade*, v. 26, n. 1, 2001, pp. 33-57. Disponível em: <www.seer.ufrgs.br/educacaoerealidade/article/download/41313/26145>. Acesso em: jan. 2014.
Rossato, Geovanio. Niños de la calle: representaciones e políticas. Barcelona, 2001, Tesi (doctoral) – Programa de Doctorad del Departament d' Antropologia Social i Història d' Amèrica i Àfrica, Facultat de Geografia i Història, Universitat de Barcelona.
Ruela, S. F.; Moura, M. L. S. "Um estudo do nicho de desenvolvimento de um grupo de crianças em uma comunidade rural". *Psicologia em Estudo*. Maringá, v. 12, n. 2, maio/ago. 2007, pp. 315-24.
Santana, Ana Lucia. Tipos de memória (s/d). Disponível em: <http://www.infoescola.com/neurologia/tipos-de-memoria/>. Acesso em: nov. 2013.
Santos, L. C.; Marturano, E. M. "Crianças com dificuldade de aprendizagem: um estudo de seguimento". *Psicol. Reflex. Crit.* v. 12, n. 2, 1999, pp. 377-94.
Santos, M. F. *Identidade e aposentadoria*. São Paulo: EDU, 1990.
_____; Aléssio, R. L. S.; Albuquerque, C. M. C. "Adultos e jovens: diferentes olhares sobre o desenvolvimento". *Revista de Educação Pública Cuiabá*, v. 16, n. 30, jan./abr. 2007, pp. 105-20.
Schoen-Ferreira, T. H.; Aznar-Farias, M.; Silvares, E. F. M. Adolescência através dos séculos. *Psicologia: Teoria e Pesquisa*, v. 26, n. 2, abr./jun. 2010, pp. 227-34.
Schultz, D. P.; Schultz, S. E. *História da Psicologia moderna*. 10. ed. São Paulo: Cultrix, 1999.
Scoralick-Lempke, N. N.; Barbosa, A. J. G. Educação e envelhecimento: contribuições da perspectiva *life-span*. *Estud. Psicol.* [on-line]. Campinas, v. 29, suppl. 1, 2012, pp. 647-55.
Sgarioni, M. O adulto desmontado. Por que é difícil crescer? *Rev. Super Interessante*, 2006. Disponível em: <http://super.abril.com.br/cultura/adulto-desmontado-446476.shtml>. Acesso em: out. 2013.
Shuare, M. La Concepcion histórico-cultural de L. S. Vigotski. In: Shuare, M. *La Psicologia soviética tal como yo la veo*. Moscú: Progreso, 1990, pp. 57-85.
Silva, A. M. C. *Formação, percursos e identidades*. Coimbra: Quarteto, 2003. (Colecção Nova Era: Educação e Sociedade, n. 13).

SILVA, G. L. R. *Educação de jovens e adultos e Psicologia histórico-cultural*: a centralidade do trabalho na aprendizagem e no desenvolvimento de trabalhadores precariamente escolarizados. 347 p. Paraná, 2011. Tese (Doutorado) – Programa de Pós-graduação em Educação, Universidade Federal do Paraná.

SILVA, I. R.; GÜNTHER, I. A. "Papéis sociais e envelhecimento em uma perspectiva de curso da vida". *Psicologia: Teoria e Pesquisa*. v. 16, n. 1, jan./abr. 2000, pp. 31-40.

SILVA, L. R. F. "Da velhice à terceira idade: o percurso histórico das identidades atreladas ao processo de envelhecimento". *História, Ciências, Saúde*. Rio de Janeiro, v. 15, n. 1, jan./mar. 2008, pp. 155-68.

SILVA, M. *Philippe Ariès*: um historiador marginal, 19 set. 2012. Disponível em: <http://www.slideshare.net/simonelanden/philippe-aris-um-historiador-marginal>. Acesso em: out. 2013.

SILVA, R. A biologização das emoções e a medicalização da vida: contribuições da psicologia histórico-cultural para a compreensão da sociedade contemporânea. 244 p, Maringá: 2011. Dissertação (Mestrado) – Programa de Pós-Graduação em Psicologia, Universidade Estadual de Maringá.

SOCIEDADE BRASILEIRA DE NEUROCIÊNCIAS E COMPORTAMENTO (SBNEC). Ata da fundação, 1977. Disponível em: <http://www.sbnec.org.br/site/index.php?page=o-que-faz-a-sbnec>. Acesso em: nov. 2013.

_____. Quem somos e o que oferecemos, 2013a. Disponível em: http://www.sbnec.org.br/site/index.php?page=o-que-faz-a-sbnec. Acesso em: nov. 2013.

_____. Estatuto da Sociedade Brasileira de Neurociências e Comportamento, 2013b. Disponível em: <http://www.sbnec.org.br/site/index.php?page=o-que-faz-a-sbnec>. Acesso em: nov. 2013.

SOCIEDADE BRASILEIRA DE NEUROPSICOLOGIA (SBNP). Disponível em: <http://sbnp.com.br/site/>. Acesso em: nov. 2013.

SOCIEDAD LATINOAMERICANA DE NEUROPSICOLOGÍA (SLAN). Estatuto de la Sociedad Latinoamericana de Neuropsicología, 2011. Disponível em: <http://www.slan.org/respaldo%20word/ESTATUTOS%20SLAN/estatutos+SLAN.pdf>. Acesso em: nov. 2013.

SPRINTHALL, Norman; COLLINS, W. Andrews. *Psicologia do adolescente*: uma abordagem desenvolvimentista. 3. ed. Lisboa: Fundação Calouste Gulbenkian, 2003.

SHORTER, Edward. *A History of Psychiatry: from The Era of the Asylum to the Age of Prozac*. Nova York: Jonh Wiley & Sons, 1997.

SOUSA, F. C. O que é "ser adulto": as práticas e representações sociais sobre o que é "ser adulto" na sociedade portuguesa. *Revista Eletrônica Acolhendo a Alfabetização nos Países de Língua Portuguesa*, v. I, n. 2, mar./ago. 2007, pp. 56-69, Universidade de São Paulo, Brasil. Disponível em: <www.redalyc.org/articulo.oa?id=87910206>. Acesso em: out. 2013.

SOUSA, F. S. *O que é "ser adulto"? As práticas e representações sociais – a sociologia do adulto*. VI Congresso Português de Sociologia. Lisboa, 2008. Disponível em: <www.aps.pt/vicongresso/pdfs/395>. Acesso em: out. 2013.

SPRINTHALL, N. A.; COLLINS, W. A. *Psicologia do adolescente*: uma abordagem desenvolvimentista. Trad. Cristina Maria Coimbra Vieira. 3. ed., Lisboa: Fundação Calouste Gulbenkian, 2003.

TEIXEIRA, E. G. Solidão, a busca do outro na era do eu: estudo sobre sociabilidade na modernidade tardia. *Sociologia Problemas e Práticas*, n. 35, 2001, pp. 31-47. Disponível em: <www.scielo.oces.mctes.pt/pdf/spp/n35/n35a02.pdf>. Acesso: nov. 2013.

TEIXEIRA, João de Fernandes. Chomsky Fundamental. *Folha de S.Paulo*. 12 mar. 2006. Disponível em: <http://www1.folha.uol.com.br/fsp/mais/fs1203200624.htm>. Acesso em: nov. 2013.

TEIXEIRA, S. M. *Envelhecimento e trabalho no tempo do capital*: implicações para a proteção social no Brasil. São Paulo: Cortez, 2008.

TOLSTIJ, A. *El hombre y la edad*. Trad. Marta Shuare. Progreso: Moscú, 1989.

UNICEF. *Infância e adolescência no Brasil*, 2008. Disponível em: <http://www.unicef.org/brazil/pt/activities.html>. Acesso em: 10 set. 2013.

_____. *O direito de ser adolescente*: oportunidade para reduzir vulnerabilidades e superar desigualdades. Brasília: Unicef, 2011.

UNIVERSIDADE FEDERAL DO ABC (UFABC). Bacharelado em Neurociências – projeto pedagógico e estrutura curricular. Santo André, dez. 2010. Disponível em: <http://www.ufabc.edu.br/images/stories/pdfs/administracao/ConsEP/13-12-10_projeto-pedagogico-bnc.pdf>. Acesso em: nov. 2013.

VARELLA, Drauzio. *Neurônios*: as misteriosas borboletas da alma (s/d). Disponível em: <http://www.sbneurociencia.com.br/html/a4.htm>. Acesso em: nov. 2013.

VASCONCELLOS, V. M. R. Infância e Psicologia: marcos teóricos da compreensão do desenvolvimento da criança pequena. In: SARMENTO, M.; GOUVEA, M. C. S. (orgs.). *Estudos da infância*: educação e práticas sociais. 2. ed. Rio de Janeiro: Vozes, 2009, pp. 62-81.
_____; CIVILETTI, M. V. P. Psicologia e desenvolvimento sócio-cognitivo no Brasil. In: MOURA, L. S.; CORREA, J.; SPINILLO, J. C. (orgs.). *Pesquisas brasileiras em Psicologia do Desenvolvimento*. Rio de Janeiro: Eduerj, 1998.
VEIGA, C. G. As crianças na história da educação. In: SOUZA, G. (org.). *Educar na infância*: perspectivas histórico-sociais. São Paulo: Contexto, 2010, pp. 21-40.
VIGOTSKI, L. S. *Obras escogidas*. Madrid: Centro de Publicaciones del M.E.C. y Visor Distribuiciones, 1996, t. IV.
_____. *Obras escogidas*: Fundamentos de defectología. Madrid: Visor Distribuciones, 1997, t. V.
_____. *A construção do pensamento e da linguagem*. São Paulo: Martins Fontes, 2001.
VIGOTSKI, L. S. Aprendizagem e desenvolvimento na idade escolar. In: VIGOTSKII, L. S.; LURIA, A. R.; LEONTIEV, A. N. *Linguagem, desenvolvimento e aprendizagem*. 10. ed. São Paulo: Ícone, 2006, pp. 103-18.
VILELA, Thuime Medeiros; JUNIOR, Armando Daros. O cientificamente comprovado: reflexões sobre a autoridade da ciência na sociedade contemporânea. *Unioeste: Revista Faz Ciência*, v. 7, n. 1, 2005, pp. 27-40. Disponível em: <http://e-revista.unioeste.br/index.php/fazciencia/article/view/7381>. Acesso em: out. 2013.
VITIELLO, N. *Sexualidade*: quem educa e educador: um manual para jovens, pais e educadores. São Paulo: Iglu, 1997.
VYGOTSKI, L. S. *Obras escogidas*. Madrid: Visor, 1996, t. IV.
_____. Problemas del desarrollo de la psique. In: *Obras escogidas*. Madrid: Visor Distribuciones, 2000, t. III
VYGOTSKY, L. *A transformação socialista do homem*. 2004. Disponível em: <www.marxists.org/portugues/vygotsky/1930/mes/transformacao.htm>. Acesso em: jun. 2013.
_____; LURIA, A. R. *Estudos sobre a história do comportamento*: símios, homem primitivo e criança. Trad. Lolio Lourenço de Oliveira. Porto Alegre: Artes Médicas, 1996.
WINNICOTT, D. W. *Privação e delinquência*. São Paulo: Martins Fontes, 2005.
ZAVARONI, D. M. L.; VIANA, T. C.; CELES, L. A. M. "A constituição do infantil na obra de Freud". *Estudos de Psicologia*, 12(1), 2007, pp. 65-70.
ZEIHER, H. Tempo da profissão e tempo da família: suas modificações sociais. In: SOUZA, G. (org.). *A criança em perspectiva*: o olhar do mundo sobre o tempo infância. São Paulo: Cortez, 2007, pp. 53-72.
ZORNIG, S. M. A. As teorias sexuais infantis na atualidade: algumas reflexões. *Psicol. Estud*, v. 13, n. 1, 2008, pp. 73-7. Disponível em: <http://www.scielo.br/scielo.php?pid=S1413-73722008000100009&script=sci_abstract&tlng=pt>. Acesso em: jan. 2014.

OS AUTORES

Nelson Piletti é graduado em Filosofia, Jornalismo e Pedagogia; mestre, doutor e livre-docente em Educação pela Universidade de São Paulo (USP); ex-professor de ensino fundamental e médio; professor aposentado do Departamento de Filosofia da Educação e Ciências da Educação da Faculdade de Educação da USP. Autor de *Aprendizagem: teoria e prática* e coautor de *Dom Helder Camara: o profeta da paz*, *Psicologia da aprendizagem: da teoria do condicionamento ao construtivismo* e *História da educação: de Confúcio a Paulo Freire*, todos pela Editora Contexto.

Solange Marques Rossato é graduada em Psicologia pela Universidade Estadual de Maringá (PR), mestre em Psicologia também pela mesma instituição e doutoranda pela Universidade Estadual Paulista (Unesp), *campus* de Assis (SP). Tem experiência como professora da educação especial, educação infantil, ensino fundamental, médio e superior; e como psicóloga clínica e escolar. É pesquisadora de Educação, Psicologia escolar e Educação especial. Coautora do livro *Psicologia da aprendizagem: da teoria do condicionamento ao construtivismo*, publicado pela Contexto, entre outros.

Geovanio Rossato é bacharel em Filosofia e em Direito, doutor em Antropologia Cultural e Social pela Universidade de Barcelona (Espanha). Professor associado do Departamento de Ciências Sociais da Universidade de Maringá (PR). É pesquisador das áreas da infância, da adolescência e da educação. Foi professor do ensino fundamental e médio. É autor de livros sobre políticas sociais voltadas à infância e à adolescência.

GRÁFICA PAYM
Tel. [11] 4392-3344
paym@graficapaym.com.br